JN418776

세계 이슬람 이해와 무슬림 선교

PCK 선교를 중심으로

세계 이슬람 이해와 무슬림 선교
PCK 선교를 중심으로

편　집 · 더라이트미션위원회
펴낸이 · 이광순

제　작 · 더라이트미션
펴낸곳 · 미션아카데미
등　록 · 제1999-000001호
주　소 · 04967 서울시 광진구 광장로 1다길 2
전　화 · 070)4644-8304
이메일 · kslee120@gmail.com

디자인 · 이신정

인　쇄 · 2023년 10월 24일
발　행 · 2023년 10월 31일

ISBN · 978-89-89111-58-0 (93230)

값 20,000원 (*파본은 바꿔드립니다)

세계 이슬람 이해와 무슬림 선교

PCK 선교를 중심으로

더라이트미션위원회 편

미션아카데미

발간사

하나님의 시계는 빈틈없이 쉬지 않고 계속 돌아간다. 그 동안 더라이트미션의 활동도 10년의 세월을 넘겨 나름대로의 활동을 계속해왔다. 연구도서도 이번에 아홉 번째 책을 출판해 내게 되었다. 지금까지는 단행본 형식으로 선배 선교사님들의 선교활동을 되짚어보기도 했고, 그들의 저술을 출간해 내기도 했으며 현역 선교사님들의 선교활동을 살펴보기도 했다.

이번에 나온 연구도서는 전혀 다른 성격의 책이다. 먼저 형식면에서 단행본이 아니라 연구논문집 형식의 책이다. 따라서 집필진이 다양하다. 국내에 있는 신학대학의 교수님도 있고 세계 도처에서 활동하는 선교사님들도 있으며 선교 현지에서 목회하는 목회자도 있다. 그 내용도 다양할 수밖에 없다. 본 교단예장 통합의 이슬람 선교 대책을 다룬 논문부터 현지 선교사들의 안목에서 보는 현지의 이슬람 선교 대책이나 선교전략론까지 다양한 견해들과 주장들을 볼 수 있기 때문이다. 거기에 따른 한계도 분명히 있다. 일관성의 부족이 그 하나일 것이다. 그리고 동시에 중복된 내용도 있을 수 있다. 이러한 한계에도 불구하고 이 책은 나름대로 의미있는 기여를 하게 될 것이다. 다양한 선교 현지의 형편을 알게 되고 그 필요를 들을 수 있기 때문이다.

글을 쓴다는 것은 언제나 어느 정도의 부담을 가지는 일이다. 말로 하는 것은 대체로 시간과 함께 흘러 지나가 버리고 만다. 물론 녹음이나 녹화를 통해 자료를 남기기도 하지만 글로 써서 남기는 일은 훨씬 어려우면서도 값진 일이다. 한 번 쓴 글은 없어지지 않고 그것을 쓴 사람의 분신이 되어 남아 있기 때문이다. 필진으로 참여해주신 분들은 모두 이런 어려운 일에 동참해 주셨고 많은 독자들이 그 열매들을 즐길 수 있게 되었으니 특별히 감사드린다.

이 책의 큰 주제는 이슬람 선교였다. 현재 이슬람은 그 세력이 기독교를 넘어설 만큼 확장되고 있다. 그러므로 이슬람 선교는 기독교 선교의 최대 과제가 되었다. 따라서 이 문제는 앞으로도 계속 연구 과제로 삼아야 할 일이다. The Light Mission더라이트미션의 사업에 관심을 가지고 동참해 주시면서 이 글을 함께 읽어주시는 모든 분들이 이 글이 주는 유익함과 기쁨이라는 열매를 즐기시기를 바라면서 발간사를 마친다.

2023년 10월

더라이트미션 이사장

이광순

저자 서문

이번에 더라이트미션위원회의 도움으로 『세계 이슬람 이해와 무슬림 선교: PCK 선교를 중심으로』를 더라이트미션 연구도서 9권으로 출판하게 되어 먼저 선교의 주인 되시는 하나님과 더라이트미션 재단에 감사를 드립니다.

세계 무슬림 선교 현장에서 사역하고 있는 PCK 총회 파송 선교사와 교수들이 함께 세계 이슬람을 주제로 책을 내게 된 것은 PCK 교단 역사상 처음입니다. 그동안 교수와 이슬람 연구자를 중심으로 주로 중동의 이슬람을 다루어왔습니다. 이번 책은 유럽과 아프리카 불어권과 동아프리카 사하라 이남, 동남아시아와 아시아 태평양, 중동과 오세아니아 등 세계의 이슬람을 현장에서 사역하고 있는 선교사의 시각으로 다루었습니다. 또한 PCK의 이슬람대책위원회의 문서와 정책을 분석하면서 총회의 이슬람 정책을 살펴보았습니다. 아쉬운 점은 이번에 북아프리카 사하라 이북, 중앙아시아와 동북아시아 그리고 서남아시아 이슬람을 주제로 글을 쓸 수 있는 선교사를 찾지 못해서 다루지 못하였습니다. 앞으로 전세계 이슬람 현황과 무슬림 선교를 주제로 좀 더 전문적인 필진으로 구성된 현장 선교사가 글을 써서 책으로 출판하면 좋겠습니다.

현재 진행되고 있는 하마스와 이스라엘 간의 전쟁 원인은 폭력과 강압으로 평화를 유지하려고 하기 때문입니다. 태국 남부와 필리핀 남부 이슬람 지역에서 계속되고 있는 무력 분리독립 운동은 중앙정부가 군사력과 강압적인 동화정책만으로 분쟁을 해결할 수 없다는 교훈을 우리에게 알려줍니다. 한때 무장 폭력 분리 운동으로 가장 격렬하고 많은 희생자가 발생하였던 인도네시아 아체지역에서는 인도네시아 중앙정부가 아체지역을 이슬람법과 문화 그리고 사회생활을 자치적으로 실행할 수 있도록 아체 자치정부를 구성하도록 하고, 무장으로 분리독립 운동을 하고 있던 독립아체운동GAM 지도자를 아체주의 정치 행정 지도자로 일할 수 있도록 하는 평화협정이 전격적으로 실시되어 현재는 아체지역에 평화가 찾아왔습니다. 태국 남부와 필리핀 남부 이슬람 지역에 평화가 회복되고 폭력과 강압적인 인권유린이 일어나지 않도록 교회가 화해와 평화의 사도로서 역할을 해야 할 것입니다.

전 세계 대부분의 이슬람 지역에서 하나님 나라 선교가 가능합니다. 각 나라와 지역에 맞는 이슬람 선교 정책이 세워지고 무슬림에게 사랑과 평화와 화해의 복음이 겸손과 담대함으로, 행함과 말로 증거되기를 소망합니다.

저자들을 대표하여

이규대

목차

PCK 이슬람대책위원회의 과거와 현재 그리고 미래

정 승 현

주안대학원대학교 교수, 선교학

I. 들어가는 말

개신교 근대 이슬람 선교의 선구자인 즈웨머Samuel Zwemer는 100여 년 전에 "한국과 일본은 이슬람 청정지역이다."[1]라고 말했다. 사실 한국인의 대다수는 오랫동안 이슬람과 깊은 연관성을 가지고 있지 않았다. 그러나 미국에서 2001년 9 · 11 테러 참사 이후 연이어 영국과 스페인, 프랑스에서의 테러, 이슬람 극단주의 단체인 IS의 부상 그리고 한국 사회에서는 아프가니스탄에서 한국인 피랍사건, 할랄 음식, 수쿠크, 난민 문제 등이 사회적으로 큰 이슈가 되면서 국내에서도 이슬람에 관한 관심이 높아졌다. 그러나 선교 현장에서는 이미 오래전부터 이슬람에 대해서 주목하고 있었다. 윈터Ralph Winter는 50년 전인 1974년 "Seeing the Task Graphically"라는 소논문에서 기독교 선교가 직면하고 있는 거대한 세 장벽을 이슬람, 힌두교, 그리고 중국으로 지목했고, 당시 전 세계 선교사들의 불과 5%만이 이곳에서 사역하고 있음을 지적하면서 더 많은 선교사들이 이 장벽들을 무너뜨리기 위해 헌신해야 한다고 역설했다.[2]

인도네시아 선교사였던 서정운 장신대 명예총장은 이슬람의 성장에 따른 기독교의 사명을 다음과 같이 말한다.

> 머지않아 이슬람이 세계 최대의 종교가 될 것이 거의 분명합니다. 오래전부터 이슬람권이던 중앙과 근동 아시아나 인도네시아와 말레이시아 등 동남아 몇

---

1 Samuel Zwemer, *Across the World of Islam* (New York: Fleming H. Revell Company, 1929), 21.

2 Ralph Winter, "Seeing the Task Graphically: The Decade Past and the Decade to Come," *Evangelical Missions Quarterly* 10 (1974/1), 15-17.

지역과 사하라 사막 이북의 아랍권 아프리카는 말할 것이 없고, 전통적으로 기독교권이었던 유럽대륙도 무슬림 인구가 증가일로에 있습니다. 세계 복음화의 거대한 과제 앞에 이슬람이 태산준령처럼 진로를 가로막고 있는데 교회는 옆길이나 우회로를 찾으며 … 주님이 성육신하신 것처럼 정면 돌파를 해야 합니다. 이런 표현이 급진적으로 들리지만, 근본적인 태도를 의미합니다.[3]

대한예수교장로회 통합이하 PCK은 2009년 93회기에 이슬람을 위한 연구위원회를 구성했고, 2011년 95회기부터 이슬람대책위원회를 조직하여 자료집을 발간했다.[4] 그로부터 코로나 기간을 포함하여 106회기까지 매년 전문위원을 선정하고 전국의 여러 지역 교회들을 순회하며 세미나를 진행하고 있다. 그동안 PCK 이슬람대책위원회는 주로 이슬람의 일반적인 내용과 특정 이슈를 지역 교회에 알리는 일에 초점을 맞추었다.

그러나 오늘날 무슬림의 인구는 전 세계 인구의 25%에 해당하는 20억 명을 넘어서고 있고, 지리적으로는 전통적인 중동 지역을 넘어 범세계적으로 분포하고 있다.[5] 그중에는 전 세계에서 가장 부유한 자도 있고 가장 가난한 자도 있으며, 또한 세계적인 석학과 무장 테러리스트들에 이르기까지 실로 스펙트럼이 매우 넓다. 그러므로 PCK 이슬람대책위원회의 목적은 이슬람에 대한 개괄적인 이해를 넘어 무슬림들의 다양성을 이해하고 그들에게 적합한 방식으로 복음을 증거하는 것이 되어야 한다.

이런 맥락에서 이 글에서는 우선적으로 2011년부터 PCK 세계선교

---

3 정승현, 『무슬림을 향한 증인의 삶』 (인천: 주안대학원대학교출판부, 2019), 8.

4 PCK, 「이슬람에 대한 바른 이해: 수쿠크(이슬람채권법)를 중심으로」, 2011, 6.

5 전체 무슬림의 61%는 아시아에, 20%는 중동과 북아프리카에 거주하며, 나머지 20%는 유럽과 미국, 그리고 여러 나라들에 흩어져 있다. Islam: An Infographic, https://lausanne.org/content/islam-an-infographic (접속일: 2023년 6월 30일).

부와 이슬람대책위원회에서 발간한 세미나 자료집들과 간행물들을 검토하고, 이어서 권역별로 무슬림에게 복음을 적합하게 증거하는 방안을 제시하고자 한다. 사실 동일한 권역에서도 국가에 따라서 그 접근 방식이 상이할 수 있다. 예를 들어, 아시아에서 인도네시아, 말레이시아와 같은 국가는 이슬람이 주류 종교이고 국민의 절대다수가 무슬림이지만, 태국이나 필리핀에서 무슬림은 상대적으로 소수이고 대부분이 특정 지역에 한정되어 거주하고 있다.

이 책의 저자들은 모두 PCK 소속으로 이슬람 현장에서 사역하고 있거나 사역했던 선교사들이다. 이번 연구가 PCK 이슬람 선교의 유일한 방안이 될 수는 없겠지만, 적어도 앞으로 PCK의 연구가 권역에서 국가로, 국가에서 특정 지역으로 점점 더 구체화되고 전문화되는 단초를 제공하기 기대한다.

II. PCK 이슬람대책위원회와 세미나

A. 개요

세계선교부와 이슬람대책위원회는 2011년95회기 첫 번째 이슬람세미나에서 다음과 같은 목적을 제시했다.

> 1) 한국교회를 위해서: 한국교회 지도자들이 몰려오는 이슬람과 수쿠크의 위험성과 실체를 알리고, 지혜롭게 대처하여 성도들을 보호하기 위해서
> 2) 교회 밖의 사람들을 위해서: 한국 국민의 80%가 넘는 비기독교인들에게

몰려오는 이슬람의 실체를 바르게 알려 줌으로, 속아서 소중한 영혼을 빼앗기는 일이 없도록 돕기 위해서

3) 무슬림들을 위해서: 무슬림들이 지금까지 속아왔던 자신들의 신앙의 실체를 알고 참 하나님을 발견하고 예수 그리스도를 통한 구원의 길에 동참할 수 있도록 돕기 위해서[6]

PCK는 이 세미나의 목적이 기독교인과 더불어 한국인과 심지어 무슬림에게도 해당되는 것임을 명시하고 있다. 위의 목적은 기본적으로 2012년에도 동일했고, 다만 수쿠크를 다문화로 수정했다.[7] 이 목적이 현재에도 여전히 유효한지 분명치 않지만,[8] 적어도 이슬람대책위원회가 시작할 당시의 목적은 기독교인과 더불어 일반인도 포함하고 있음을 볼 수 있다. 그리고 이 목적을 위해서 강의를 세 부분으로 나누어 진행할 것임을 밝힌다.

1) 국내 이슬람의 현황들을 통해서 이슬람의 위험 요소를 파악할 수 있다.
2) 위험성을 인식하고 이슬람의 어떤 부분이 위험한 것인가를 『이슬람교와 수쿠크(이슬람채권)법 바로 알기』를 통해 살펴보도록 한다.
3) 결론적으로 이슬람에 대한 방안을 논의함으로 한국 내에서의 이슬람교 확산을 막도록 한다.[9]

---

6 PCK. 「이슬람에 대한 바른 이해: 수쿠크(이슬람채권법)를 중심으로」, 2011, 7-8.

7 PCK. 「이슬람교에 대한 바른 이해: 다문화 시대 속 이슬람교와의 소통과 대처 방법」, 2012, 6.

8 왜냐하면 이 목적은 2011년과 2012년 자료집에서만 볼 수 있기 때문이다.

9 이 강의 구조는 2012년에도 동일하다. 마찬가지로 2)의 내용을 수쿠르에서 다문화 시대 속에서의 이슬람교와의 소통과 대처로 수정했다.

강의의 세 부분은 모두 '이슬람의 위험성'을 다루고 있다. 먼저 위험 요소를 파악하고, 위험성을 깨달으며, 결과적으로 이슬람이 확산되는 것을 방지하자는 것이다. 즉 이슬람에 대한 전반적인 이해보다는 문제점을 먼저 파악하고 교인들에게 경각심을 불러일으키는 방식으로 강의가 진행되었다. 이슬람대책위원회의 출발점은 강경 이슬람의 기조에 대응하는 방식을 택했던 것으로 보인다. 앞서 언급한 바와 같이, 2000년 이후 연이은 테러와 이슬람의 극단주의의 부상은 자연스럽게 이슬람에 대해 주의를 요하는 방식이 필요했을 것이다. 이런 맥락에서 초기 자료집의 내용은 이슬람의 위험성에 대해서 주로 신문과 여러 보도 자료를 통해 다루고 있다.

그러나 PCK 지역 교회에 배포되고 세미나에서 자료집으로 활용되려면 보완해야 할 부분들이 있다. 무엇보다도 여러 사람의 글을 편집한 결과, 저자에 따라 이슬람에 대한 이해와 방향이 사뭇 다르게 나타난다. 이는 독자들, 특히 이슬람을 처음 접하는 기독교인들에게는 혼란을 초래할 것으로 보인다. 한편에서는 이슬람의 위험 요소를 말하는 것을 넘어서 부정적이고 심지어 적대적인 입장을 고수하면서 신문 기사나 인용이 불분명한 자료들로 특정한 의견을 뒷받침한다.[10] 공식적인 세미나 자료집은 반드시 저자와 문헌 그리고 정확한 인용을 근거로 객관성이 담보되어야 한다.

다른 한편에서는 오늘날에도 여전히 이슬람과 무슬림 선교에 중요한 내용을 포함하고 있다. 예를 들어, "가) 한국교회 성도들에게 무슬림들에 대한 긍휼과 사랑의 마음을 심어준다. 나) 이슬람에 대해 바른 지

10 PCK.「이슬람교에 대한 바른 이해: 다문화 시대 속 이슬람교와의 소통과 대처 방법」, 2012, 48-61.

식과 정보를 줌으로써 공포심Islam phobia이 아닌 경각심을 일깨운다. … 바) 이슬람 진출로 인한 한국 기독교의 위기를 오히려 이슬람 선교의 기회로 삼게 한다."[11] 이것은 이슬람의 위험 요소를 파악하고 경계하며 확산을 방지하기보다는 이슬람을 균형 있게 이해하고, 무엇보다도 국내에 거주하는 무슬림을 경계의 대상이 아니라 긍휼과 사랑을 심어줄 것을 제시한다. 또한 PCK 선교사인 공요셉은 아랍에서의 오랜 경험과 꾸란과 이슬람의 전문성을 바탕으로 독자들에게 이슬람에 대해 올바른 이해를 갖도록 돕고 있으며,[12] PCK 인도네시아 선교사 이규대는 균형 있는 시각으로 국내 무슬림 현황을 살펴보고 적합한 선교방안을 제시한다.[13]

2013년 97회기에는 『이슬람교 바로 알고 전도하기』라는 책자를 만들었고, 곧바로 2014년 98회기에 증보판을 출간했다. 이 소책자는 Ⅰ. 무슬림에게 어떻게 복음을 전할까? Ⅱ. 성경의 아브라함과 꾸란의 이브라힘은 같은 인물인가? Ⅲ. 무슬림들은 왜 타문화에 적응이 힘들까? 이렇게 세 장으로 구성되어 기독교인들이 이슬람과 무슬림을 균형 있게 이해하고 무슬림에게 복음을 전하는 방안을 제시하고 있다. 특히 Ⅰ장은 2023년 현재도 무슬림에게 복음 증거를 위해서 사용할 수 있는 구체적이고 건설적인 내용으로 보인다. 무슬림과 교제하면서 우호적인 관계를 형성하고, 기도와 성령의 인도하심으로 하나님의 말씀을 나누려는 내용을 큰 틀에서 바람직한 방향을 제시하고 있다. 다만 저자가 표기되어 있지 않고, 인용이 전혀 없는 것은 아쉬움으로 남는다.

한편, PCK 이슬람대책위원회는 97회기부터는 이단 · 사이비 & 이

11 PCK, 「이슬람에 대한 바른 이해: 수쿠크(이슬람채권법)를 중심으로」, 2011, 51.

12 공요셉, 「이슬람교에 대한 바른 이해」, 2012, 75-138.

13 이규대, "국내 무슬림 선교 방안," 「이슬람교에 대한 바른 이해」, 2012, 23-45.

슬람교 대책 세미나로 편성되어 세미나를 개최했다. 이에 따라 모임에 더 많은 목회자들과 평신도들이 세미나에 참석하게 되었다. 굳이 이슬람에 관해 관심이 없더라도 이단에 관해 관심이 있는 기독교인들도 참석했기 때문이다. 그러나 이 시기부터 이슬람은 이단과 그 성격이 전혀 다름에도 불구하고, 이슬람도 마치 이단처럼 경계하고 배척해야 한다는 강경한 태도가 주류 의견이 되었다. 전술한 바와 같이 93회기에서 96회기까지는 세미나의 자료집으로 미숙한 부분이 있었지만, 그럼에도 불구하고 이슬람과 무슬림에 대해 균형 있는 의견들이 개진되었다. 이슬람의 문제점과 위협에 대해서도 알려 주었지만, 무슬림들을 무조건 경계하기보다는 그들에게도 복음을 증거하기 위한 노력도 강조되었던 것이다. 그러나 97회기부터 105회기까지는 주로 이슬람에 대한 강성 기조가 유지되고 있음을 자료집을 통해 볼 수 있다.

PCK는 이슬람대책위원회 세미나의 연장선상에서 이슬람과 연관된 주요 쟁점에 대해 교단의 공식 입장을 표명했다. 2016년 100회기에는 할랄식품[14], 2018년에는 예멘 난민[15]에 대해 총회장과 이슬람대책위원장의 이름으로 발표했는데, 그 내용은 정부의 정책을 재고할 것을 촉구하는 것이다. 이는 국내 이슬람에 대한 이슈가 단지 기독교인만의 문제가 아니고 국민 모두와 연관된 사안임을 인지하고 정부의 도움을 요청한 것이다. 안승오는 이슬람 문제와 연관해서 정부의 역할을 주장하고 있고,[16] 이러한 방향은 앞서 검토한 대로 PCK 이슬람 세미나의 초창기 목적에도 부합되는 것이다.

---

14 PCK.「최근 할랄식품 산업 육성정책에 관한 대한예수교장로회 총회의 입장」 자료집, 2016.

15 PCK.「예멘 난민 문제에 관한 대한예수교장로회 총회의 입장」 자료집, 2018.

16 안승오, "이슬람의 성장이 기독교에 주는 도전과 과제" 2014, 16-17.

이와 같이 진행되었던 PCK 이슬람 세미나는 코로나 팬데믹이 서서히 마무리되는 시점인 2022년 6월 20일 한국교회 100주년기념관에서 중요한 모임을 가졌다.[17] 이 세미나는 적어도 두 가지 면에서 이전보다 업그레이드되었다. 첫째는 발제자와 총평자 일곱 명 모두는 이슬람 현장 선교사이거나 선교사였기에 무슬림들과 직접적으로 교제한 경험을 가지고 있었다. 둘째로 무슬림을 통일해서 다루지 않고, 지역별로 분류했으며, 특정 지역의 선교사들이 전문성을 토대로 발제한 것이다. 이는 참가자들로 하여금 자연스럽게 이슬람과 무슬림의 통일성과 더불어 다양성에 대해서 이해할 수 있도록 도움을 주었다. 이 부분에 대해서는 Ⅲ장에서 좀 더 자세히 다루고자 한다.

B. 특성

2011년 이래 진행된 PCK 이슬람 세미나는 여러 측면에서 조명해 볼 수 있을 것이다. 그리고 이슬람과 무슬림에 대해 어떤 관점을 가졌는지에 따라서 평가가 달라질 수 있을 것이다. 필자는 들어가는 말에서 언급했듯이, PCK 이슬람대책위원회의 목적은 "이슬람에 대한 개괄적인 이해를 넘어 무슬림들의 다양성을 이해하고 그들에게 적합한 방식으로 복음을 증거하는 것이 되어야 한다."라고 했다. 이러한 관점으로 PCK 이슬람 세미나를 바라본다면 다음과 같은 세 가지 특성을 발견할 수 있다.

첫 번째, 무슬림보다 이슬람에 대해 훨씬 더 많은 분량을 할애하고 있다. 구조적으로 이슬람대책위원회에서 진행하는 순회 세미나는 전국에서 매년 3~4회만 이루어지기 때문에, 이슬람에 대한 전반적이고 기초

17 PCK.「제106회 이슬람 선교 정책 패널 토의」, 2022.

적인 내용을 다룰 수밖에 없다. 개신교, 가톨릭, 불교, 유교, 힌두교 그리고 이슬람과 같이 유수한 역사를 가진 고등종교를 위와 같은 방식으로 세미나를 한다면 제한된 결과만을 가질 수 있을 것이다. 만약 기독교의 장구한 역사를 1~2시간에 말한다면 어떤 내용을 다루어야 하는가? 성경의 다양한 내용과 관점을 충분히 전달할 수 있을까? 같은 기독교인 사이에서 다양성을, 예를 들어 아프리카의 독립교회와 한국의 장로교 혹은 한국 개신교 내에서조차 복음주의와 에큐메니컬의 차이점을 생각해 본다면, 사실상 PCK 이슬람 세미나는 매우 개괄적인 내용을 다룰 수밖에 없음을 이해할 수 있다.

이러한 태생적인 한계를 참작하더라도, 그동안 세미나는 이슬람의 매우 제한된 모습만을 보여주고 있다. 이슬람은 전통적으로 수니파와 시아파로 구분되고, 이와 별도로 수피즘과 민속 이슬람Folk Islam이 양 종파에 광범위하게 퍼져있다. 또한 각 이슬람은 지역과 국가에 따라서 신학파와 법학파가 다르고, 꾸란에 대해서도 다양한 해석이 존재한다. 이런 맥락에서 볼 때 2022년 선교 정책 패널 토의에서 그동안의 PCK 이슬람 세미나에 대한 공요셉의 평가는 적절하다. “이슬람은 긴 역사 속에서 세계 여러 곳으로 퍼지면서 매우 복잡하고 다양한complex and diverse 형태를 띠었다. 사실 복잡하고 다양한 이슬람과 무슬림을 너무 단순하게 취급하는 것이 문제다.”[18]

그리고 PCK 이슬람세미나에서 무슬림에 대한 논의는 매우 부족해 보인다. 왜 무슬림에게 복음을 증거해야 하는지, 어떻게 복음을 증거해

18 공요셉, “이슬람권 선교 정책과 이슬람에 대한 종합적 이해,” 「제106회 이슬람 선교 정책 패널 토의」, 2022, 21. 더 자세한 내용은 101회기와 103회기 자료집에 수록된 공요셉의 소논문들을 참고하라.

야 하는지, 그리고 어떻게 그리스도 안에서 양육해야 하는지에 대한 발제는 거의 없고, 다만 무슬림에게 그리스도를 전해야 한다는 당위성만 볼 수 있다.

> 그러나 우리가 여기서 꼭 알아야 하는 것은 무슬림들은 우리의 적이 아니라는 사실이다. … 무슬림들을 미워하며 육적인 싸움으로 몰고 가는 실수를 범하지 않도록 주의해야 한다. 우리 주변에 와 있는 무슬림들은 악한 거짓 영에 속고 있는 불쌍한 피해자들이다. 그들을 위해서 사랑으로 섬기면서 주님께 기도해서 그들의 감겼던 눈이 떠지고 참 주님을 만날 수 있도록 도와줘야 하는 것이 이 시대에 사는 그리스도인들의 사명이라고 생각된다.[19]

무슬림에 대한 전도와 양육은 실질적으로 2019년 103회기에 구체적으로 논의되었다. 공요셉은 그 어느 때보다 많은 무슬림들이 그리스도에게로 오고 있지만, 교회의 준비 부족과 적합한 전도와 양육 매뉴얼의 부재로 인해 전도를 받은 무슬림들이 다시 이슬람으로 되돌아가고 있음을 강조한다.[20] 그래서 그는 "무슬림에 대한 전도와 양육의 매뉴얼"에서 전도를 위한 준비, 전도의 실제와 유형, 양육을 위한 준비, 그리고 양육의 실제로 단계를 구분하여 기술하고 있다.[21]

두 번째, 저자에 따라 차이는 있지만 주로 이슬람에 대해 부정적인 관점을 가지고 있다. 이것은 이슬람에 대해 익숙하지 않은 기독교인들

---

19 이만석, "이슬람의 정체를 알아야 한다," 「제99회 지역별 총회 이단·사이비 & 이슬람교 대책 세미나」 자료집, 2015, 69.

20 공요셉. "무슬림에 대한 전도와 양육의 매뉴얼," 「기독교 입장에서 본 이슬람」 자료집, 2019, 26-27.

21 위의 책, 26-37.

이 이슬람에 대해 객관적인 이해를 갖도록 도움을 주기보다는 오히려 적대적인 이미지를 갖도록 한다. 이규대는 이러한 방식의 문제점을 아래와 같이 설명한다.

> 오늘날 미국을 포함한 서구와 보수적인 근본주의 교회는 이슬람을 향해서 '우리의 선'과 '그들의 악'을 뚜렷하게 구분하는 경향이 있다. 미국은 인도주의적 문화를 대표하는 반면 무슬림은 폭력과 증오를 대변하며, 이슬람 문명이 서구 문명과 완전히 대립하는 것으로 본다. … 보수적인 기독교회들은 전 세계의 다양하고 혼종적인 이슬람 세계를 "이슬람"이라는 하나의 단어로 정형화하여, 오늘날 전 세계 오대양 육대주에 걸쳐 살아가고 있는 19억의 무슬림들을 향해 서구 오리엔탈리즘의 관점으로 이슬람을 바라보고 이슬람포비아를 조장하고 확대 재생산하는 데 앞장서고 있다.[22]

입장을 바꾸어, 만약 타종교인들이 개신교의 다양한 문제점들만을 지적하면서 개신교 전체를 거짓 종교로 호도한다면 그것은 부적절한 접근 방식일 것이다. 예를 들어, 한국 개신교에는 물질주의, 성공주의, 학연 · 혈연주의 그리고 기복신앙 등 비성경적인 모습들이 흔히 나타나고 있다. 이로 인해 여러 통계에서 볼 수 있듯이, 한국 사회에서 개신교의 신뢰도는 갈수록 낮아지고 있고 특히 젊은 세대는 매우 부정적인 인식을 가지고 있다. 그런데 이러한 개신교의 모습이 전체 한국 개신교를 대변하는가? 마찬가지로 이슬람에 대해 접근할 때도 주의가 필요하다. 필자가 인도네시아에서 만났던 한 남성 무슬림 학자는 자신이 왜 기독교로 개종해야 하는지 심각하게 물었다. "이슬람은 기도에 대해 매우 구체적

22 이규대, "아시아-태평양 지역의 무슬림 선교," 「제106회 이슬람 선교 정책 패널 토의」, 2022, 25.

입니다. 이슬람은 무슬림들이 매일 몇 번 어떻게 기도해야 하는지 명확히 알려 줍니다. 또한 이슬람은 일 년에 40일을 금식하도록 정하고 무슬림들은 이를 실천합니다. 개신교인들은 매일 몇 번이나 기도하고 무엇을 위해 기도합니까? 일반적으로 기독교인들은 일 년에 며칠을 금식합니까? 나는 기도에 대해 분명한 지침을 가지고 있는 이슬람과 이를 실천하는 무슬림 공동체를 떠날 이유가 없다고 생각합니다."

개신교의 문제점만을 부각시켜 오해하는 것이 부적절하다고 생각한다면, 우리는 타종교에 대해서도 이와 동일한 자세로 접근해야 한다. 특히 고등종교를 다룰 때는 더욱 그러하다. 그 종교들의 장구한 역사와 교리를 종합적으로 이해하려고 노력하는 대신, 일부분을 부각시켜 비판하고 성급하게 복음으로 정죄하려는 자세는 지양되어야 한다. 공요셉은 "이슬람을 기독교적인 시각에서만 보지 말고 무슬림들이 이슬람을 뭐라고 말하는지 경청하라."[23]고 주장하는데, 이 의견에 동의하면서 한발 더 나아가 무슬림들이 기독교에 대해서는 어떻게 생각하는지도 들어볼 필요가 있다.

세 번째, 이슬람에 비해 무슬림에 대한 논의가 부족하고, 그마저도 그들을 사귐보다는 경계의 대상으로 다룬다. 이슬람에 대해 제한적이고 부정적인 사건을 위주로 다룬다면, 그 종교를 믿는 무슬림에 대해서도 긍정적이고 건설적인 이해를 갖기는 어려울 것이다. 기독교인들이 이슬람을 공부하는 이유는 궁극적으로 무슬림에게 복음을 증거하기 위함이다. 예수 그리스도께서 온 인류의 죄를 십자가에서 대속하시고 부활하셨다. 이 복된 소식은 "헬라인이나 유대인이나 할례파나 무할례파나 야만

23 공일주, "국내 무슬림 전도를 위하여 교회가 어떻게 이슬람을 이해해야 하는가?," 「제101회 지역별 총회 이단·사이비 & 이슬람교 대책 세미나」 자료집, 2017, 89.

인이나 스구디아인이나 종이나 자유인이 차별이 있을 수 없나니 오직 그리스도는 만유시요 만유 안에 계시니라" 골 3:11.

PCK 이슬람 세미나는 이슬람보다 무슬림에 초점이 더 맞춰져야 한다. 이것은 북한선교와 비교해 볼 수 있다. 대한민국의 기독교인들은 북한의 독재정권과 주체사상을 누구도 인정하지 않지만, 그렇다고 북한의 모든 주민들이 영원히 꺼지지 않는 지옥 불에 던져져야 한다고 생각하지 않는다. 오히려 북한의 체제가 주민들을 통제하고 억압할수록 기독교인들은 더욱 북한 주민들이 그리스도 안에서 참된 자유와 평화를 누리도록 기도하고 도움을 준다.

마찬가지로 기독교인들은 이슬람의 사상과 체계를 긍정하는 것도 아니고, 기독교와의 유사성을 찾고자 하는 것도 아니며, 이슬람 가운데 배울 점이 있다고 주장하는 것은 더더욱 아니다. 그럼에도 불구하고 PCK가 이슬람에 관심을 두는 것은 오직 무슬림에게 복음을 증거하여 그들로 하여금 예수 그리스도를 믿음으로 말미암아 모든 믿는 자에게 미치는 하나님의 의는 차별이 없음을 깨닫게 하기 위함이다롬 3:22. 이를 위해서 PCK 이슬람 세미나는 기독교인들이 무슬림을 정죄하고 판단하기보다는 주님의 마음으로 그들을 바라보고 다가갈 수 있도록 도움을 주는 방향으로 진행되어야 한다.

III. PCK 이슬람과 무슬림 사역에 대한 제안

A. 선교학의 관점으로 접근

동일한 기독교도 어떤 신학의-성서신학, 조직신학, 역사신학, 혹은 실천신학-관점으로 연구하는지에 따라 다른 결론에 도달할 수 있다. 필자는 이슬람과 무슬림을 선교학의 관점으로 접근할 것을 제안한다. 선교학의 관점으로 접근한다는 것은 첫째, 콘텍스트를 중요하게 다루는 것을 의미한다. 한국의 기독교인과 인도네시아의 기독교인이 유사점과 차이점이 존재하듯이, 이슬람과 무슬림도 콘텍스트의 영향을 받는다. 공요셉은 이 부분에 대해서 다음과 같이 설명한다.

> 우리가 사역하려는 특정 콘텍스트를 부단히 연구하지 않고서는 우리가 무슬림 속에서 효과적인 사역을 할 수 없다는 것이다. 물론 세계의 여러 무슬림들에게서 이슬람의 교리와 실천 사항들이 공통적이라고 주장할 수 있겠지만 그렇다고 이것으로 "하나의 이슬람"이라고 말하기 어렵다. 여기서 우리가 주목할 것은 이슬람은 정적(static)이지 않다는 사실이다. 새로운 무슬림이 유입되고 콘텍스트가 달라지면 그 지역의 이슬람이 변할 수 있다.[24]

만약 콘텍스트를 중심으로 이슬람과 무슬림을 연구한다면 다양성을 어렵지 않게 발견할 수 있다. PCK 선교사 윤용호는 인도네시아 무슬림을 이해하려면 정통 이슬람과 민속 이슬람의 영향과 더불어 반드시 수피

24 공요셉, "이슬람권 선교 정책과 이슬람에 대한 종합적 이해," 13.

즘에 주목해야 한다고 주장한다. "수피즘의 관점은 인도네시아 이슬람의 독특성을 발견하도록 해주고, 인도네시아 이슬람을 혼합주의적인 관점에서 벗어나게 해준다."[25] PCK 선교사 김종천은 서말레이시아에서 이슬람이 주요 종교이지만 그곳에서 온전히 복음을 증거하기 위해서는 부미뿌뜨라 정책을 이해해야 하고 아울러서 다민족사회의 혼종성을 극복해야 한다고 말한다.[26] PCK 선교사 임덕한은 파키스탄에서는 신성모독법과 같은 제도적인 차이나 극단적인 무슬림의 공격으로 인해 전도와 양육에 앞서 무슬림과의 접촉점을 마련하는 것이 필요하고, 이를 위해 아브라함의 오이쿠메네를 제안한다.[27] 중국 신장 지역에서 15년 이상 사역했던 주성일은 위구르 무슬림들을 이해하기 위해서는 중국에서 소수 민족으로서 그들이 겪었던 수난의 역사를 반드시 이해한다고 역설한다.[28]

콘텍스트가 중심이 되고 다양성의 시각이 열리려면 자연스럽게 특정 지역의 전문가가 필요한데, 현장 선교사들이 바로 이러한 역할을 감당할 수 있고 또 그렇게 되어야 한다. 위의 현장 선교사들은 사역 경험과 학위논문을 통해 독자들에게 무슬림들이 콘텍스트에 따라 어떻게 다르고, 그들에게 복음을 증거하기 위해서는 어떤 방식으로 접근해야 하는지 제안한다. 앞서 언급한 2022년 제106회 PCK 이슬람 선교 정책 패널 토의도 콘텍스트를 염두에 둔 모임이었다. 선교사들은 자신의 콘텍스트를

25 윤용호, "수피즘과 나흐다뚤 울라마(Nahdlatul Ulama) 연구에 기초한 인도네시아 이슬람에 대한 선교학적 응답," 미간행 철학박사학위논문, 주안대학원대학교, 2020, 3.

26 김종천, "서말레이시아의 화인 교회의 지역신학 연구: 다민족사회의 혼종성을 중심으로," 미간행 철학박사학위논문, 주안대학원대학교, 2022, 6-7.

27 임덕한, "이슬람 선교를 위한 접촉점 연구: 아브라함의 오이쿠메네를 중심으로," 미간행 철학박사학위논문, 주안대학원대학교, 2014, 2-3.

28 주성일, "위구르 무슬림의 수난 이해와 복음에 의한 회복 방안 연구," 미간행 철학박사학위논문, 주안대학원대학교, 2020, 3-4.

중심으로 발제를 담당했고, 다른 선교사들의 발제를 통해 자신이 이해하고 경험한 이슬람과 무슬림과 비교, 평가하면서 유사점과 차이점을 나누었다.

둘째, 선교학의 관점으로 접근하는 것은 무슬림들의 세계관을 이해하는 것을 의미한다. 히버트Paul Hiebert의 주장처럼 기독교 선교가 복층식 기독교Split-level Christianity를 전하는 것에 그치지 않고[29] 무슬림들의 세계관 변화를 그 목적으로 한다면,[30] 무슬림의 세계관을 이해하는 것이 선행되어야 한다. 앞에서 한 무슬림이 기도에 대해 이야기한 바와 같이, 대부분 무슬림들은 자신의 종교와 경전 그리고 예언자에 대한 확신을 가지고 있으며 그것으로 인해 그들의 세계관이 형성되어 있다.

그들은 흔히 기독교문화와 서구문화를 혼용해서 이해한다. 그럴 때 기독교를 건전한 종교로 생각하기보다는 위험하고 심지어는 타락한 것으로 받아들인다. 예를 들어, 기독교인은 이슬람의 일부다처제 문제점을 제기한다. 그것은 성경에 비추어 하나님의 결혼 계획에 위배되기 때문이다. 그러나 무슬림은 기독교인서구인의 결혼생활에 대해 냉소적으로 평가한다. 기독교는 겉으로 일부일처제를 강조하지만, 실제로 서구에서 기독교인 가정을 포함하여 수많은 가정들이 깨졌고, 설사 가정이 유지되더라도 남편과 아내는 배우자를 속이면서 불륜을 행한다는 것이다. 마치 서양 영화에서 나오는 많은 가정처럼 말이다. 모든 남자 무슬림들이 여러 명의 아내를 둔 것도 아니고, 만약 복수의 아내를 두었다고 하더라도 그것은 사회적으로 용인되는 것이며, 자신들은 음성적으로 불륜을 행하지

29 Paul G. Hiebert, R. Daniel Shaw, and Tite Tienou, *Understanding Folk Religion*, 문상철 역, 『민간종교 이해』 (서울: 한국해외선교회출판부, 2006), 26-27.

30 Paul G. Hiebert, *Transforming Worldviews*, 홍병룡 옮김, 『21세기 선교와 세계관의 변화』 (서울: 복있는 사람, 2010), 22-23.

않는다고 말한다.

예배의 경우도 마찬가지이다. 그들은 성전에서 예배드릴 때 남자와 여자를 철저히 구별하지만, 부자와 가난한 사람이 차별 없이 손과 발 그리고 코와 귀를 씻고 맨발로 어깨를 맞대고 무릎 꿇고 기도하며 예배드린다. 여자의 경우 평상시보다 더욱 철저히 자신의 신체를 가리고 예배에 참석한다. 그러나 무슬림 배경의 신자MBB들은 회심 후 일반 교회에 참석하여 예배드릴 때 어려움을 느낀다. 그들은 신발을 신거나 의자에 편히 앉아 예배드린 적이 없고, 무엇보다 여자 성도가 앞, 뒤, 옆자리에 앉아 남성들과 함께 예배드리는 것이 매우 생소한 것이다. 무슬림의 관점에서 기독교인들은 음식을 가리지 않고 먹기에 그들과 식탁 공동체도 함께할 수 없다. 비록 기독교인들이 할랄 음식을 특별히 준비하더라도, 준비하는 과정을 감안하여 제한적으로만 함께 식사할 수 있을 뿐이다. 이러한 일련의 차이점으로 인해, 무슬림의 세계관에서 기독교인은 단지 '카피르'[31]일 뿐이다. 그러므로 공요셉은 무슬림들을 전도하고 양육할 때 그들의 배경을 이해하고 준비할 것을 강조한다.

> 대체로 한국교회 안에서 성경공부반이나 제자양육반에서 사용하는 교재는 한국인에게 초점이 맞추어져 있다. 그러나 무슬림 배경의 새신자를 겨냥하여 제작된 교재가 있어야 한다. 여기서 한 가지 예를 들면, 우선 무슬림 배경의 새신자를 양육하려는 사람은 무슬림들이 성경의 용어나 신학적 용어에 익숙하지 않을뿐더러 혹시 꾸란의 용어와 유사할 경우, 그는 꾸란의 개념을 기반으로 성경의 어휘들과 문장을 이해하려고 한다는 것을 알아야 한다.[32]

31 kāfir. 무신앙자를 의미하는 아라비아어.

32 공요셉, "무슬림에 대한 전도와 양육의 매뉴얼," 36.

무슬림들은 또한 콘텍스트에 따라 상이한 세계관을 가지고 있다. 그리고 이러한 세계관은 무슬림으로 표면적으로 드러나는 모습보다 훨씬 깊숙이 현지인들의 생각에 뿌리내리고 있다. 예를 들어, 카자흐스탄에서 오랫동안 사역하고 있는 남성택 선교사는 외형적으로 카자흐스탄은 이슬람 국가이지만, 실제로 카자흐 민족의 세계관에는 천신 사상이 깊게 내재하여 있다고 주장한다.

> 카자흐 민족의 민간신앙은 이슬람 이전에 고대로부터 민간에 뿌리내려 그들의 정신세계와 세계관에 절대적인 영향을 미쳐왔다. 비록 후대에 유입된 이슬람이 민간신앙과 종교적 혼합주의를 형성하여 형식적으로는 이슬람이라는 이름을 취하지만 내용상으로는 민간신앙의 신념과 가치들이 여전히 존재하고 있음을 발견할 수 있다.[33]

카자흐 무슬림의 세계관은 앞서 언급한 인도네시아, 말레이시아, 파키스탄 그리고 신장의 무슬림들 세계관과는 분명한 차이점을 가지고 있다. 그것은 콘텍스트의 다름에서 오는 것이다. 요약하면, 무슬림들은 이슬람의 공통된 세계관과 콘텍스트에 따라 상이한 세계관을 동시에 가지고 있다. 그러므로 특정 지역에 거주하는 무슬림들의 세계관 변화를 위해서는 특정 콘텍스트에 적합한 사역이 지속적으로 이루어져야 하고, 이를 위해 현장 선교사들의 역할이 매우 중요하다.

---

33 남성택, "카자흐 민족의 민간신앙의 세계관분석을 통한 변혁적 선교," 미간행 철학박사학위논문, 주안대학원대학교, 2017, 9.

B. 일회성 세미나에서 연구와 현장 중심으로의 전환

PCK 이슬람대책위원회는 그동안 순회 세미나를 계획하고 이를 실천했다. 그러나 이제는 세미나 중심에서 연구 중심으로 전환이 필요한 시점이다. 앞서 설명한 바와 같이, 이슬람과 무슬림은 몇 번의 세미나로 파악할 수 있을 정도의 이단이 아니다. 이슬람은 1,400년 이상의 역사와 더불어 전 세계 20억의 무슬림을 가지고 있다. 그 안에 다양한 신학파, 법학파, 수피즘 그리고 민속 이슬람이 혼재되어 있고 콘텍스트에 따라 다양한 세계관을 가지고 있다. 정말 그들에게 복음을 적합하게 전하려면 연구 중심으로 전환이 필요하고 그를 통해 적합한 방안들이 도출되어야 한다.

이미 2011년 첫 번째 세미나 자료에는 무슬림에게 복음 증거를 위한 기본적인 내용을 담고 있다. 그중 오늘날에도 여전히 도움을 주는 내용을 일부 발췌하면 아래와 같다.

> 다) 특별히 무슬림들을 만날 때, 인간 대 인간으로 만나도록 노력해야 한다. 라) 무슬림을 만났을 때의 주의점은 이슬람=폭력이라는 편견을 가지고 대하지 않도록 해야 한다. 마) 특히 이슬람 종교, 꾸란에 대한 비난, 꾸란에 줄긋기, 꾸란을 바닥에 놓기와 무함마드에 대한 비난을 하는 행위는 모든 무슬림들이 극도로 싫어하는 것이다. … 아) 정치적으로 민감한 문제들에 대해서 대화의 주제에서 특별한 경우를 제외하고는 일반적으로 피하는 것이 옳다.[34]

그러나 우리는 무슬림에게 이러한 단순한 매뉴얼로 복음을 전하는

34 PCK, 「이슬람에 대한 바른 이해: 수쿠크(이슬람채권법)를 중심으로」, 2011, 53.

것에는 한계가 있음을 알고 있다. 그래서 PCK 이슬람대책위원회는 이슬람권 현장 선교사들을 중심으로 자료를 수집하고 정리하는 것에서부터 시작해야 한다. 2022년부터 PCK 세계선교부 산하에 Research and DevelopmentR&D 부서가 신설되고 담당자가 선임되어 여러 업무를 담당하고 있다. 이 부서를 중심으로 먼저 PCK 이슬람권 사역자들의 숫자와 사역을 정리하고, 특정한 주제에 대한 리서치를 할 수 있을 것이다. 특히 국내 무슬림들의 현황을 정확히 파악하여 각 노회와 지역 교회에 정보를 제공하므로 부정확한 통계로 인한 혼란을 방지할 수 있다.

그리고 이제는 공요셉의 제안과 같이 일회적인 세미나 대신 이슬람대책위원회 혹은 세계선교부가 주관하는 〈무슬림 선교 대학〉의 시작을 고려해 보아야 한다.[35] 2011년 이슬람대책위원회가 시작할 때와는 비교할 수 없는 기술의 발전으로 인해, 이제는 Zoom과 같은 온라인 방식으로 전 세계 이슬람권에서 사역하는 PCK 선교사들이 시간과 장소에 제한받지 않고 강사나 학생으로 참여할 수 있다. 무슬림을 매일 대면하는 이슬람 현장 선교사들을 중심으로 과정을 개설하고 온라인과 오프라인을 병행하여 강의를 진행하고 수강한다면, 참가자들은 이슬람과 무슬림에 대해 훨씬 더 폭넓고 종합적인 안목을 갖게 될 것이다. 매년 1~2회로 7~8주 정도의 프로그램을 개설하고 과정을 마친 자들에게는 이슬람대책위원회 혹은 세계선교부의 이름으로 수료증을 줄 수 있다.

이 과정에서 국내 이주민 사역자들의 참여가 매우 중요하다. 결국 대다수의 국내 기독교인들은 해외보다 국내에 체류하는 무슬림들을 만나고 그들과 직, 간접적으로 교제하게 될 것이다. 국내에 거주하는 무슬림들은 전 세계 여러 나라에서 취업, 학업, 결혼, 비즈니스 등 다양한 목

35 공요셉, "이슬람권 선교 정책과 이슬람에 대한 종합적 이해," 17.

적을 가지고 입국했고, 단기 체류자로부터 시민권을 취득하여 국내에 상주하는 무슬림까지 신분도 다양하다. 이들을 위해 사역하는 PCK 지역 교회들과 사역자들의 파악이 필요하고, 어떻게 국내 거주 무슬림들을 전도하고 양육할지에 대해 구체적으로 논의하는 장이 마련되어야 한다.

IV. 맺는말

움마*ummah*는 이슬람의 초기부터 무슬림들에서 매우 중요한 부분을 차지한다. 무함마드가 주후 622년 메카로부터 450km 떨어진 메디나로 이주하여 정착한 무슬림들은 자신의 육적인 친족들을 떠나 새로운 이슬람 공동체에 참여했다. 그것은 그들이 새로운 공동체 형성에 자신의 운명을 던졌음을 의미한다.[36] 메디나의 움마는 한 세기가 지나기도 전에 대단히 확장되었지만, 그와 같은 지역적인 확장보다 더 중요한 것은 무슬림들의 생활방식이다. 움마 안에서는 개인의 존재보다 공동체의 운명이 훨씬 더 중요했다. 무슬림들은 움마 안에서 같이 신앙생활 하면서 때로는 서로를 격려하고 때로는 공개적으로 체벌을 가하기도 한다.[37]

오늘날 대다수의 무슬림들도 요람에서 무덤까지 움마에서 생활한다. 움마는 무슬림의 세계관 중심에 있고 삶의 모든 부분과 연관되어 있다. 그래서 무슬림이 움마를 떠난다는 것은 자신의 가족에게 엄청난 수치를 안기는 것이고, 본인은 사회적으로 경제적으로 불이익을 당하면서

36 Kenneth Cragg, *The House of Islam*, 2nd ed. (Berkeley, UK: Dickenson, 1975), 73.

37 Kenneth Cragg, *Sandals at the Mosque: Christian Presence Amid* (New York: Oxford University Press, 1959), 122.

일평생 불안과 공포 가운데 살아야 함을 의미한다. 무슬림들에게는 종교를 바꾸는 것이 개인주의가 편만한 서구에서처럼 단지 개인 선택의 문제가 아님을 분명히 알 수 있다.

무슬림들이 이토록 강력한 유대감과 통제의 움마를 떠나 기독교 교회로 오게 될 때, 그들은 무엇을 기대할 것인가? 뱅크스Robert Banks는 사도 바울이 초대 교회를 무엇보다도 '그리스도의 몸'으로 비유했다고 말한다. 교회 공동체를 하나님의 '가족'family 혹은 '가정'household의 구성원들로 여겼고갈 6:10; 엡 2:19, 그래서 그들은 서로를 형제로롬 15:14, 아들로빌 2:20, 22; 골 1:1, 혹은 자녀로롬 8:16 보면서 서로를 그에 합당하게 대했다. 바울은 디모데를 "나의 형제"고전 8:11, 13, 두기고를 "사랑받는 형제"골 4:7; 엡 6:21, 소스데네, 알보로, 구아도를 비슷한 방식으로 "형제"고전 1:1; 16:12; 롬 16:23, 압비아를 "우리의 자매"몬 2, 그리고 루포의 어머니를 "그의 어머니는 곧 내 어머니"롬 16:13로 부른다.[38]

기독교는 움마보다 훨씬 이전부터 가족 공동체이면서 사랑의 공동체를 형성하고 있었다. 오늘날 기독교인들은 무슬림들이 움마를 떠나 기독교 공동체에서 그리스도의 사랑을 경험하고 나누도록 부르심과 보내심을 받았다. 과거와는 다르게 한국 내에서, 우리 이웃에서도 어렵지 않게 무슬림들을 만날 수 있다. PCK 이슬람대책위원회는 아직 이슬람과 무슬림에 익숙하지 않은 기독교인들이 움마의 세계관을 가진 무슬림들을 그리스도의 공동체로 인도하도록 도움을 주어야 한다. 이제 그 사역을 권역별로 다른 콘텍스트에서 감당하고 있는 PCK 선교사들의 이야기를 경청해 보자.

---

38 Robert Banks, *Paul's Idea of Community*, 장동수 역, 『바울의 공동체 사상』 (서울: IVP, 2007), 98-102.

참고문헌

PCK. 「이슬람에 대한 바른 이해: 수쿠크(이슬람채권법)를 중심으로」, 2011.

____. 「이슬람교에 대한 바른 이해: 다문화 시대 속 이슬람교와의 소통과 대처 방법」, 2012.

____. 「제97회 지역별 총회 이단·사이비 & 이슬람교 대책 세미나」 자료집, 2013.

____. 『이슬람교 바로 알고 전도하기』, 2013.

____. 「제98회 지역별 총회 이단·사이비 & 이슬람교대책세미나」 자료집, 2014.

____. 『이슬람교 바로 알고 전도하기』, 증보판, 2014.

____. 「제99회 지역별 총회 이단·사이비 & 이슬람교대책세미나」 자료집, 2015.

____. 「제100회 지역별 총회 이단·사이비 & 이슬람교대책세미나」 자료집, 2016.

____. 「최근 할랄식품 산업 육성정책에 관한 대한예수교장로회 총회의 입장」 자료집, 2016.

____. 「제101회 지역별 총회 이단·사이비 & 이슬람교대책세미나」 자료집, 2017.

____. 「이슬람교 바로 알기 자료집」, 2017.

____. 「제102회 지역별 총회 이단·사이비 & 이슬람교대책세미나」 자료집, 2018.

____. 「예멘 난민 문제에 관한 대한예수교장로회 총회의 입장」 자료집, 2018.

____. 「기독교 입장에서 본 이슬람」 자료집, 2019.

____. 「제103회 지역별 총회 이단·사이비 & 이슬람교대책세미나」 자료집, 2019.

____. 「제104회 지역별 총회 이단·사이비 & 이슬람교대책세미나」 자료집, 2020.

____. 「중고등학교 역사 교과서에 나타난 이슬람 편향성에 관한 대한예수교장로회 총회의 입장」 자료집, 2019.

____. 「제105회 지역별 총회 이단·사이비 & 이슬람교대책세미나」 자료집, 2021.

____. 「제106회 이슬람 선교 정책 패널 토의」, 2022.

정승현. 『무슬림을 향한 증인의 삶』. 인천: 주안대학원대학교출판부, 2019.

Banks, Robert. *Paul's Idea of Community*. 장동수 역. 『바울의 공동체 사상』. 서울: IVP, 2007.

Cragg, Kenneth. *The House of Islam*. 2nd ed. Berkeley, UK: Dickenson, 1975.

__________. *Sandals at the Mosque: Christian Presence Amid*. New York: Oxford University Press, 1959.

Hiebert, Paul G. *Transforming Worldviews*. 홍병룡 옮김. 『21세기 선교와 세계관의 변화』. 서울: 복있는 사람, 2010.

Hiebert, Paul G. R. Daniel Shaw, and Tite Tienou. *Understanding Folk Religion*. 문상철 역. 『민간종교 이해』. 한국해외선교회출판부, 2006.

공요셉. "파키스탄의 이슬람과 국내 파키스탄 이주민의 이슬람 성향." 「아랍과 이슬람 세계」 8 (2021): 63-107.

Winter, Ralph. "Seeing the Task Graphically: The Decade Past and the Decade to Come." *Evangelical Missions Quarterly* 10(1974/1), 11-24.

김종천. "서말레이시아의 화인 교회의 지역신학 연구: 다민족사회의 혼종성을 중심으로." 미간행 철학박사학위논문, 주안대학원대학교, 2022.

남성택. "카자흐 민족의 민간신앙의 세계관분석을 통한 변혁적 선교." 미간행 철학박사학위논문, 주안대학원대학교, 2017.

윤용호. "수피즘과 나흐다뚤 울라마(Nahdlatul Ulama) 연구에 기초한 인도네시아 이슬람에 대한 선교학적 응답." 미간행 철학박사학위논문, 주안대학원대학교, 2020.

임덕한. "이슬람 선교를 위한 접촉점 연구: 아브라함의 오이쿠메네를 중심으로." 미간행 철학박사학위논문, 주안대학원대학교, 2014.

주성일. "위구르 무슬림의 수난 이해와 복음에 의한 회복 방안 연구." 미간행 철학박사학위논문, 주안대학원대학교, 2020.

Islam: An Infographic. https://lausanne.org/content/islam-an-infographic (접속일: 2023년 6월 30일).

아프리카 이슬람과 선교

권 헌 주

PCK 프랑스 선교사

I. 서론

아프리카는 다양한 문화와 종교가 공존하는 대륙으로 이슬람은 아프리카의 주요 종교 중 하나이다. 아프리카의 이슬람은 긴 역사를 가지고 있고 다양한 변화를 거쳐왔다. 그만큼 아프리카인은 이슬람에 의해 많은 영향을 받으며 살아왔다. 이슬람은 아프리카의 사회, 문화, 경제, 정치, 종교 등 모든 영역에 걸쳐 긍정적, 부정적 기여를 했다.[1] 그뿐만 아니라 아프리카 지역에서 이슬람은 기독교와 오랫동안 상호 작용을 하며 오늘날까지 특별한 관계를 형성하고 있다.[2] 이 글에서는 아프리카 이슬람의 역사와 이슬람이 아프리카에 미친 영향에 대해 살펴본 후 아프리카 이슬람에 대한 선교전략을 제시하고자 한다. 이를 통해 아프리카 이슬람의 발전 과정과 사회, 문화, 경제, 정치에서의 영향력, 기독교와의 상호작용과 변화에 대해 이해하고 아프리카 이슬람에 적합한 선교적 방법에 대해 제안해보고자 한다.

---

1 Mamadou Dia, *Islam Sociétés et Culture Industrielle* (Dakar Abidjan: Les Nouvelles Editions Africaines, 1975), 65.

2 John Azumah, Lamin Sanneh, *The Afican Christian and Islam* (Carlisle: Langham Monographs, 2013), 1.

II. 아프리카 이슬람의 역사

A. 아프리카 이슬람의 유입과 전파

이슬람이 7세기 초에 중앙 아라비아에서 발생했을 때 기독교는 중동의 네스토리우스 교인들Nestorianism과 이집트의 그리스도 단성론자들Coptic의 분쟁으로 찢어져 있었다. 심한 갈등으로 인해 안디옥, 예루살렘, 다마스쿠스와 같은 사도 전통의 기독교와 기독교인들은 그들을 정복하려는 아랍 무슬림 정복자들을 도리어 환영하였다. 기독교인들은 이슬람교의 권위를 인정하고 무슬림의 보호를 받아들이는 것으로 평화롭고 안전하게 그들의 기독교 신앙을 지속할 수 있었다. 이슬람이 아프리카로 유입되어 빠르게 전파될 수 있었던 것 또한 기독교의 분쟁과 관련이 있다. 이슬람은 메소포타미아를 통해서 이란에서부터 오늘날의 파키스탄 지역인 동쪽을 향해 퍼져 나갔고 무하마드의 죽음 이후 한 세기도 채 되지 않아 서쪽으로 진출하기 위해 아프리카로 진입하였다.[3]

640년경에 이슬람은 이집트에 침입하였다. 이집트의 콥트 교인들은 팔레스타인과 시리아의 네스토리우스 교인들과 야곱파 교인들Jacobite과 마찬가지로 침략하는 아랍 무슬림 군대를 환영했다. 당시 기독교 비잔티움은 콥트교를 이단으로 규정하고 차별하고 박해했다. 13세기 콥트 역사가는 무슬림의 이집트 정복에 대해 다음과 같이 해석했다.

당시는 비잔틴 제국의 황제가 백성들을 억압하고 진리에 위배되는 그의 신조를 따르도록 요구했던 기간이었다. 이 두 사람헤라클리우스 황제와

3 Seeti Kwami SIDZA, *Islam et Christianisme en Afrique* (Yaundé: Editions CL), 2006, 63.

무카우카스 황제에게 기독교인들은 큰 박해를 받았다. 그러나 그들의 시대에 아랍 국가가 나타나서 로마인들을 낮추고 그들 중 많은 사람을 죽이고 이집트 전체 땅을 차지했다. 그리하여 기독교인들은 로마인들의 폭정에서 해방되었다.[4]

콥트 교인들은 다른 지역에 있는 네스토리우스 교인들과 야곱파 교인들Jacobite과 같이 지즈야Jizya: 무슬림 국가에서 비 무슬림 시민들에게 부과되는 세금를 지불하는 대가로 신앙의 자유를 보장받고 이슬람 통치자와 동맹을 맺었다. 많은 엘리트 기독교인들이 의사, 서기관이나 학자로 봉사하면서 영향력 있는 위치에 올랐다. 무슬림 군대가 이집트를 침공하기 전, 615년 무렵에 80명 이상의 남성 무슬림들과 그 가족들은 그들에게 우호적인 국가인 아비시니아Abyssinia, 에티오피아로 망명하였다. 여성 난민 중 한 명은 '우리가 아비시니아에 도착했을 때 네구스Negus, 기독교 왕가 우리를 환대해 주었다. 우리는 우리의 종교를 안전하게 실천했고, 신을 숭배했으며, 말이나 행동에 있어서 어려움을 겪지 않았다.'라고 회고하였다.[5] 그리하여 초기 무슬림 공동체는 아라비아 맞은편의 마사우아Massaoua 혹은 Massawa 항구와 주변 섬들에 정착하게 되었다.[6]

북아프리카와 이집트를 정복한 후, 이슬람은 흑인들이 살고 있는 아프리카 남쪽 국가로 진격했다.[7] 641~642년에 무슬림 장군 암루Amru는 이집트 남쪽 땅을 정복하기 위해 노력했다. 그의 이복형제인 우크바 이븐 나피Uqba ibn Nafi는 수단에 있는 기독교 왕국의 수도인 동골라Dongola

---

4 John Azumah, Lamin Sanneh, *The Afican Christian and Islam*, 45.

5 위의 책, 42.

6 Seeti Kwami SIDZA, *Islam et Christianisme en Afrique*, 65.

7 위의 책, 64.

를 진압하기 위해 행진했다. 그러나 누비아 기독교인Nubians은 무슬림 군대를 거부하며 강하게 저항했다. 652년에 무슬림 장군인 압둘라 이븐 사아드 이븐 아비 사르Abd Allah ibn Saad ibn Abi Sarh가 이끄는 군대가 두 번째 정복 시도를 했다. 그의 군대는 동골라에 도달했지만, 마을이 강력한 성벽과 탑으로 요새화되어 있었기 때문에 동골라를 정복하지 못했다. 이슬람 군대는 투석기를 사용하여 아름다운 성당에 큰 바위를 던졌다. 누비아 기독교인들은 물러서지 않고 전투에서 궁수들을 앞세워 무슬림 군사들의 눈을 직접 겨냥했으며 약 150명이 중상을 입고 눈이 멀었다. 결국 무슬림 군대는 패배를 인정하고 박트Baqt라는 불가침 조약을 제안했다. 양측은 상호 교류와 함께 휴전과 공존에 합의했다. 예를 들어, 누비아 기독교인들은 노예, 유향, 향수, 코끼리 상아를 제공해야 했고, 무슬림들은 밀, 렌즈콩, 말, 천을 그 대가로 제공해야 했다. 또한 박트는 무슬림이 누비아인의 땅에 영구적으로 토지를 소유하거나 정착하는 것을 금지했기 때문에 이집트 남부와 누비아 북부 국경은 안전을 보장받게 됐다. 반대로 누비아인들은 이집트에 거주하는 것이 금지되었다. 하지만, 이런 조약에도 불구하고 많은 아랍 유목민들과 무슬림 상인들은 누비아 여성과의 결혼 관계를 이용하여 수단에 정착했다.[8]

B. 아프리카 이슬람의 성장과 확산

아라비아반도는 홍해에 의해 아프리카 대륙과 분리되어 있다. 이슬람이 탄생하기 오래전에 에티오피아와 남부 아라비아 왕국은 홍해를 통해 서로 무역 관계를 유지하고 있었다. 615년에 네구스의 환대로 에티오

8 John Azumah, Lamin Sanneh, *The Afican Christian and Islam*, 395.

피아에 정착한 무슬림들은 11세기부터 에티오피아의 지배가 남쪽으로 확장된 덕분에 아프리카의 뿔 지역Horn of Africa과 교류하며 평화로운 확장을 할 수 있었다.[9]

아랍 무슬림들은 8세기에 모가디슈에서 탄자니아 북부에 있는 탕가까지 뻗어 있는 영토인 젠지Zendj 해안에서 교류했다. 그들은 예멘의 자이디파Zaydi라는 분파주의 아랍인들이었다. 그들은 860년에는 모가디슈, 한 세기 후에는 더 남쪽인 킬와와 몸바사Mombasa, 페이트Fate, 말린디Malindi, 펨바Pemba, 잔지바르Zanzibar를 세운 사람들이다. 그들은 10세기부터 코모로Comoros 제도까지 방문했다. 그 당시 페르시아인과 인도인은 해안을 따라 여러 섬들과 마다가스카르의 북서쪽 해안까지 특히 무슬림의 해외 상업 거래소 설립에 기여했다. 점차적으로 이러한 무슬림 식민지와 해외 상업 거래소는 바그다드의 무슬림 제국으로부터 독립적인 술탄국이 되었다. 그들은 오로지 무역을 지향하는 무슬림 도시들로 잘 조직되었다. 18세기부터 잔지바르는 상아와 노예무역의 중심지가 되어 바간다우간다와 탕가니카Tanganyika 호수의 북쪽 끝에 있는 우지지Ujiji를 넘어 무슬림 독립 영토를 구성하고 있던 현재의 민주 콩고공화국전 자이르의 동쪽까지 영향력을 행사하며 이슬람 확장에 결정적인 역할을 하였다.[10]

이집트를 정복한 후, 아랍인들은 북아프리카 전역을 거쳐 지중해 해안을 따라 서쪽으로 승리의 행진을 계속하였다. 북아프리카는 무슬림 군대의 진격에 거의 저항하지 않았다. 북아프리카의 많은 지역이 비잔티움에 의해 가혹하게 지배되었기 때문에 기독교인들은 아랍 무슬림들을 해방자로 받아들였다. 북아프리카의 기독교인은 다양한 여러 신학적 흐름

9 Seeti Kwami SIDZA, *Islam et Christianisme en Afrique*, 65.

10 위의 책, 66.

을 추종하는 사람들과 정통주의 옹호자들 사이의 4세기 동안의 격한 내분 중이었다. 그것은 도나투스파Donatists와 펠라기우스파Pelagians에 대한 성 어거스틴 투쟁이었다. 이러한 분쟁과 대립에 아리안주의자들의 침략이 더해졌다. 북아프리카인들은 아랍인들로 인해 이런 고통에서 벗어날 수 있었다. 따라서 기독교 신앙의 통일성 부족은 이슬람의 급속한 확장에 결정적 요인이 되었다.[11]

그러나 북아프리카는 한 번에 무슬림화 되지 않았다. 베르베르인들은 마그레브에서 무슬림 군대에 맞서 싸웠다. 오랜 기간 저항하던 베르베르인들은 8~12세기에 점차적으로 무슬림의 지배를 받게 되었고, 그들은 무슬림 신앙을 분리주의 형태로 채택하게 되었다. 베르베르인들은 자신들의 독립적이고 평등주의적인 정신과 더 잘 어울리는 평등주의적인 반체제 모델인 카리지즘Khrijisme을 표방했다. 11세기 알모라비드족Almoravides 군사들과의 전쟁 이후 수니파의 교리가 우세해졌지만, 카리지즘은 수니파 교리에 앞서 사하라 사막을 니제르강 유역으로 건넜고 지금도 사하라 중앙지역과 튀니지 남부의 몇몇 섬에서 발견되고 있다.[12]

이슬람이 사하라 사막의 남쪽에 침투한 것은 카라반 노선을 통해서였다. 10세기 초 이슬람은 카라반을 통해 아프리카 서부 지역의 사라콜레족Sarakole 혹은 소닝케족Soninke, 중부 세네갈의 투쿨로르족Toucouleur까지 정복하였다. 사라콜레족은 매우 유동적이고 상업적인 사람들이었다. 아주 일찍부터 그들은 북아프리카의 백인 상인들과 교류했다. 그들은 그들의 상품과 더불어 이슬람을 사헬Sahel과 사바나savanna를 지나 열

11 위의 책, 67.

12 위의 책, 68.

대 우림의 끝으로 확장시켰다.[13]

이슬람의 오랜 염원이었던 동골라 왕국의 정복은 1276년에 술탄 바이바르스Baybars의 군대를 통해 이뤄졌다. 그 후 14세기 첫해에 누비아 왕국은 최종적으로 몰락했다. 1317년 압달라 바르샴보Abdalla Barshambo가 최초의 무슬림 누비아 왕국의 왕이 되었다. 1317년 5월 2일, 그는 동골라 왕궁에 있는 방을 모스크로 바꾸었다. 이로써 수단에서 기독교 왕국의 종말을 알렸다. 동골라의 점령은 나일 계곡의 이슬람화의 시작을 알렸다. 2세기 후인 1505년, 에티오피아 고원 근처의 마지막 기독교 왕국인 알와Alwa도 이슬람에 정복됐다. 에티오피아 기독교는 무슬림의 압력에 의해 위협을 받았지만 1543년 포르투갈 원정대의 개입 덕분에 생존할 수 있었다. 누비아 기독교 왕국의 몰락과 동시에 동부에서 서부 아프리카에 이르기까지 아랍 부족의 대규모 침투가 이루어졌다. 이는 아프리카 지역의 이슬람화를 가속화했으며 완전한 아랍화의 원인이 되었다.[14]

15세기에 포르투갈인들은 사하라 이남을 탐험한 최초의 유럽인이었다. 이들은 선교사를 동반한 선원과 군인이었다. 이 기간 동안 포르투갈인들은 아프리카 동부 해안의 몸바사에 포트 지저스Fort Jesus라는 요새를 세웠다. 그들은 해로 통제권을 놓고 오스만 제국과 무장투쟁을 벌였고, 1543년 아비시니아와 동맹을 맺어 아흐마드 이븐 이브리힘 알가지Ahmad ibn Ibrahim al-Ghazi를 격파했다. 그러나 후에 포르투갈과 아비시니아는 관계가 소원해졌는데, 이는 예수회가 정교회 기독교인들을 강제로 천주교로 개종시키고 재세례시키며 동방 정교회에 로마 가톨릭의 양식을 도입하는 공격적인 정책을 채택했기 때문이다. 무슬림과 에티오피

13 위의 책, 68.

14 John Azumah, Lamin Sanneh, *The Afican Christian and Islam*, 396.

아 기독교인 사이의 부정한 동맹은 포르투갈의 패배로 이어졌다. 포트 지저스Fort Jesus는 1698년에 무슬림에게 함락되었고 포르투갈인들은 동부 해안에서의 선교 사업을 포기해야 했다. 포르투갈 사태로 인해 아프리카 동부 해안에서 발생했던 아프리카에 대한 유럽 기독교인의 개입은 위축되었다.[15]

15~16세기 가오Gao의 송하이Songha 왕국에서 이슬람은 왕족들의 종교가 되었다. 이때를 서아프리카 이슬람의 황금기라고 부른다. 팀북투Timbuktu와 젠네Djenné는 이슬람 대학 도시로 발전하였으며, 후에 나이지리아 북부의 하우사Hausa의 발상지인 카노Kano, 자리아Zaria에 의해 대체되었다. 이 도시들은 이슬람 학문의 명소로 무슬림 세계 전역에서 유명했다.[16]

다섯 세기 동안 사막과 열대 우림 사이 서아프리카의 대부분은 무슬림의 통치 아래에 있었다. 이슬람은 아랍어와 아랍 문자라는 보편적인 의사소통 수단을 활용하여 아프리카인들에게 이슬람 신앙을 강요하였다. 이슬람은 주요 제국들에 응집력을 제공함으로써 유일한 공동체로 많은 사람들의 평화로운 동거를 가능하게 했다.[17]

C. 아프리카 이슬람의 위기와 극복

7세기부터 아프리카 지역에 전파되어 확산된 이슬람은 엘리트 중심의 종교로 수용되었다. 시골의 대중들은 이 지도자들의 종교에 거의 관

15 위의 책, 50.

16 Seeti Kwami SIDZA, *Islam et Christianisme en Afrique*, 69.

17 위의 책, 69.

심이 없었다. 이러한 이유로 가오Gao의 무슬림 권력이 사라진 후 2세기 17~18세기 동안 이슬람은 서아프리카에서 거의 완전히 사라졌다. 동시에 사하라 사막 횡단 무역은 유럽 열강의 해상 거래로 인해서 서아프리카 해안 지역으로 대체되었다.[18]

하지만, 18~19세기 무슬림 형제단은 이슬람을 위기에서 건져냈다. 11세기에 이슬람의 다섯 기둥과 꾸란의 본문 연구를 위해 인생 전체를 바치는 단체가 생겼다. 설립자는 그의 영적 카리스마에 따라 기독교 단체와 유사한 관행을 모방하여 자신의 운동을 만들었다. 구성원들은 그들 사이에서 형제라고 불렸으며 여기서 무슬림 형제단이라는 용어가 나오게 되었다. 15세기에 북아프리카에서 이슬람 신앙의 엄청난 발전이 있었다. 그 주요 결과는 이슬람의 예언자와 지역의 성스러운 인물들에 대한 숭배가 증가한 것이다. 그들의 무덤은 매우 빠르게 무슬림 형제단의 활동 중심지인 "영적인 장소"자위아 Zawia가 되었다.[19]

아프리카에서 가장 널리 퍼진 무슬림 형제단은 카디리야Qadiriyya이다. 이것은 현재 바그다드에 무덤이 있는 설립자 압둘 카디르 길라니Abd al-Qadir al-Jilani, 1077-1166의 이름을 따서 명명되었다. 이 무슬림 형제단은 동쪽중동, Orient에서 시작되어 무슬림 세계로 퍼졌다. 서아프리카에는 카디리야 단체들이 16세기에 처음으로 세워졌다. 이들은 18세기와 19세기 서아프리카 이슬람의 부흥을 이끌었다. 풀라니족Fulani은 서아프리카 전역에 널리 흩어져 있었는데, 풀라니족의 무슬림 형제단이 이슬람 혁명을 일으켰다. 형제단 센터에서 훈련받은 무슬림 학자들은 이슬람 신앙을 바르게 확립하기 위한 목적으로 전통적 종교 지도자들이나 잘못된 이

18 위의 책, 70.

19 위의 책, 70.

슬람 지도자들에 대항하였다. 이로 인해 오늘날의 기니코나크리의 푸타 잘론Futa Jalon과 세네갈 중부의 푸타 토로Futa Toro에서 권력 교체가 발생했다. 북부 나이지리아소코토 Sokoto에서는 우스만 단 포디오Usman dan Fodio, 1752-1817와 제자들이 새로운 형태의 카디리야를 설립하였다. 이러한 새로운 형태의 카리디야는 현재 말리의 중심에 있는 마시나Macina에도 생겼다. 무슬림 형제단의 정신 아래 거룩한 전쟁지하드 jihad에 대한 사상이 발생했다. 이들은 거룩한 전쟁지하드을 일으켰다. 지하드의 목표는 이슬람 질서의 설립을 통한 서아프리카 사람들풀라니족의 깊은 이슬람화였다.[20] 우스만 단 포디오는 "왕이 무슬림이면 그 땅은 무슬림의 땅이고 왕이 불신자라면 그 땅은 불신자들의 땅이다."라는 구호와 함께 그들을 수용해주고 호의를 베풀었던 종족들을 무참히 학살했다. 그들에게 호의를 베풀었던 종족의 수장들은 순진하게 그들을 받아들인 것을 뒤늦게 후회했다. 많은 무슬림 성직자들이 이슬람의 폭력성에 반대하고 목숨을 바쳤다. 우스만 단 포디오의 지하드에 반대했던 북부 나이지리아 얀도토 Yandoto의 마을은 점령당했고 성직자들은 대부분이 칼에 찔려 죽었다.[21] 19세기 중반에 활동한 무슬림 형제단 티자니야Tijaniyya와 또 다른 라이벌 형제단인 알-하지 우마르 탈Al-Hajj Umar Tall은 이미 이슬람화된 아프리카인들을 무차별하게 전쟁에 종속시켰으며 이를 통해 오늘날의 말리 서부에 거대한 무슬림 제국을 이룩했다. 일반적으로 사하라 사막 이남 아프리카의 이슬람화는 평화로운 동거, 지역 사회 유대, 가족 연대를 통해 이루어졌지만, 때로는 지하드라는 전쟁을 통해 사람들에게 이슬람을 강

20 위의 책, 71.

21 John Azumah, Lamin Sanneh, 47.

요함으로써 이루어지기도 했다.[22]

D. 아프리카 이슬람의 안정과 발전

19세기 초부터 아프리카 대륙에 대한 유럽 국가들의 식민지 정책은 강화되었다. 아프리카 이슬람에 대한 유럽 국가들의 입장은 상황에 따라 다르게 나타났다. 아프리카 이슬람 또한 그런 유럽 국가들의 변화에 맞춰 협조와 저항으로 각각 응했다. 이슬람은 식민지 시대에 더 많이 전파되고 발전했다.[23]

예를 들어, 독일은 식민 통치 초반 북토고에서 무슬림 지도자들과 동맹을 맺었다. 독일 당국의 대표들은 1889년에 코토콜리족Kotokoli의 조보 부카리Djobo Boukari와 동맹을 맺고 군사 병력을 제공했다. 1897년 11월에 체코시스Tchokossis 왕국을 시작으로 솜바Sombas, 코콤바스Kokombas, 모바스Mobas 지역에서 연이어 반란이 일어났다. 독일 군인들이 그들을 제압하였고 독일인들의 도움을 받은 두 왕국Kotokolis, Tchokossis은 독일과의 동맹관계를 굳건히 하였다. 평화가 끝난 뒤, 무슬림 영주들의 강화로 이어졌고 독일은 북토고에서 지속적으로 이슬람을 지원하는 정책을 채택했다. 이 정책으로 그 지역 밖의 사람들이 접근하고 머무는 것이 금지되었고, 따라서 망고Mango 지역의 체코시스족과 소코데Sokod 지역의 코토콜리족 수장들의 영향력은 상당히 강화되었다. 이처럼 독일 식민지 행정부는 이슬람이 많은 영향을 미치는 토고와 카메룬 북부에 외국인들의 출입은 물론 기독교의 선교활동도 금지하였다. 이러

---

22 Seeti Kwami SIDZA, *Islam et Christianisme en Afrique*, 71.

23 E.Dammann, *Les Religions de l'Afique* (Pris: Payot, 1964), 231.

한 독일의 비호 속에 이슬람은 발전하였다.[24]

반면에, 프랑스 식민지 행정부는 무슬림에 동정심과 호의를 베푸는 것처럼 보이면서도 그들의 활동을 경계, 감시하고 통제했다. 프랑스는 이슬람을 흑인들의 문명화 도구로써 활용하고자 했지만, 많은 영향력을 가진 무함마드의 제자들을 면밀히 감시했다. 이슬람의 증가 요인을 통제하고 대규모 무슬림 네트워크를 점차 해체 시키는 정책을 폈다. 1906년 5월 2일의 법령은 소작을 규제했다. 이 법령은 강력한 힘을 가진 무슬림들의 명성과 권위를 축소시켰다. 프랑스는 반란을 일으킬 가능성 있는 무슬림 형제단들과 마라바우트marabouts, 종교 지도자를 다양한 방법으로 감시하고 통제했다. 그러면서도 식민지 행정부는 그들이 이슬람의 적으로 인식되지 않기를 바랐다. 그들은 프랑스의 언어와 문화를 꾸란 학교에서 교육하게 하고, 무슬림들이 그들의 기원과 법을 잊게 하고, 움마ummah, 보편적인 무슬림 공동체로부터 고립시키고, 서구 문명에 익숙해지게 하는 이슬람 긴장 완화 정책을 시행했다.[25]

식민시대를 지나며 아프리카 이슬람은 많은 면에서 진보하였다. 변화 발전한 이슬람은 아프리카 전역의 국가들과 민족 집단들을 이슬람으로 끌어들였다. 노인이나 상인들의 종교였던 이슬람은 학생과 공무원 등 많은 젊은이들의 종교로 발전하였다.[26] 이러한 경향은 무슬림 연합Union musulmanes 또는 무슬림 문화 연합들Unions culturelles musulmanes의 창설 이래로 근대주의적 흐름이 아프리카 이슬람 내에서 나타나면서 강화되었다. 이것들은 교육받은 젊은 무슬림과 카이로이집트의 수도나 아랍 국가

24 Seeti Kwami SIDZA, *Islam et Christianisme en Afrique*, 73.

25 위의 책, 74-78.

26 Mamadou Dia, *Islam Sociétés et Culture Industrielle*, 90.

출신의 아랍인 교사들의 영향으로 진행되었다. 무슬림 연합 또는 무슬림 문화 연합은 그 자체로 모더니즘의 열매이며, 동시에 그들은 이슬람을 갱신하기 위한 모더니즘의 원동력이었다. 이 단체들은 이슬람이 현대 세계의 진화에 더 부합하도록 모든 지역의 무슬림들을 모으고 교육하여 실천하게 하는 것을 목표로 하였다. 이 단체들은 특히 정통 이슬람에 부합하지 않는 오래된 이슬람 전통과 단절하기를 원했다. 그들은 아프리카에서 일어나고 있는 이슬람에 대한 편견과 잘못된 관행들, 특히 마라부티즘Maraboutisme에 맞서 싸웠다. 마라바우트marabout들은 이슬람이라는 이름 뒤에 숨어 그들이 만든 부적과 물건들을 무지한 아프리카인들에게 팔아서 이익을 얻어냈다. 단체들은 전통적인 꾸란 학교의 교육자들에게 경고하여 꾸란이 착취를 위한 도구가 되는 것을 막았다.[27]

세네갈에서 가장 활발하게 개혁주의 모더니즘의 영향으로 여러 협회들이 조직됐다. 1953년에 설립된 무슬림 문화 연합UCM은 개별적으로 활동하고 있던 개혁주의자들을 모아 식민지 권력과 협력한 것으로 비난받고 있던 마라바우트 권력에 대항하였다. 무슬림 문화 르네상스RCM는 전국적으로 문화의 날을 개최함으로써 혼재되어 있는 무슬림을 통합하고자 하였다. 세네갈 이슬람 진보 연합UPIS은 외국 자본사우디아라비아 등의 지원을 받아 자체 아랍 학교 시스템을 가지고 농촌 지역의 교육 활동을 수행했다. 1978년에 만들어진 이바둘 라흐만Ibâdul-Rahmân, 신의 종들은 진정한 이슬람 사회의 설립과 올바른 순나Sunna, 이슬람교도들이 지켜야 할 행동규범의 복귀를 요구하는 운동을 펼쳤다. 무슬림 세계 연맹은 다카르세네갈의 수도에 아프리카 지부를 두고 "이슬람과 개발 연구 센터CERID"를 통해 공립학교에서의 이슬람 종교 교육을 요구하는 운동을 추진하였다. 또한, 그

27 Seeti Kwami SIDZA, *Islam et Christianisme en Afrique*, 98.

들은 아랍어 교육을 강화하기 위해 꾸란 학교와 아랍 고등학교를 설립하였다. 이들의 활동은 아랍어 교사의 훈련과 아랍어 교육을 위한 자료의 연구 및 제공을 보장하는 이슬람 국가 교육 및 문화 기구ISESCD의 강력한 지지를 받았다. 이처럼 무슬림 연합과 협회는 꾸란 학교의 경직성과 혁신의 필요성을 인식하고 꾸란 학교의 심도 있는 변화와 아프리카 이슬람의 현대화를 위해 활발히 활동했다.[28]

III. 이슬람이 아프리카에 미친 영향

아프리카에 뿌리내린 이슬람은 명상이나 내면 수양의 종교이기보다는 사회적 변혁 운동에 가깝다. 삶을 효과적으로 사는 것에서 신성함을 발견하는 실증주의적 종교의 형태를 보이고 있다. 이런 아프리카 이슬람의 모습은 아프리카의 전통적인 종교사상에서도 발견된다. 따라서 전통적인 종교 사상에서 이슬람으로의 전환 과정이 어떻게 이루어졌는지 명확하게 분별하기는 어렵다. 하지만 확실한 것은 결과적으로 아프리카의 전통과 아프리카의 이슬람은 문화적 그리고 종교적 만남을 통해 통합을 이끌어 냈다는 것이다. 또한, 이 둘 사이의 공생은 문화와 종교를 넘어서 아프리카의 모든 분야에 변화를 일으켰다. 이슬람은 전통적인 아프리카를 새로운 사고방식으로 수정 발전시키며 아프리카의 사회, 문화, 경제, 정치, 종교 전반적인 영역에 영향을 주었다.[29]

28 위의 책, 100.

29 위의 책, 85.

A. 사회문화적 영향

이슬람은 일반법인 꾸란 법률과 신학 구조의 유연성 덕분에 문화의 충돌을 크게 겪지 않고 아프리카 지역에 스며들었다. 무슬림들은 꾸란에 의해 진술되고 예언자가 제정한 기본 원칙을 훼손하지 않는 한 관습을 고려하여 적응하였다. 따라서 이슬람은 혁명적 변혁이 아니라 사회적 안정과 도덕화의 차원에서 아프리카 사회에 영향을 미쳤다. 이슬람화된 아프리카 가족은 전통적인 구조, 결속력, 아버지의 권위, 위계질서, 규율을 유지했다. 아내와 자녀에 대한 의무를 다한다면 일부다처제도 유지할 수 있다.[30] 일부다처제는 문화적 경제적으로 아프리카인들에게 매우 중요한 문제였다. 그래서 일부일처제를 선호하는 기독교인의 획일적인 태도는 많은 아프리카인들이 종교를 바꿀 때 이슬람을 선택하도록 이끌었다. 또한, 일부다처제로 되돌아간 그리스도인들이 파문당하거나 교회의 책임 있는 구성원으로서의 자질을 상실하는 일이 자주 발생했는데 그런 일을 당한 아프리카인들은 이슬람으로 개종했다.[31] 이처럼 이슬람은 아프리카 사회의 전통에 걸림돌이 되지 않으면서 사회적, 문화적 발전을 효과적으로 견인했다. 상호 원조, 연대, 헌신, 자선 및 사랑이라는 이슬람 정신에 맞는 새로운 질서를 구축하고, 균형 있고 조화로운 사회를 만드는 데 기여했다.[32] 더욱이 아프리카의 도시와 시골 지역에서 전통적 기관과 관습들이 개인들에게 미치는 영향은 크지 않았다. 그렇기 때문에 아프리카에서 이슬람 교리와 문화들이 더 쉽게 수용되고 받아들여질 수

---

30 Mamadou Dia, *Islam Sociétés et Culture Industrielle*, 83.

31 E.Dammann, *Les Religions de l'Afique*, 233.

32 Mamadou Dia, *Islam Sociétés et Culture Industrielle*, 111.

있었다.[33]

구체적으로 이슬람은 아프리카의 의복 문화에 영향을 미쳤다. 이슬람화 이전에 아프리카 사람들의 의복은 발달하지 않았었다. 전통적으로 성인 남자들은 성기와 엉덩이를 감추기 위해 땋은 보라수스Borassus 속잎이나 짐승 가죽을 입었다. 소년들과 소녀들은 단지 소형 팬티만을 입었다. 여성들은 폭이 좁고 길이가 짧은 앞치마처럼 생긴 진주로 수놓은 면 붕대를 입었다. 실제로 이들에게 가장 흔한 의상은 허리띠였다. 남성과 여성의 유일한 차이점은 그것을 같은 방식으로 매지 않았다는 것이다. 남자들은 고대 로마인의 방식으로 그것을 둘렀고, 여성들은 가슴을 완전히 덮기 위해 겨드랑이에 부착하거나 캐미솔camisole 위에 착용하면서 허리 주변에 그것을 둘렀다. 반면에 이슬람화된 사람들은 의복에 뚜렷한 변화가 생겼다. 그들의 옷은 매우 넓은 통Darraa Gandoura을 가진 "아랍 바지"Seroual라는 이름으로 북쪽에서 알려진 넓고 헐렁한 바지를 입는 것으로 변형되었다. 이 옷들은 감바리Gambari 무슬림 하우사Haoussa 행상인들에 의해 수입되었다.[34]

북아프리카 의상은 아랍과 베르베르 상인들에 의해 발전했다. 그곳에서 알려진 옷의 첫 번째 형태는 알제리에서 젤레바jelleba라고 불리는 튜닉tunique이다. 이 명칭은 아랍어에서 유래된 것으로 보인다. 젤레바는 주름진 옷을 의미한다. 이것은 매우 넓은 드레스의 형태를 가지고 있는데, 몸통 부분까지 모자가 내려오며 매우 짧고 넓은 두 소매를 가진 옷이다. 또 다른 종류의 옷은 무릎까지 오는 짧고 헐렁한 블라우스이다. 이 블라우스는 밝고 어두운 줄무늬가 번갈아 장식되어 있으며 머리의 통과를 위

33 John Azumah, Lamin Sanneh, *The Afican Christian and Islam*, 74.

34 Seeti Kwami SIDZA, *Islam et Christianisme en Afrique*, 86.

한 상부 구멍과 팔을 위한 두 개의 측면 구멍이 뚫려 있다. 4~5㎝ 너비의 면직물로 된 띠가 세로로 꿰매어져 있는 하우사Haussa와 토가Toge도 있다. 이것들 중에는 짧은 소매가 있거나 소매가 없는 것들도 있다. 서아프리카 무슬림들이 입는 또 다른 의상은 아그바다Agbada 혹은 부부Boubou이다. 이 이름은 요루바족Yoruba 용어에서 유래했다. 아그바다는 명사나 연장자를 의미한다. 아그바다는 어깨에서 무릎까지 떨어지는 둥근 형태를 가지고 있으며, 하의로는 꽉 끼고 자수가 놓인 바지를 입는다.[35]

여성들은 보통 스카프를 착용하고 있으며 천의 중간을 대각선으로 접어 이마의 중앙에 위치시킨다. 두 끝은 목덜미 뒤로 교차하여 둥근 모양의 매듭을 만든 다음 다시 앞으로 가져와 앞이나 측면에 부착한다. 모든 무슬림 여성은 의무적으로 리다Rida라고 하는 숄을 머리에 둘러야 한다. 그것은 일반적으로 직사각형 모양의 얇은 천으로 정사각형 또는 삼각형 모양도 있다. 가운데를 접어 타원형으로 모양을 잡는다. 리다가 반드시 얼굴을 가리는 것은 아니다. 위쪽과 아래쪽의 둥근 두 가장자리는 한쪽이 다른 쪽 위로 올라가고 양쪽의 두 끝은 목뒤로 넘긴다. 때때로, 일부 여성들은 셔츠의 살짝 비치는 부분을 가리는 것처럼 어깨 위에 투명한 천을 더 입기도 한다. 무슬림 여성들의 이러한 의상은 종교적 신념과 겸손과 순결을 나타낸다.[36]

이슬람의 또 다른 문화적 공헌은 아랍어의 언어와 문자이다. 아랍어는 이슬람의 언어이다. 꾸란은 아랍어로만 읽을 수 있고 기도는 아랍어로만 신에게 전달될 수 있다. 이것이 이슬람으로 개종한 많은 문맹이었던 아프리카인들이 꾸란의 긴 구절을 외우게 된 이유이다. 그들은 또

35 위의 책, 87.

36 위의 책, 87.

한 아랍어를 읽고 쓰는 법을 배웠다. 지난 세기에 라이베리아에서 지금도 사용되고 있는 200개의 의미를 가진 음절을 발명한 것은 무슬림 학자였다. 이것은 카메룬의 바문 왕국Bamoun 혹은 Bamoum의 술탄인 이브라힘 은조야Ibrahim Njoya가 발명한 바뭄 문자에 영향을 주었고, 그 지역의 역사적 연대기를 기록할 수 있게 해준 70개의 음성 기호로 구성된 시스템도 이로부터 유래되었다. 이 발견은 그리스어, 힌디어, 암하라어에서 영감을 받은 다재다능한 알파벳의 발명가인 소말리아 시인 오스만 유수프 케나디드Osman Yusuf Kenadid에게 영감을 주었다. 이처럼 아프리카 언어에 초창기 문자를 제공한 것은 이슬람이었다. 아랍어 덕분에 하우사어Hausa, 풀라어Fulbe 혹은 Peuls, 스와힐리어Kiswahili가 아프리카에서 가장 중요한 언어가 될 수 있었다. 그들은 아랍화를 통해 민족 언어 수준이었던 부족주의를 극복할 수 있었다. 아랍어 용어는 심지어 몇몇 언어들에 차용되기도 했다. 예를 들어, 스와힐리어를 사용하는 사람들은 다양한 민족 기원을 가진 아프리카인들이다. 그들은 동부 해안의 아랍어를 사용하는 섬들과 접촉하여 이슬람을 받아들였는데, 이들은 또한 어느 정도는 아랍인들의 문화와 생활 방식을 채택하기도 했다. 그들은 아랍어에서 현재의 많은 어휘들을 차용했다. 이는 아랍어를 반투어Bantu의 문법에 적용시키는 것이었다. 아프리카의 무슬림 사회에서는 As-salamu alaykum 당신에게 평화가 있기를 이라는 아랍어로 서로 인사를 한다. 따라서 세계의 다른 곳과 마찬가지로 아프리카에서 아랍어는 이슬람의 언어로 남아 있다. 아프리카인들의 이름에서도 이슬람의 영향을 확인할 수 있다. 전통적 아프리카에서 이름은 그 사람의 정체성의 표현이었다. 아프리카인들은 부족이나 개인을 그의 이름으로 구분 지었다. 하지만 오늘날, Issa, Moussaetc, Yacouba, Isifou, fatima, Salamatou, Amina 등과 같은 무슬

림에서 유래된 이름들 때문에 개인과 부족을 이름으로 구별하는 것은 더 이상 불가능하다.[37]

이슬람 건축 기술도 아프리카에 큰 영향을 주었다. 아프리카 마을의 도시화를 수행하고 기념물, 모스크, 학교를 지은 것은 무슬림들이었다. 그들은 또한 농촌 주택의 진화에 기여했다. 아프리카인들이 주로 목재에 초점을 맞춘 기초적 건축 기술 수준에 머물러 있었기 때문에 주거지 마을 건설이나 도시 문명을 기대할 수 없었다. 만데Mandé 혹은 Manding, Manden 국가의 예는 이와 관련하여 중요하다. 만데는 안정된 사회정치적 조직과 철을 비롯한 좋은 건축 재료들을 소유하고 있었다. 그럼에도 불구하고 건축 기술이 많이 부족했다. 이슬람은 주택, 현관, 파티오안뜰, 예술적으로 만들어진 자물쇠가 달린 무거운 문 등 건축 기술을 전수했다. 이는 아프리카인들의 삶의 질을 크게 향상시켰다.[38]

이슬람은 아프리카 사회에 절주 운동을 전개하고, 알코올 중독을 없애고, 건강한 식단을 채택하는 식품 규율을 도입했다. 지금까지도 아프리카 사회에 영양실조의 원인이 되는 알코올 중독의 심각성을 고려할 때 이슬람이 도입한 식품과 술에 대한 규제는 적절했다. 또한, 과시와 사치를 금지하는 무슬림 생활 방식의 단순성과 위생과 청결을 중요하게 여기는 이슬람의 의식 체계는 아프리카인들의 삶의 습관에 많은 변화를 일으켰다.[39]

이슬람은 보편적이고 흔들리지 않는 교리를 바탕으로 아프리카 사회 문화의 본질인 영성을 보호하고 풍요롭게 하는 데 도움을 제공했다.

---

37 위의 책, 89.

38 Mamadou Dia, *Islam Sociétés et Culture Industrielle*, 86.

39 위의 책, 87.

이슬람의 문화와 사회 정책은 아프리카 사회의 집결과 이슬람 사회로의 통합을 구현하는 데 크게 이바지하였다.[40]

B. 경제적 영향

산업 문화의 출현 함께 새로운 기술의 도입과 실업, 노동 계급화 등은 아프리카의 농촌과 도시 지역에도 부정적인 결과를 가져왔다.[41] 그러한 상황에서 무슬림 공동체는 강한 연대 의식을 바탕으로 경제적 소외로부터 무슬림들을 보호했다. 알라를 믿고 무함마드를 주장하는 사람들은 위대한 형제애를 바탕으로 경제 공동체로 연합되었다.[42]

아프리카의 중요한 경제 네트워크가 무슬림의 손에 있다. 이슬람은 스스로를 행복의 종교, 경제적 복지의 종교로 제시한다. 아프리카에서 이슬람 단체들은 혁신과 기술 개발을 채택하여 경제적으로 발전하는 과정을 보여주고자 했다. 그뿐만 아니라, 무슬림 공동체에서 회원들은 가난한 사람들을 구하기 위해 자선을 베풀었다. 그들에게 이자 없이 돈을 빌려주었다. 마마두 디아Mamadou Dia, 세네갈의 초대 대통령가 보고한 바와 같이 무이자 대출 협동조합이 조직되었다. 매년 자본이 증가했고 부채 상환은 새로운 대출에 사용되었다. 많은 수의 협동조합이 생겼고 이들은 도매 및 소매점을 열고 수백만 프랑에 달하는 수익을 각 회원에게 분배했다. 아프리카 이슬람은 자치 현대 기술로 자생하는 공동체, 집단적 공헌 덕분에 살아가는 공동체, 공동체 구성원의 이익을 위해 사회적 서비

---

40 위의 책, 87.

41 Seeti Kwami SIDZA, *Islam et Christianisme en Afrique*, 81.

42 E.Dammann, *Les Religions de l'Afique*, 232.

스를 제공하는 공동체를 구현하고자 했다. 이처럼 이슬람 공동체의 틀 안에서는 광범위한 가능성이 제공되었다. 여러 측면에서 발전할 수 있는 길을 열어주었다. 이는 이슬람의 전통과 아프리카 사회의 전통이 결합하면서 확대되었다.[43]

C. 종교적 영향

이슬람은 사람은 단순하다는 신조 하에 신학 체계가 구성되었다. "나는 알라 외에는 신이 없으며 무함마드는 그의 예언자임을 증언합니다."라고 말하거나 말을 못 하는 사람이 오른손 검지를 들어 올리면 무슬림으로 인정한다. 가르침과 시험이 따로 없다. 더 중요한 것은 개종 요청, 즉 이전 고백을 포기하라는 요청이 없다는 것이다. 이슬람으로 개종한 이교도는 이전 종교의 어떤 것도 철회할 의무가 없다. 신학적으로 마법, 영과 조상에 대한 믿음 등 모든 것이 알라의 인격, 의지, 행동에 포함된다. 이슬람은 율법주의이다. 다섯 가지 기둥신앙고백, 기도, 자선, 금식, 순례은 신도들이 무엇을 해야 하는지 쉽고 정확히 알려준다. 즉, 이슬람은 이교도에게 아무것도 요구하지 않고, 관습을 보존하게 해주고, 쉬운 신앙의 틀을 제공하여 이생과 다음 생을 보장한다. 이와 같은 이슬람의 신학 체계는 아프리카인들이 이슬람을 어렵지 않게 수용하는 중요한 요인이 되었다.[44]

이슬람은 전통적인 아프리카의 영성과 신념을 활용하였다. 아프리카 이슬람은 아프리카 전통 신앙의 종교적 사상을 수용하면서 변형되었

43 Mamadou Dia, *Islam Sociétés et Culture Industrielle*, 102.

44 E.Dammann, *Les Religions de l'Afique*, 232.

다. 이슬람의 교리와 법적 원칙이 아프리카의 전통적인 관습과 신념에 의해 변색되었다. 이슬람이 아프리카인을 개종시킬 때 오히려 아프리카인들이 이슬람을 변색시킨 것은 아닌지 의문이 들 정도였다. 꾸란이 아프리카 지역에 도입되었을 때 가장 중요하게 여긴 것은 꾸란을 아프리카 전통 신앙에 적용하여 그것을 완전하게 만드는 것이었다. 이처럼 아프리카 이슬람은 전통적인 아프리카 신앙과의 상호 침투와 적용을 통해 발전하였다.[45]

니제르, 나이지리아, 부르키나파소, 베냉, 케냐, 토고 등 아프리카의 거의 모든 국가에서 조상 숭배 또는 정령귀신 숭배가 발견된다. 하우사Haussa에서는 무슬림들이 신의 계획을 꺾고 기도나 마법 용품들을 사용하여 운명의 과정을 바꾸려고 노력한다. 하우사 인들은 마법사와 악에 대한 부적을 제조하여 서아프리카 전역에 판매한다. 이슬람교도들은 하나의 신을 믿지만, 치료를 수행하거나 악령을 달래기 위해 점쟁이나 전통 사제와 상의하는 것을 주저하지 않는다. 전통적인 점쟁이와 무슬림 마러바우트 사이에는 종종 상업적인 경쟁이 있다. 마러바우트는 때때로 인구를 보호할 책임이 있다. 따라서 그들은 점쟁이, 선지자, 사제 및 전통 치료사의 역할을 한다. 풀라인들Peuls은 하우사인들Haussas처럼 몇몇 음식들이 포함되는 이슬람의 오래된 음식 금지령을 존중한다.[46]

이슬람화되었음에도 조상들의 관습은 여전히 아프리카인들의 사회 및 가족 관계를 지배한다. 아프리카 무슬림들은 그들의 아내의 수를 네 명으로 제한하지 않고 알코올이 들어간 음료를 마신다. 음식 금지는 적당한 양을 허용하는 것으로 존중된다. 따라서 의식에 따라 도살되지 않

45 Seeti Kwami SIDZA, *Islam et Christianisme en Afrique*, 91.

46 John Azumah, Lamin Sanneh, *The Afican Christian and Islam*, 73.

고 알라에게 바치지 않은 부시미트bushmeat나 술의 소비는 엄격한 샤리아 법의 적용을 체계적으로 받지 않고 있다. 이처럼 이슬람화에도 불구하고 아프리카의 토착 숭배는 금지되지 않았다. 공식적으로 새롭게 이슬람을 받아들이는 사람들은 개종할 때 시크Shirk, 우상 숭배의 한 형태로 여겨지는 조상 숭배를 포기해야 한다. 그들은 꾸란에 대한 기본적인 지식을 보여주고, 기도하고, 금식하고, 무슬림 규범에 따라 공적인 삶을 살아야 한다. 하지만 이슬람에는 종교적 실천을 지켜보고 교정해줄 수 있는 성직자가 없다. 그래서 이슬람에는 각 개인의 신앙생활을 통제할 수 있는 어떠한 통제장치도 없다. 따라서 무슬림 공동체의 물질적 지원에도 불구하고 이슬람으로 개종한 아프리카인이 일상생활에서 빈곤, 질병과 같은 어려움에 직면했을 때, 그리고 자신이 무력하다는 것을 발견하거나 새로운 종교가 그의 문제에 대한 해결책을 제공하지 않는다고 느꼈을 때 그들은 기존의 신앙조상 숭배나 정령 숭배에 의지하는 것을 주저하지 않는다. 그들은 이슬람의 알라를 가장 강력한 신으로 여기고 기존의 정령 숭배 의식에 이슬람 신앙을 혼합한다. 그들은 이슬람을 더 효과적인 의식을 가진 종교 체계로 간주한다.[47] 예를 들어, 16세기 또는 18세기에, Moussa Bakayoko는 17명의 말린케인들Malinke과 함께 순례를 했다. 그의 동료 중 두 명은 메카에서 모래 바구니에 담긴 꾸란을 가져왔다. 바구니에 담긴 꾸란은 보나크Bonaque 마을에 보관되었다. 주민들은 조상들의 믿음의 방식으로 그것을 숭배했고, 바구니는 희생을 바치는 정령 숭배가 되었다. 이것은 1918년에 마러바우트 세쿠 산가레Sékou Sangaré가 그것이 꾸란이라는 것을 발견할 때까지 이어졌다. 이와 같이 상당수의 아프리카인들에게 이슬람은 기존의 신념을 강화하는 효과적인 종교로 여겨지고

47 Seeti Kwami SIDZA, *Islam et Christianisme en Afrique*, 98.

있다.[48]

D. 정치적 영향

아프리카의 이슬람화는 상당 부분 침략, 전쟁, 정복에 의해 이루어졌다. 평화로운 공존으로 시작한 많은 아프리카의 부족들을 점령하며 이슬람은 확대되었다. 서구 식민지화 당시 식민지 세력은 먼저 이슬람을 길들인 후, 그들에게 길들여진 이슬람을 통해 아프리카 사람들에게 자신들의 권위를 강요할 수 있다고 믿었다. 그러나 이 계획은 실패했고 이슬람은 감시와 통제 아래 억압을 받게 되었다. 그럼에도 불구하고 아프리카 이슬람은 더욱 강화되었고 그 영향력을 아프리카 영토의 국경까지 확대했다. 이슬람은 비폭력 저항으로 식민지 세력들로부터 이슬람 신앙을 보호하고 확장시켰다.[49]

20세기 이후 이슬람이 아프리카 지역에 미친 정치적 영향은 부정적이거나 무력했다. 이슬람은 아프리카가 처한 어려운 상황을 해결하는데 정치적 역량을 발휘하지 못했다. 아프리카는 모든 대륙 중에서 최악의 건강 상황에 처해 있다. 어린이 5명 중 1명은 5세 이전에 사망한다. 평균 수명은 53세로 선진국보다 20년이 적다. 나이지리아의 특정 지역에서는 가족이 2~3명을 살리려면 7~8명의 자녀가 있어야 한다. 아프리카 대륙은 에이즈, 말라리아, 홍역, 수막염, 콜레라, 파상풍 등 상상할 수 있는 모든 전염병에 시달리고 있다. 심각한 외채, 자연재해, 전쟁, 부족주의는 아프리카 대륙을 더욱 어렵게 만들고 있다. 르완다 대학살, 소말

48 위의 책, 90.

49 위의 책, 103.

리아와 챠드, 에티오피아의 내전, 라이베리아와 시에라리온의 전쟁, 수많은 부족 간의 충돌 등 문제가 끊이지 않고 있다.[50]

사실 현재 아프리카 땅에서 정치적으로 가장 심각한 문제는 이슬람 극단주의자들에 의한 폭력적 테러 활동이다. 보코 하람Boko Haram, 알 샤바브Al-Shabaab, 알 카에다 인 더 이슬람 마그레브Al-Qaeda in the Islamic Maghreb, AQIM, 안사르 알샤리아Ansar al-Sharia 등 수십 개의 이슬람 무장단체들이 아프리카 전역에서 활동하고 있다. 이들은 이슬람 근본주의 이념과 목표를 지지하며 무력적인 수단을 사용하여 지역 안보와 안정에 큰 위협이 되고 있다. 폭발물을 이용한 자살 폭탄 테러, 폭발, 습격 등을 통해 민간인들을 공격하고 군사적인 시설을 타격하는 등 다양한 형태의 테러 공격을 실행한다. 군사 반란을 일으키고 지역 내 정부군과 군사적 충돌을 벌이며 정부를 전복한다. 인신매매와 납치를 통해 수익을 창출하고 자금을 조달한다. 이들의 폭력적이고 불법적인 활동은 결국 아프리카인들을 고통에 빠뜨리고 아프리카 대륙의 평화와 발전을 저해하고 있다. 아프리카 국가들의 점진적인 분열, 민족 갈등의 상처, 내전의 재앙, 국가 테러리즘의 극악무도한 현실, 집단 학살, 폭력적 억압과 정치적 암살 등이 이슬람 아프리카가 처해 있는 정치적 현실이다.[51]

50 Henry Van Straelen, *L'église et les religions non chrétiennes au Seuil du XXIe Siècle* (Paris: Beauchesne , 1994), 262.

51 John Azumah, Lamin Sanneh, *The Afican Christian and Islam*, 197.

IV. 아프리카 이슬람에 대한 선교전략

교황 베네딕토 16세는 아프리카 특별 총회 강론에서 '아프리카는 신앙과 희망의 위기에 처한 것처럼 보이는 인류에게 거대한 영적 "폐"를 구성한다.'라고 말했다. 교황은 계속해서 '이 폐'도 병에 걸릴 수 있다고 지적하며 오늘날 이 폐는 물질주의와 정치적, 경제적 이익이 결합된 종교적 근본주의라는 병에 걸려 있다고 역설했다. 교황은 계속해서 아프리카의 다양한 종교들이 자유에 대한 사랑과 존중을 가르치고 실천하는 것이 아니라 오히려 불관용과 폭력을 전파하고 있다고 이야기했다.[52] 현재 사하라 사막 이남 아프리카에는 전 세계 기독교인의 약 5분의 1[21%]과 전 세계 무슬림의 7분의 1 이상[15%]이 거주하고 있다. 순전히 종교의 관점에서 볼 때 아프리카는 세계의 영적 허파라고 할 수 있다. 호흡은 폐의 주요 기능이다. 아프리카는 아기 예수와 그의 가족, 그리고 이슬람으로 개종한 초기 사람들에게 성소를 제공함으로써 기독교와 이슬람 모두에게 보호와 생명을 제공했다. 인간의 폐처럼 아프리카는 초기 기독교와 이슬람에 영적, 신학적 산소를 공급하는 데 중요한 역할을 했다.[53]

이와 같은 아프리카의 영적, 역사적, 사회문화적 의미와 중요성을 깊이 이해하는 것은 아프리카 이슬람의 선교를 위한 기본적이고 필수적인 과정이다. 아프리카 이슬람에 대한 선교전략에 있어서 가장 중요한 점은 이슬람에 대한 올바른 균형을 찾는 것이다. 종교 간 긴장과 갈등이 첨예한 아프리카 지역에서 무조건적인 반이슬람과 반무슬림이 되는 것

52 위의 책, 54.

53 위의 책, 55.

과 이슬람에 대해 순진하게 낭만적인 경향을 고수하는 것은 모두 지양해야 한다. 함께 삶을 살아가는 선량한 무슬림들이 많이 존재하는 것이 분명하지만, 아프리카 이슬람의 무력적 지배로 인해 아프리카 이슬람에서 기독교로의 개종은 여전히 큰 위험을 무릅쓰고 하는 결정인 것 또한 실제이기 때문이다.

Salah Guemriche가 저술한 책인 *Le Christ S'est Arrêté À Tizi-ouzou*은 이슬람에게 복음을 전하는 기독교인들이 왜 이슬람에 대한 균형 잡힌 인식을 가져야 하는지 그리고 얼마나 큰 책임감을 갖고 선교에 임해야 하는지를 가르쳐 준다. 이 책의 부제는 Enquête sur les conversions en terre d'islam이슬람 땅에서의 개종에 관한 조사이다. 이 책을 쓰기 위해 저자는 100명의 개종자를 만났다. 그는 마그레브, 스페인, 프랑스에서 약 40회의 심층 인터뷰를 진행했다. 저자가 기독교로 개종한 후, 전 무슬림에 대한 조사를 진행하면서 가장 당혹스러웠던 것은 유럽과 같이 이슬람 지역이 아닌 국가에 살고 있는 새로운 기독교인기독교로 개종한 무슬림들이 두려움에 사로잡혀 있는 것이었다. 유럽 연합의 어떤 국가도 이들의 두려움에 대해 관심을 갖지 않았고 그리스도인으로 살아가기 위해 일과 가족, 심지어는 조국까지도 포기해야 했던 많은 개종자들은 큰 비통함과 실망에 빠져 있었다. 그들의 아들, 딸, 자매 또는 형제들은 그들에게 배교자라고 비난을 퍼부었다. APICInternational Catholic Press Agency에서 '기독교로 개종한 무슬림은 자신과 사랑하는 사람의 안전을 위해 개종 사실을 숨기는 것이 좋다.'는 연구 결과를 내놨다. 공개적으로 신앙을 포기하는 자들을 이슬람에서는 사형에 처할 수 있기 때문이다. 저자가 만난 개종자들은 샤리아를 적용하지 않는 유럽에 살고 있음에도 불구하고 큰 두려움을 느끼고 있었다. 독일에서는 유럽에서조차도 무슬림이 기독교로 개종하는 것이 위험할 수 있음을 보여주는 발표가 있었다. 국제 인권 프랑크푸르트 기구International Organization for Human Rights에 따르면 기독교인이 된 전 무슬림 5명이 독일에서 설명할 수 없는 상황으로 목숨을 잃었다. 이유 없는 '자살'과 '가정 내 사고'가 사망의 원인이었다. 독일 조스트Soest에 있는 이슬람 기록 보관소 소장은 그의 나라에서 기독교로 개종하여 위협을 받고 있는 무슬림의 수가 매년 약 60명 정도라고 발표했다.[54]

따라서 이슬람 그것도 특수한 배경에서 성장하고 발전한 아프리카 이슬람을 선교하기 위해서는 이슬람이 아프리카인들의 삶 속에 깊이 스며들어 있다는 것과 태어나면서부터 죽을 때까지 그들의 모든 삶이 이슬람 공동체 안에서 이루어진다는 것 그래서 그들에게 있어 개종은 삶과 목숨을 걸고 하는 매우 힘든 일이라는 것을 깊이 인식하고 전략을 세워야 한다.

A. 관용과 대화와 공존

퓨 리서치 센터Pew Research Center에서 2010년 9월에 실시한 설문 조사에서는 아프리카의 무슬림과 기독교인 사이에 긴장과 분열의 징후가 뚜렷하게 드러났다. 전반적으로 기독교인은 무슬림이 기독교인에 대해 생각하는 것보다 무슬림에 대해 덜 긍정적이었다. 상당한 수의 기독교인 기니 비사우의 20%에서 차드의 70%에 이르기까지은 무슬림이 폭력적이라고 생각한다고 말했다. 소수의 국가에서 기독교인의 1/3 이상이 대부분의 무슬림이 기독교인에게 적대적이라고 말했고, 일부 국가에서는 무슬림의 1/3

54 Salah Guemriche, *Le Christ S'est Arrêté À Tizi-ouzou Enquête sur les conversions en terre d'islam* (Paris: Denoël Impacts, 2011), 15-16.

이상이 대부분의 기독교인이 무슬림에게 적대적이라고 말했다. 반면에 같은 설문조사에서 조사 대상 국가의 약 절반 이상은 자신과 다른 종교적 가치를 가진 사람들을 신뢰한다고 말했다. 조사에 참여한 모든 국가에서 상당수의 사람들은 서로 다른 신앙을 가진 사람들이 종교를 실천하는데 매우 자유롭다고 말하며 이것이 나쁜 일이 아니라 좋은 일이라고 덧붙였다. 대부분의 국가에서 대다수는 정치 지도자가 자신의 종교와 다른 종교를 가지고 있어도 괜찮다고 대답했다. 그리고 대부분의 국가에서 종교 예배에 참석하는 사람들의 상당수는 모스크나 교회가 지역 사회 문제를 해결하기 위해 종교적 경계를 넘어 일한다고 답변했다.[55] 이러한 설문 조사 결과를 통해 아프리카의 무슬림과 기독교인들은 타종교에 대한 열린 마음을 가지고 있으나 서로에 대해서는 아직 적대적이라는 것을 알 수 있다. 따라서 기독교인들은 타종교를 향한 관용을 무슬림들에게도 적용해야 한다. 이슬람에 대한 배타주의와 편협함을 버리고 무슬림과 평화로운 공존을 위해 노력해야 한다. 무슬림을 향한 관용을 통해 무슬림과 조화롭게 공존함으로 아프리카 지역의 평화를 이뤄내는 것이 아프리카 기독교인의 사명이고 아프리카 이슬람 선교를 위한 첫 번째 전략이다.

선교사 사무엘 크라우더Samuel Crowther는 아프리카 무슬림과의 교제를 위해 기독교인들은 성경, 성령, 모국어 번역이라는 세 가지 축을 기반으로 해야 한다고 주장했다. 그는 무슬림과 교제하는 열쇠로 '성경에 대한 효과적인 지식을 가진 아프리카 기독교 공동체'를 기대했다. 그는 기독교 신앙과 실천에 대한 무슬림의 질문과 반대 의견에 답할 때 성경을 사용했다. 성경은 변증에 있어서 주된 도구가 되었다. 이것은 이슬람교와 무슬림과의 관계 역시 성경적 가치에 근거하고 이끌어야 함을 의미

---

55 John Azumah, Lamin Sanneh, *The Afican Christian and Islam*, 57.

한다. 성경에는 무슬림이나 이슬람교를 구체적으로 다루는 본문이 없지만 예수님이 무슬림을 어떻게 대해야 하는지 가르쳐주시지 않고 우리를 떠나셨다고 생각해서는 안 된다. 마태복음 7장 12절에 '무엇이든지 남에게 대접을 받고자 하는 대로 너희도 남을 대접하라 이것이 율법이요 선지자니라'라고 말씀하셨다. 크라우더는 이슬람교도들과 교제할 때 심지어 논쟁을 할 때도 강력한 효과를 내기 위해 그들의 모국어인 요루바어를 사용했다. 무슬림들과 제대로 대화하기 위해서였다.[56] 대화는 평화로운 공존과 선교적 접근을 위한 거의 유일한 방법이기 때문이다.

아프리카 이슬람과의 대화를 위한 기독교인들의 노력은 꾸준히 진행되었다. 2003년 가나의 수도 아크라에서 아프리카의 개신교 교회는 선교 단체들과 공조하면서 대화의 문제를 아우를 수 있는 아프리카의 이슬람-기독교 관계 프로그램PRICA, Le Programme des relations islamo-chrétiennes en Afrique을 조직했다. PRICA는 20개의 국가 위원회를 통해 18개의 아프리카 국가베냉, 토고, 가나, 부르키나파소, 나이지리아, 코트디부아르, 시에라리온, 라이베리아, 탄자니아, 르완다, 잠비아, 수단, 케냐, 에티오피아, 세네갈, 감비아, 우간다, 말라위에서 일하고 있다. PRICA의 사명과 임무는 다음과 같다. (1) 이슬람과 기독교 사이의 솔직하고 성실한 대화를 촉진하는 사명, (2) 기독교인과 무슬림 사이의 상호 관용과 평화로운 동거의 분위기를 조성하는 임무, (3) 다양한 환경 속에서 평화를 유지하기 위해 아프리카 국가들에 있는 두 공동체 사이에 공생을 창출하는 임무, (4) 인간관계 측면에서 심지어 가정 내에서 기독교인과 무슬림 간의 교류 기회를 장려하는 임무 : 무슬림과 기독교인 형제자매 사이, 기독교인인 형제자매 사이, 무슬림 남편과 기독교인 아내 사이, 무슬림 부모와 기독교 자녀 사이 등 (5) 모

56 위의 책, 61.

든 범주의 기독교인하나님의 백성을 훈련시키는 사명: 목사, 전도자, 교리교사, 교사나 평신도들이 전달된 메시지를 대중화하기 위해 일하도록 하는 것.[57] 이처럼 PRICA는 대화와 관용 그리고 평화로운 공존과 교류라는 사명과 임무를 통해 아프리카에서 기독교인들이 무슬림들에게 어떻게 좋은 이웃의 원칙을 위반하지 않고 더 설득력 있는 방식으로 복음을 증언할지에 대해 연구하고 실행했다.

아프리카에서 선교를 수행함에 있어서 대화를 방해하는 요소들을 제거하는 것은 매우 중요하다. 무슬림과의 대화를 어렵게 만드는 요인들은 다음과 같다. 첫 번째 무슬림들이 이미 하나님에 의해 정죄되었다고 생각하는 사람들로부터 비롯되며, 따라서 우리가 더 이상 대화를 위해 그들에게 접근할 필요가 없다는 생각이다. 두 번째 무슬림에게 필요한 유일한 것은 개종하는 것이라고 생각하는 사람들의 입장이다. 세 번째는 회의론자와 편협한 사람들에 의한 어려움이다. 그들은 종교 간 대화가 제공할 수 있는 장점을 확신하지 못한다. 그들은 그것이 진정한 신앙의 침식이나 혼합주의로 이어질 수 있으며 누구에게도 도움이 되지 않을 것이라 두려워한다.[58] 대화를 방해하는 요소는 무슬림들에게서도 발견된다. 일부 무슬림들은 '기독교인들이 기독교의 불완전성을 인정하고 불완전한 것을 이슬람에서 찾도록 하는 행위'를 대화로 여긴다. 즉, 기독교인을 이슬람으로 개종시키는 유일한 목적으로만 대화에 열려 있다. 또 어떤 무슬림들은 무슬림을 개종시키기 위해 기독교 교회가 대화를 미끼로써 사용한다고 여긴다.[59]

57 Seeti Kwami SIDZA, *Islam et Christianisme en Afrique*, 117-118.

58 위의 책, 120.

59 위의 책, 135.

무슬림과의 대화는 선교를 위한 통로이다. 선교는 좋은 관계를 통해 가능하며 관계는 대화를 통해 맺어진다. 또, 복음은 입으로 전파된다. 그런데, 하나님의 선교와 예수그리스도의 복음 전파라는 사명을 가진 기독교인이 대화 자체를 거부하는 것은 하나님의 소명을 거절하는 것과 같다. 무슬림과의 대화를 방해하는 기독교인들의 혐오감과 편협함은 선교를 위해 반드시 제거되어야 할 요소이다. 기독교인들은 무슬림과의 대화를 포기하지 말아야 한다. 대화를 위한 모든 노력이 아프리카 대륙의 많은 곳에서 기독교인과 무슬림의 행동을 변화시키고 있다고 믿어야 한다. 그들은 서로를 알고, 서로를 받아들이고, 대화하고, 발전을 위해 협력하고, 평화롭고 유쾌하게 함께 살 수 있다. 이를 위해서 서로를 충분히 알아야 한다. 서로에 대한 편견을 버려야 한다. 아프리카 무슬림과 기독교인들은 그들 사이의 평화와 아프리카 국가들의 사회 경제적 발전을 위해 함께 노력하고 함께 살아가야 한다. 그들은 같은 나라에서 살고, 같은 곳에서 일하고, 같은 교실에 있고, 같은 강당에 있고, 같은 운동팀에 있고, 같은 정당에서 활동하고, 함께 거래하고, 심지어 같은 가족 안에 있다. 따라서 그들 사이의 영구적인 관계와 적절한 대화는 반드시 필요하다. 그러므로 아프리카 무슬림과 기독교인들은 서로를 존중하고, 서로를 받아들이고, 함께 살아가기 위해 대화해야 한다.

B. 아프리카 무슬림에 적합한 신학 정립

1910년 에든버러 선교대회는 '이슬람이 원주민 아프리카인들에게 적합하다'라는 견해의 보고서에서 다음과 같이 질문했다. '이슬람이 아프리카의 구원에 영향을 미칠 수 있을까? 이슬람은 수 세기 동안 지배해온 아프리카를 어떻게 만들었는가? 그것이 아프리카의 미래를 어떻게 만들 수 있을까? 그것은 신성한 부성Divine Fatherhood에 대한 지식이 없는 종교이며, 이슬람 밖에 있는 사람들에 대한 연민이 없는 종교이며, 아프리카의 전체 여성에게 그것은 절망과 파멸의 종교이다.' 이와 같이 서구에서 이슬람을 악마화하는 것에 대응하여 19세기 시에라리온Republic of Sierra Leone에서 활동한 아프리카계 미국인 장로교 선교사인 에드워드 윌모트 블리든Edward Wilmot Blyden은 이슬람이 부족 간 화합에 막대한 공헌을 했고, '새로운 영적 각성'을 불러일으켰으며, 독립과 자립을 촉진했다고 주장했다. 그는 유럽인의 기독교가 하지 못한 일을 이슬람이 아프리카의 부족을 위해 해냈다고 역설했다. 이슬람은 아프리카인들을 물신 숭배, 신에 대한 무지, 술에 취함, 도박으로부터 구했다고 강조했다. 이러한 그의 주장의 핵심은 이슬람이 아프리카인들의 일상에 필수적인 부분이 되었으며 아프리카의 유산에 기여했기 때문에 존중받아야 하고 악마화되어서는 안 된다는 것이다. 블리든은 '무슬림을 개종시키려면 기독교인은 심한 적의를 버리고 이슬람을 공부해야 한다.'라고 강하게 주장했다. '아프리카에 대한 이슬람의 적합성 논쟁'은 수그러들지 않고 계속되었고 사네Sanneh는 1888년 시에라리온의 프리타운에서 열린 의회 형식의 토론에 대해 이렇게 썼다. '이것은 이슬람에 대한 전적으로 기독교적인 논쟁이었다. 양측의 동의에 대한 연사는 기독교인이었고 청중도 마찬가지였다.[60]

이러한 상황에서 Yoruba Church Mission SocietyCMS의 선교사인 사무엘 아자이 크라우더Samuel Adjai Crowther는 새로운 의견을 제시했다. 크라우더와 이슬람과의 만남은 시에라리온의 한 마을 학교에서 시작되었

60 John Azumah, Lamin Sanneh, *The Afican Christian and Islam*, 51.

는데 그곳에서 열성적인 젊은 교사이자 복음 전도자로서 그는 부적을 착용한 무슬림 소년을 발견했다. 그는 그것을 잘라내고 소년에게 그런 미신적인 것들을 학교에 가져오지 말라고 경고했다. 소년의 아버지의 항의를 받은 크라우더는 마을의 무슬림 원로들 앞에서 토론하고 자신의 주장을 증명하겠다고 제안했다. 그는 성경과 꾸란으로 완벽히 준비한 채 토론에 나섰으나 잘 정리된 주장은 무용지물이 되었다. 무슬림들은 단순히 신이 아들을 가질 수 없다는 입장을 고수했다. 그 결과 크라우더의 열정은 크게 식었다. 이것은 이슬람에 대한 크라우더의 접근 방식과 무슬림과의 관계에 전환점이 되었다. 그는 아프리카의 이슬람에 대한 유럽 국가들의 대립적 논쟁이 아무 효과가 없다는 것을 깨달았다. 크라우더는 무슬림의 반대에 답하기 위해 전적으로 성경에 의존하는 이슬람에 대한 아프리카 기독교인의 접근 방식을 개발했다. 크라우더는 1872년에 일로린Ilorin의 무슬림 통치자와 나눈 대화에 관해 이야기했다. 이때 그는 영어 성경과 기도서 사본과 요루바어 번역본으로 무장했다. 크라우더는 자신이 요루바어 성경을 사용하고 모국어로 된 기도서의 기도를 사용하여 무슬림 통치자에게 깊은 인상을 준 방법을 보고했다. 크라우더는 모국어 사용이 무슬림들과의 대화에 가장 효과적인 도구가 된다고 주장했다.[61]

위의 두 예에서 볼 수 있듯이 서구의 시선으로 아프리카 이슬람을 바라보아서는 안 된다. 또한, 기존의 신학 지식으로 아프리카 무슬림들을 이해, 설득, 개종시키기는 어렵다. 아프리카 교회는 이슬람과의 만남과 무슬림과의 관계에서 자체적인 해석학적, 신학적 틀을 개발할 필요가 있다. 정통 기독교의 그리스도는 지배자, 권세 있는 자, 승리한 자 편에 계신 그리스도이다. 그는 제국, 배타성, 승리주의, 편협함의 그리스도이

61 위의 책, 53.

다. 말하자면, '우리와 함께 다른 이들에 맞서는' 신이다. 이와 같은 메시지는 이슬람의 관점에서 보았을 때 새로운 것이 없다. 아프리카 지역에서 그리스도의 이미지는 '우리와 함께 그리고 다른 이들을 위해' 계시는 하나님이다. 종교적 소속과 관계없이 약자와 소외자의 편에 계시고, 자기를 내어주시는 죽음에서 가장 강력함을 드러내시는 그리스도이시다. 아프리카의 맥락에서 사람들의 진정한 정체성은 그들이 얻거나 부여받은 칭호가 아니라 고유한 이름에 있다. 메시아, 그리스도, 한 본성, 삼위, 위격 등과 같은 용어는 모두 유대, 그리스, 로마, 서구 문화와 관련이 있다. 아프리카 기독교인들은 예수, 임마누엘, 우리와 함께하시는 하나님의 고유한 이름에 기초하여 그리스도의 이야기를 구성한다. 실제로 그리스도에 대한 아프리카의 관점은 임마누엘 신학, 관계와 관계의 신학으로 분류된다. 아프리카의 예수 이미지는 그리스도의 신성을 부인하지 않으면서도 그의 인성과 더 많이 동일시된다. 치료자, 중재자, 사랑하는 사람, 지도자 또는 통치자로서의 예수에 관한 것이다. 무슬림과의 만남에서 아프리카인들은 성육신적 신학, 형상을 지닌 신학이 필요하다. 이는 친척, 이웃 등과 같은 얼굴과 이름을 가지는 신학이다. 또한 아프리카의 종교 다양성 현실을 진지하게 받아들이고 그것과 맞서 싸울 수 있는 신학이 필요하다. 무엇보다 현재 아프리카에 만연한 단일신론을 배격하고 참된 유일신 신학으로 다시 초점을 맞추어야 한다.[62] 이와 같이 아프리카 무슬림에 적합한 신학의 정립은 복음을 무슬림들의 눈높이에 맞추고 그들의 필요를 채워주어 효과적으로 선교하기 위해 반드시 필요한 전략이다.

62 John Azumah, Lamin Sanneh, *The Afican Christian and Islam*, 61.

C. 아프리카 무슬림들의 삶에 대한 이해

아프리카 무슬림들을 선교하기 위해서는 그들의 삶을 깊이 이해하는 것이 매우 중요하다. 토착화된 아프리카 무슬림들은 다양한 지역에서 각기 다른 문화, 언어, 풍습, 그리고 신념을 갖고 살고 있다. 이들의 다양한 삶을 이해하고 존중하는 것은 선교 사역을 성공적으로 수행하는 핵심 요소이다.

앤 크로프트Ann Croft는 영어 교사였다. 그녀는 학생들 중 몇 명을 잘 알게 되었고 그들과 함께 식사하고 성경을 읽고 토론을 하게 됐다. 한 학생은 성경에 남다른 관심을 보였다. 그들의 우정이 커지면서 그녀의 학생은 그녀를 자신의 고향인 풀라니족에게 안내했다. 그에게는 그 지역의 여러 가족과 결혼한 많은 자매들이 있었다. 앤은 그 학생과 함께 각 가족을 만났다. 교사로서 앤은 지역 사회의 지도자들에게도 존경을 받았다. 그들의 요청에 따라 그녀는 성경에 대한 그들의 질문에 대답하는 데 많은 시간을 할애하여 그들이 꾸란에서 만났던 예수를 포함하여 성경적 사건과 인물을 더 완전히 이해하도록 도왔다. 앤은 새로운 사람들의 전통적인 이야기를 들었고 그들의 삶의 풍부한 구조를 깊이 이해하게 되었다. 풀라니족은 대체로 유목민으로 가축을 키울 좋은 목초지를 찾아 사하라 사막 이남의 서아프리카 전역에 흩어졌다. 그들에게 있어 소의 중요성을 알고 있는 앤은 수의학으로 소의 건강을 향상시키는 것을 도왔고, 도시화의 압력에 직면하여 발생한 경제적 문제를 그들이 잘 대처하도록 도왔다. 소를 돌보는 것은 풀라니족의 마음으로 가는 길이었다. 한번은 그녀가 풀라니 노인이 아들과 벌레를 위해 결핵약을 받는 것을 도왔다. 그녀가 소에게 결핵약을 주자 풀라니 노인은 "이제 당신이 우리를 정말 사랑한다는 것을 알겠어요!"라고 말했다. 앤은 풀라니족을 위해 먼 도시의 선교 기관과 힘을 합쳐 3일간의 전도 "컨퍼런스"를 계획했다. 풀라니족 사람들은 소와 양과 당나귀와 염소와 낙타를 가진 슈퍼 목자 예언자 중 한 명인 '아브라함'에 대해 배우는 시간이 될 것이라고 들었다. 이것은 그들의 민족만을 위한 특별 행사에 익숙하지 않은 풀라니족에게 큰 행사였다. 전도 집회가 끝날 무렵 그 지역의 추장은 앤에게 무슬림인 그의 종족이 기독교 공동체의 일부가 되기를 원한다고 말했다. 그는 그리스도인들과 성경이 그의 목동들의 필요에도 관심을 기울이는 것을 보았다. 그는 앤에게 많은 사람들에게 관심을 가져 달라고 부탁했다. 그녀가 할 수 있는 최선의 일 중 하나는 그들의 문화의 모든 측면에 대해 진정한 관심을 계속 보여주는 것이었다.[63]

앤의 이야기처럼 무슬림들의 문화와 관습을 이해함으로써 그들과 더 가까워지고 상호 간의 신뢰를 형성할 수 있다. 나아가 그들의 생활 방식을 직접 체험하면서 그들과 더 깊게 소통하고 공감할 수 있다. 이는 서로의 가치관을 존중하고 서로를 더욱 존경하는 데 큰 도움이 된다. 무슬림들의 삶을 이해하는 것은 또한 그들의 신념과 종교적 배경을 이해하는데 중요하다. 이를 통해 그들의 관점에서 기독교를 이해하고 그들에게 맞는 복음을 전할 수 있게 된다. 또한, 무슬림들과의 상호작용을 통해 그들이 직면한 문제와 고민들을 알아볼 수 있다. 그들이 겪는 어려움에 공감하고 그들과 함께 분담하며 신뢰를 쌓을 수 있다. 이처럼 아프리카 무슬림들을 선교하기 위해서는 그들의 삶을 이해하는 것이 필수 불가결하다. 그들의 삶을 존중하고 공감할 때 그들을 향한 하나님의 사랑으

63 Ralph D. Winter, Steven C. Hawthorne, *Perspectives on the World Christian Movement A Reader* (New York: William Carey Library, 1983), 720-721.

로 그들을 사랑하게 되고 그들을 사랑하는 것이야말로 최고의 선교전략이 된다.

V. 결론

7세기 아프리카에 이슬람이 유입된 이후로 이슬람은 빠르게 성장하고 확산되었다. 이슬람 상인들은 아프리카 대륙을 여행하며 이슬람의 가르침과 문화를 전파하는 데 주도적인 역할을 했다. 이슬람은 아프리카에서 다양한 지역과 문화에 적응하면서 발전하였다. 아프리카의 무슬림들은 전통을 존중하며 이슬람의 가르침과 융합시키는 독자적인 형태의 이슬람을 형성하였다. 이로 인해 아프리카 이슬람은 다른 지역과는 다른 독특한 특성을 가지고 있으며 아프리카의 사회와 문화, 경제, 정치에 큰 영향을 미쳤다.

아프리카에서 이슬람과 기독교는 오랜 세월 동안 함께 존재하며 상호작용해 왔다. 아프리카 무슬림과 기독교인은 결혼, 혈통, 언어 및 교육 기관, 정당, 노동조합, 전문 협회, 자원봉사 단체 등과 같은 다양한 형태의 소속을 기반으로 연결되어 있다. 일상생활 속에서 이어지는 두 공동체 사이의 통합 활동은 이슬람과 기독교의 엄격한 교리적 잣대를 완화하는 데 기여했다. 이들은 아프리카 기독교인과 무슬림 사이의 종교간 화합과 평화로운 공존을 촉진하기 위한 가교 구실을 하는 자원이 되고 있다.

아프리카 이슬람의 선교는 서로의 차이를 이해하고 존중하는 관용에 기반 해야 한다. 이슬람은 오랫동안 지역 사회에 뿌리를 내려 무슬림들의 삶 속에 많은 영향력을 끼쳐 지금까지 유지되고 있다. 따라서 아프리카 무슬림들과의 인간적인 관계를 형성하고 대화를 통해 공존하는 것이 선교전략에 필수적이다. 무슬림들에게 적합한 신학을 개발하여 그들이 이해할 수 있고 수용할 수 있는 복음을 전하는 것도 중요한 선교전략이다. 마지막으로 아프리카 무슬림들의 삶에 관심을 갖고 이해하여 그들의 마음을 열고 하나님의 사랑과 은혜를 나누어야 한다. 전 세계의 영적 허파인 아프리카에 살고 있는 수많은 무슬림들을 향한 선교가 하나님 나라의 확장을 위한 늦출 수 없는 사명임은 자명하다.

참고문헌

Sidza, Seeti Kwami. *Islam et Christianisme en Afrique*. Yaoundé: Éditions CLÉ, 2006.

Dia, Mamadou. *Islam Sociétés Africaines et Culture Industrielle*. Dakar - Abidjan: Les Nouvelles Editions Africaines, 1975.

Dammann, E. *Les Religions de L'afrique*. Paris: Payot, 1964.

Straelen, Henry Van. *L'église et les religions non chrétiennes au Seuil du XXIe Siècle*. Paris: Beauchesne, 1994.

Guemriche, Salah. *Le Christ S'est Arrêté à Tizi-ouzou Enquête sur les Conversions en Terre d'Islam*. Paris: Denoël Impacts, 2011.

Azumah, John. Sanneh, Lamin. *The Afican Christian and Islam*. Carlisle: Langham Monographs, 2013.

Winter, Ralph D. Hawthorne, Steven C. *Perspectives on the World Christian Movement A Reader*. Pasadene: William Carey Library, 1983.

Dennis, James S. *Christian Missions and Soial progress, A Sociological Study of Foreign Missions*. New York: Fleming H. Revell Company, 1899.

유럽 이슬람의 과거 현재 미래와 기독교 선교전략
: 프랑스를 중심으로

성 원 용

파리 선한장로교회 담임목사

I. 들어가는 말

유럽의 과거 역사는 기독교가 지배했지만, 현재는 그렇지 않다. 이제 유럽은 다양한 종교와 문화와 인종이 함께 살아가는 세속사회가 되었다. 유럽은 이제 특정 종교가 지배할 수 없는 사회다. 프랑스의 경우, 1905년 법이 통과되면서 비종교 국가가 되었다.[1] 이로써 프랑스는 로만 가톨릭의 지배에서 벗어나 누구나 자신의 신앙을 가질 수 있는 종교의 자유가 주어졌고 소수의 종교가 성장할 수 있는 계기가 마련되었다. 하지만 이 법으로 인해서 공공성에 타격을 입은 교회는 오히려 감소했고 성장하는 종교는 이슬람과 무신론이다. 이제 이슬람의 성장은 좌시할 수 없는 상황이 되고 있다. 이로 인한 사회적 문제가 발생하고 있으며 선거 때마다 이슬람이 정치적 이슈로 떠오르고 있다. 현재 이슬람의 인구는 유럽 인구 대비 7% 또는 10%로 보고 있으며, 비공식 통계로는 15%를 넘어선다고 보기도 한다. 전문가들은 유럽의 이슬람이 2050년에는 30%까지 성장할 것이라고 말한다.[2] 이런 통계와 예상은 과장된 면이 있지만, 유럽 사회에서 이슬람의 성장은 외면할 수 없는 현실임을 보여준다. 이제 이슬람은 유럽에서 낯선 종교가 아니다. 유럽과 이슬람은 오랫동안 종교적, 문화적, 역사적 영향을 주고받으며 존재해 왔기 때문이다. 따라서 유럽의 과거와 현재와 미래를 이야기할 때 이슬람을 빼놓을 수 없다.

---

1 1905년 법(라이시테, laïcité)은 정교분리의 법이다. 이것은 세 가지 원리를 가지고 있다. 첫째는 공공의 질서라는 제한을 인정하며 자신의 양심과 신념 또는 신앙의 자유를 가지고는 것, 둘째는 정치를 비롯한 공공의 기관과 종교 단체를 분리하는 것, 셋째는 각자의 신앙과 신념이 무엇이든지 간에 모두가 법 앞에서 평등하다는 것이다. 즉 자유, 분리, 평등이 법의 정신이다.

2 Yadh Ben Achour, *Quel islam pour l'Europe?* (Genève: LABOR ET FIDES, 2017) 7.

유럽에서는 이슬람의 문제를 다루는 게 매우 예민하면서도 매우 중차대한 문제이기도 하다. 그야말로 뜨거운 감자다.

계속 성장하면서 크고 작은 문제를 일으키며 유럽 사회의 한 일원이 된 그들에 대해서 사회통합적인 차원에서 접근하지 않을 수 없다. 문제는 이들에 대한 양극단의 견해가 존재한다는 것이다. 한편에서는 유럽 내의 이슬람 성장을 매우 위험스럽게 바라보며 2050년에는 그들이 유럽을 장악할 거라는 주장으로 이슬람 포비아Islamophobia를 이야기하고, 다른 한편에서는 이슬람의 평화 노선을 맹목적으로 지지하며 그들이 유럽 사회의 큰 문제가 되지 않는다는 낭만적 입장을 펼치고 있다. 사실 두 입장 모두 건강한 견해가 아니다. 이런 생각은 갈등과 폭력을 잉태시키거나 그것을 방조해서 더 큰 문제를 일으키게 할 가능성이 크기 때문이다. 유럽 기독교 내에서도 이슬람에 관한 입장이 둘로 나뉘고 있다. 그들의 양극단 입장이 전혀 근거가 없는 것은 아니지만, 다종교 다문화 다민족이 함께 살아가야 하는 유럽의 상황에서는 적절하지 않다. 인류가 함께 공존하면서 평화로운 사회를 이루는 게 중요하기 때문이다. 기독교 선교적인 차원에서도 양극단은 적절하거나 유익하지 못하다. 이런 태도는 전도와 선교의 문의 열기도 전에 닫아 버리는 결과를 초래하기 때문이다. 서로를 향한 적대감을 거두고 서로의 차이를 인정하고 만날 때 비로소 복음을 나눌 기회가 올 수 있다. 유럽의 이슬람 인구가 늘어나는 상황을 두려움으로 바라보기보다 그들을 쉽게 접촉하고 그들에게 예수 그리스도의 복음을 전할 수 있는 문이 열리고 있다는 차원으로 보는 게 올바른 선교적 태도다. 이슬람교도들은 유럽이라는 사회에 살면서 본국에서보다 훨씬 더 자유로운 삶과 새로운 문화와 종교에 노출되어 있기 때문이다. 이렇게 유럽은 이슬람 선교의 최전선이면서 무슬림이 복음을 듣고 받아들일 수 있는 현장이다.

본 논문은 유럽 이슬람의 과거 역사와 현재 상황을 살펴보고, 이를 근거로 미래의 전망을 논한 후에, 유럽 이슬람을 대상으로 가능한 선교 전략을 제안하고자 한다.

II. 과거

A. 우마이아 왕조와 유럽

이슬람 제국은 사라센 제국주후 632~750년[3]으로 불리는 시대와 오스만 제국주후 1299~1922년[4]으로 불리는 시대가 대표적이다. 사라센 제국의 우마이아 왕조는 선출제 칼리프 제도인 정통 칼리프 시대를 끝내고 칼리프를 세습하면서 강력한 중앙통치 체제를 확립했다. 우마이야 칼리파국은 주후 661년부터 750년까지 짧은 기간 존속했지만, 그들은 정복 전쟁을 통해서 동쪽으로는 중앙아시아 파미르 공원까지 서쪽으로는 북아프리카와 지금의 스페인인 이베리아반도까지 장악하며 광대한 영토를 확보하게 되었다. 그들은 오늘날 마그레브Maghreb[5]라고 불리는 튀니지 알제리 모로코를 정복했고 이 지역의 원주민인 베르베르인과 더불어 이베리아

---

3 사라센 제국(Saracen Empire). 사라센은 고대 그리스와 로마 시대에 아라비아 북부의 아랍인들을 부르는 말로써 시리아를 중심으로 성장해서 북아프리카와 이베리아반도를 지배하고 프랑스까지 침공한 제국을 말한다.

4 오스만 제국(Ottoman Empire)은 발칸 반도와 아나톨리아를 중심으로 서아시아와 북아프리카와 동유럽을 지배하던 이슬람 제국을 말한다.

5 마그레브는 오늘날의 모로코, 튀니지, 알제리, 리비아 등을 지칭하는 말이다.

반도 남쪽의 알 안달루스와 북아프리카 대부분 지역을 점령했다. 그러던 중에 베르베르인의 반란 일어났다. 그들이 이슬람으로 개종하고 이베리아반도의 정복에 공을 세웠음에도 불구하고 비아랍인에게 세금을 부과하는 등의 차별과 수탈을 일삼았기 때문이다. 하지만 칼리프 히샴이 보낸 시리아 최정예 부대가 반란을 진압하고 베르베르군을 섬멸했고 점령군의 일부는 알 안달루스에 남아서 정착했다. 이후 히샴은 우마이야 왕조의 권위를 강화하는 이슬람 중심 정책을 펼치며 왕조 중흥을 꾀했다. 하지만 그가 죽은 후에 이어지는 칼리프의 사치와 폭정으로 인해 주후 750년 마르완 2세를 마지막으로 우마이야 왕조가 멸망했다.

그 뒤를 이어 들어선 사라센 제국의 이슬람 왕조를 후 우마이야 왕조라고 한다. 우마이야 왕조를 멸망시키고, 아바스 왕조를 세운 아부 알 아바스는 화해와 용서의 연회를 위장하여 그 당시에 살아남아 있었던 우마이야 왕조의 왕족들을 불러들인 후, 급습해 모두 학살했다. 이 과정에서 제10대 칼리파 히샴의 손자였던 아브드 알라흐만 1세가 구사일생으로 탈출하여 당시 우마이야 왕조의 영토였던 이베리아반도 남부의 코르도바로 피신해 그곳의 지배자가 되었다. 이를 가리켜 후 우마이야 왕조라고 한다. 그들은 아바스 왕조의 눈치를 보다가 제8대 아브드 알라흐만 3세 치세에 정식으로 칼리파를 칭했고, 그 후부터 우마이야 왕조는 최전성기에 도달했다. 하지만 그가 죽은 후, 11세기에 이르러 왕권과 국력이 급격히 쇠퇴하게 되었고 각지에서 반란이 일어나 알 안달루스 전역이 여러 소국타이파으로 분열되었다가 1031년 멸망하면서 마침내 우마이야 왕조는 완전히 단절되었다.[6]

주후 711년 로드리고 왕과 서고트 왕국을 멸망시키고 이베리아반도

---

6 『위키 나무』 우마이야 왕조 3편 후 우마이야 왕조.

를 장악한 무슬림 세력은 마지막으로 그라나다 왕국이 이베리아반도에서 쫓겨나는 1492년까지 무려 8세기 동안 이베리아반도에 이슬람의 찬란한 문화를 만들어냈다. 그라나다의 알람브라 궁전, 세비야의 알카사르, 코르도바의 메스키타 등이 대표적인 유적이다.

B. 유럽을 지켜낸 투르. 프아티에 전투

히샴은 왕조의 중흥을 위해서 노력했다. 하지만 중앙아시아 서쪽의 아무다리야강과 시르다리야강 사이에 있는 트란스옥시아나에서의 목마름의 하루 전투주후 724년, 프랑크 왕국의 투르 푸아티에 전투주후 732년와 동로마 제국의 아나톨리아반도에서 벌어진 아크로이논 전투주후 740년, 등에서 연달아 패배하면서 급격한 쇠퇴의 길로 들어섰다. 그중에서 투르 푸아티에 전투는 유럽의 이슬람화를 막아낸 운명의 전투였다. 서유럽 정복에 욕심을 낸 히샴은 주후 732년에 코르도바의 총독 아브드 알라흐만이 코르도바군과 베르베르인들로 편성된 기병, 투창병 부대를 이끌고 이베리아반도의 북서쪽으로 침입하게 했다. 파죽지세로 올라오는 이슬람의 군대를 막아낸 사람은 카를루스 마르텔루스[7]이었다. 이것이 투르 푸아티에 전투다. 이 두 지역은 프랑스 중부지역에 루아르강을 따라 위치한 도시들이다. 여기서 아브드 알라흐만이 전사했고 이슬람 군대는 대패하여 이베리아반도로 물러갔다. 하지만 일부 세력은 프랑스 남부 지역과 남서부 지역을 계속 약탈했고 프랑크 왕국의 메로빙거 왕조가 망하고 카를 마르텔의 아들 피핀 3세가 759년에 나르본을 수복할 때까지 활동했다.

---

7 프랑크 왕국의 군주이자 정치, 군사 지도자.

이슬람의 북진을 막아내고 서유럽 기독교 세계를 지켜낸 카를루스 마르텔루스는 프랑크 왕국의 메로빙거의 왕조 궁정의 재상으로 프랑크 왕국을 사실상 지배하고 있었다. 이 전쟁에서 승리한 그는 서유럽의 그리스도교 세계를 지켜내고 보호하는 영웅으로 인정받았고 프랑크 왕국의 메로빙거 왕조를 무너뜨리고 카롤링거 왕조를 수립하는 기반을 마련하게 되었다. 그의 차남 피핀 3세가 주후 751년에 카롤링거 왕조를 시작하여 프랑크 왕국의 초대 국왕이 될 때, 서방 교회는 이슬람으로부터 서유럽의 기독교 세계를 지켜낸 그의 공적을 기억하며 피핀의 왕권을 인정했다. 피핀의 뒤를 이어 카롤링거 왕조의 2대 왕이 된 그의 손자가 바로 그 유명한 카를루스 마그누스다. 그는 정복 전쟁을 통해서 서유럽을 통일했고 서로마 교회 교황 레오 3세는 그를 신성로마제국의 황제로 인정하는 대관식을 해 주었다. 프랑스어로는 그를 샤를마뉴라고 부른다. 이슬람의 침공은 신성로마제국과 샤를마뉴를 탄생시켜 서유럽의 기독교 세계를 강화하는 역설적 결과를 낳았다. 이처럼 프랑스 땅은 과거 이슬람과 유럽의 최전선이었으며 투르 프아티에 전투는 이슬람으로부터 유럽의 기독교 세계를 지켜낸 곳이다. 아이러니하게도 현재 프랑스는 인구 대비 이슬람이 가장 많은 서유럽 국가로서 이슬람과 서유럽 기독교 세계가 만나는 최전선이 되고 있다.

C. 이슬람을 몰아낸 레콩키스타(Reconquista)

레콩키스타는 스페인이 이슬람을 이베리아반도에서 축출하여 잃어버린 땅을 재정복한다는 걸 지칭하는 말이다. 이슬람이 프랑크 왕국과의 전쟁에서 패배했지만, 이베리아반도는 그들이 지배하는 지역으로 남아 있었다. 점점 세력을 얻은 기독교 세력은 이 지역을 놓고 이슬람과 치열한 공방전을 벌였다. 하지만 756년 아바스 왕조의 추격을 피해 알 안달루스로 피난 온 우마이야 왕조의 왕자인 아브드 알라흐만이 혼란스러운 알 안달루스를 장악하고 안정시켰다. 그가 후 우마이야 왕조를 세우면서 기독교 세력의 남진은 정지되었다. 이후 이슬람과 기독교 세력은 이베리아반도의 가장 중요한 강인 두로Douro강을 사이에 두고 수백 년 동안 대치하며 다퉜다. 10세기 무렵부터 후 우마이야 왕조가 흔들리기 시작하자 기독교 세력은 다시 남진을 시작하였으나, 후 우마이야 왕조에 알하지브 알만수르라는 걸출한 재상의 등장으로 그들의 남진은 멈출 수밖에 없었다. 알만수르는 무너져가는 왕조를 다시 안정시키고 레온과 나바라, 아라곤에 대한 여러 차례의 지하드를 개시하며 후 우마이야 왕조 최후의 별이라는 칭호를 얻었다. 1002년 알만수르가 죽은 후에 후 우마이야 왕조는 쇠락해지다가 1031년 멸망하게 되었다.

이후 알 안달루스는 타이파라는 소규모 왕국들로 분할되어 존재하며 남진하는 기독교 세력에 무너지기 시작했고 그중에서 1085년 레온-카스티야 왕국의 알폰소 4세에 의한 톨레도 함락은 레콩키스타 분수령이 되었다. 1469년에 아라곤 왕국의 왕자 페르난도와 카스티야 왕국의 공주 이사벨이 결혼했고 각각 자국의 왕으로 즉위하면서 카스티야-아라곤 연합이 탄생했다. 교황은 그들에게 가톨릭 군주라는 칭호를 주며 그라나다에 대한 십자군을 선포했고 공방전은 계속되었다. 연합군은 1491년 4월에 그라나다를 포위했다. 8개월 동안 지속된 포위로 그라나다의 식량이 떨어지자 무함마드 12세는 더 이상 저항하지 못하고 은으로 십자가를 만들어 항복했다. 그해 11월 25일에 가톨릭 국왕들과 그라나다 조약이 체결되었고, 페르난도 2세는 무함마드 12세가 그를 따르는 사람들을 이끌고 스페인을 떠나는 것을 허락했다. 1492년 1월 2일 겨울에 그들이 북아프리카로 돌아가면서 782년간 지속된 스페인에 대한 이슬람 지배는 사실상 종결되었다. 이 과정에서 8세기부터 이베리아반도를 점령한 아랍계 이슬람교도인 무어인들이 북아프리카 원주민인 베르베르인들에게 도움을 요청했으나 거절당하고 말았다. 오늘날 서유럽 국가 중에 이슬람 인구 비율이 가장 적은 나라 중의 하나가 스페인인데, 그것은 레콩키스타의 영향으로 판단된다.

레콩키스타 직후인 1492년 3월 31일에는 유대인을 이베리아반도에서 추방하는 알람브라 칙령이 내려졌다. 당시 스페인은 유럽에서 유대인이 가장 많이 거주하는 나라였다. 25만에서 80만까지 추정한다. 그들이 이곳에 많이 거주한 이유는, 랍비들이 스페인을 새로운 약속의 땅으로 제시했고, 스페인을 지배했던 이슬람 왕국이 유대인들에게 관용을 베풀었기 때문이다. 그들은 유일신 신앙을 가진 유대인들을 우대하는 정책을 펼쳤다. 하지만 레콩키스타에 성공한 페르디난드 2세와 이사벨라는 유대인들의 신앙이 가톨릭과 다르다는 이유로 추방령을 내렸고, 그들은 모든 것을 잃고 유대인에게 관용적이었던 네덜란드와 북아프리카 모로코와 알제리와 오스만튀르크의 수도인 이스탄불 등으로 흩어졌다.[8]

8 김현민, 알 함브라 칙령의 비극 『아틀라스 뉴스』 (2020. 8. 25).

III. 현재

A. 유럽 사회의 이슬람 증가

오늘날 유럽 이슬람 인구는 계속해서 증가하고 있다. 퓨리서치의 2016년 통계에 의하면, 유럽의 무슬림은 2,580만 명으로 2010년에 1,950만 명과 비교해 630만 명이 늘었다. 매년 105만 명이 늘어난 것이다.[9] 그중에서 프랑스는 572만 명으로 인구의 8.8%로 유럽에서 이슬람 인구나 비율에서 가장 많다.[10] 영국은 4.4%로서 59.5%인 기독교 인구와 비교해 턱없이 적지만, 2011년에는 약 10만 명이 늘고 2001~2009년에는 타 종교와 비교해 신자 수가 10배 빠르게 성장했다. 독일은 2009년 독일 내무성의 기준으로 5.4%로서 계속해서 성장하는 추세다. 이들의 수가 늘어나는 만큼 유럽 사회가 감당해야 하는 일과 이들이 유럽 사회에 동화되는 과정에서 발생하는 문제들도 많아질 수밖에 없다. 이들에 관한 사회적, 문화적, 정치적 그리고 인구 통계적인 사안들은 이미 유럽 사회의 중요한 논쟁거리가 되고 있다. 21세기로 들어서면서 이슬람의 급속한 성장과 소수 극단주의자의 폭력적 행위는 유럽 사회에 큰 두려움의 소용돌이를 일으켰다. 그런데도 유럽 사회가 이슬람을 배제할 수 없는 이유가 있다. 그것은 그들이 오랜 시간 함께 했기 때문이다. 유럽과 이슬람은 주후 8세기 알 안달루스의 우마이야 왕조 때부터 지금까지 오

9 *Europe's Growing Muslim Population,* 『Pew Research center』(2017. 11. 29).

10 프랑스는 1872년 인구 조사 때부터 특정인의 신앙과 인종적 기원을 밝히는 것을 금지했다. 인구 조사를 통한 공식적인 종교별 인구는 파악하기 어렵다. 따라서 이민자의 출신 국가별 도출 수치 등 다양한 방식을 사용하여 추정하게 된다.

랫동안 군사적, 문화적, 종교적 그리고 외교적인 갈등을 맺으며 존속해 왔다. 한편으로는 정복과 지배를 통해서 깊은 갈등을 겪었고, 다른 한편으로는 외교적, 문화적, 사회적 그리고 상업적인 교류를 지속해 오면서, 그들은 우정과 증오가 쌓이며 서로 분리될 수 없는 관계를 만들었다. 루시안 페브르Lucien Fevre 박사는 "중세 유럽은 아랍 이슬람의 문화에 지배된 시기였다."라고 보았다.[11] 지식과 학문 발달이 정체 또는 퇴보하던 시기를 보내던 중세 유럽에 이슬람의 발전된 문명이 흘러 들어왔다 지중해를 통해서 이탈리아반도와 이베리아반도를 통해서 프랑스까지 전해진 이슬람 문명은 15세기에 일어난 유럽의 르네상스 운동에 중대한 촉매 역할을 하게 되었다.[12] 따라서 이슬람이 없는 유럽은 불가능하다. 이슬람 안에 유럽이 있고, 유럽 안에 이슬람이 있기 때문이다.

그렇다면 유럽에서 이슬람 인구의 증가 요인은 무엇일까? 그것은 이민, 자연적 증가, 개종, 난민 등이다. 유럽에서 이슬람 인구가 가장 많고 비율이 높은 프랑스를 중심으로 살펴보고자 한다.

1. 이민을 통한 증가

이민은 국가의 경계를 넘는 인구 이동이다. 19세기에 시작된 북아프리카와 불어권 서부 아프리카에 대한 프랑스의 식민 통치가 끝난 후인 1960년대부터 마그레브 지역과 아랍인들과 서부 아프리카인들이 프랑스와 유럽에 본격적인 이민을 시작했다. 그것은 교통의 발달이 중요한 역할을 했고, 그들이 이민을 선택한 이유는 유럽의 풍부한 자원과 일자

---

11 Yadh Ben Achour, *Quel islam pour l'Europe?,* 10.

12 황의갑, 김정하, "이슬람 세계-유럽 문명의 지적 교류," 『한국 중동 학회 논총』 34권 제4호 (2014) 163.

리를 찾기 위한 것이었다. 그들은 경제적 풍요와 삶의 질을 찾아 아프리카에서 유럽으로 이민을 떠났다. 그들은 주로 학생, 상인, 공장 노동자, 서비스업 노동자 등의 신분으로 들어와서 유럽에 장기간 거주하게 되었다. 반면에 유럽인들은 지중해 바다와 태양을 즐기기 위해서 일시적으로 북아프리카로 이동했다.

본격적인 두 번의 세계대전 이후 1960년부터 이민이 시작되었다고 볼 수 있다. 특히 북아프리카의 알제리인 이민이 두드러진다. 1830년부터 1962년까지 132년간 프랑스령이었던 알제리인은 제1차 세계대전에 프랑스 군인으로 참여했다. 그들 대부분은 프랑스 시민이 되었고 그들은 무슬림이었다. 이것이 프랑스에 무슬림이 현존하게 되는 중요한 요인이 되었다. 1914년 이전에 프랑스 땅에는 무슬림이 5,000명 정도였는데, 전쟁 이후에 13,200명의 알제리 출신의 프랑스 시민 무슬림이 되었다. 프랑스는 프랑스를 위해서 죽은 무슬림 70,000명에 대해서 경의와 감사를 표하면서, 1926년 7월 16일에 파리에 무슬림을 위한 거대한 모스크를 건축하도록 했다. 그 당시의 프랑스에는 북아프리카 출신 무슬림이 120,000명에 이르렀고, 그중에 100,000명이 알제리 무슬림이고 나머지는 튀니지와 모로코 무슬림이다. 게다가 15,000명 정도의 서부 아프리카 출신 무슬림이 추가되었다. 제2차 세계대전 이후에는 200,000명의 무슬림이 프랑스 땅에 정착하게 되었다. 이것은 프랑스 식민지와 세계대전을 통해서 유입된 무슬림이다.[13] 1962년 3월 18일 에비앙 협정Accords d'Évian을 통해 알제리는 프랑스에서 벗어나게 된다.[14] 이 협정으로 알제

13 Salah Mokrani, *Comprendre et aimer les musulmans en France* (La varenne: vien et vois, 2017) 20-22.

14 에비앙 협정은 1962년 3월 18일 프랑스 정부와 알제리 임시정부 간에 맺어진 휴전협정으로 독립 후 1년 이내에 알제리 내에 주둔한 군대를 8만 명으로 감축하고, 3년 이내에 완전히 철수하며, 프

리인이 대거 프랑스 땅의 노동자로 들어왔다. 그들의 거대한 이동에 부담을 느낀 프랑스 정부는 그들의 이동에 제한을 두기 위해서 1968년 12월 27일에 프랑코-알제리 협정accords franco algériens이 발표되었고, 그때부터 알제리인들은 프랑스 땅에서 프랑스 시민이 아닌 외국인의 범주에 머물게 되었다. 이들은 자신들이 정착했던 프로방스 지역을 떠나 파리로 들어와 자신들의 공동체를 형성하게 된다. 1946년부터 1975년까지를 영광의 30년으로 부르는데, 이 시기에 서유럽의 경제가 괄목할만한 성장을 이뤘기 때문이다. 유럽은 경제적으로 성장하고 있었지만, 전쟁으로 인해서 인구가 줄었기 때문에 노동 인력을 확보하기 위해서 이민을 받아들일 수밖에 없는 상황이 되었다. 따라서 1960년대 이후부터 대규모의 이민이 이뤄졌고 이민자의 대부분은 무슬림들이었다. 1960년대 이후 이민자들은 경제적 활동을 위해서 주로 혼자 프랑스에 들어왔다가 생활의 안정을 찾은 후에 본국으로부터 가족들이 합류하게 되었다. 이때부터 자녀교육, 프랑스 사회에서 자신들의 자리 찾기, 온전한 시민권 획득을 위한 투쟁이 시작되었다.

이 기간에 이슬람 이민자들은 유럽 사회의 하위계층에 머물면서 자신들의 정체성을 공개적으로 드러내지 않고 숨죽이며 지냈다. 어느 정도 유럽 사회에 적응한 이들도 자신들의 이슬람 신앙 행사인 라마단 같은 축제를 공개적인 장소가 아닌 가정과 같은 장소에서 조용하고 비밀스럽게 진행했다. 법적으로 라이시테비종교 사회를 표방한 프랑스 정부는 공공장소에서 종교행사를 진행하지 못하도록 막았고, 기독교의 전통을 가진 유럽인들이 사회의 다수를 차지했기 때문이다. 그들은 그 속에서 소외를 느낄 수밖에 없었다. 그들은 정서적, 종교적, 경제적, 사회적, 문화

랑스의 메르세로게릴 군항 사용을 15년간 인정한다는 내용이다.

적으로 고립을 경험하게 되었다. 그러다가 1981년에 새로운 법령이 통과되면서, 그들은 자신들의 종교적, 문화적, 전통적인 것을 표현할 기회를 얻게 되었다.[15]

프랑스의 이슬람 이민이 2세대와 3세대로 이어지면서 급격하고 빠르게 변화되었다. 이슬람 인구가 8%에 도달하면서 이들의 숫자는 더 이상 무시할 수 없게 되었다. 또한 그들이 시민권을 획득하면서 유럽인에게 주어진 모든 권리를 합법적으로 누릴 수 있게 되었다. 그러자 그들도 정치적 영향력까지 가지고 싶은 욕구가 발생했다. 하지만 그들의 현실적 상황에는 큰 변화가 없었다. 그들은 여전히 소수자였다. 이슬람의 인구는 늘어났으나 그들은 유럽 사회의 주변부에 머물렀고, 그들의 주택은 가난한 자들에게 주는 집HLM이었고, 그들의 거주지는 대도시에서 밀려나 주변부나 먼 지역에 있었다. 그들은 유럽에서 사회적 정치적 소수로 소외를 면하지 못하는 상황으로 남아 있다.

이런 상황들은 그들의 심리에 큰 영향을 미쳤다. 일부는 "우리는 여전히 숨어 있어야 해"라는 소극적 입장을 가졌고, 일부는 "이제 우리 자신을 신뢰해야 해"라고 하면서 자신들의 정체성과 세력을 규합해 나갔다. 전자는 유럽 사회 적응에 소극적이면서 자신들에 대해서는 피해 의식을 가지게 되었고, 후자는 때로 오만해지고 거칠어지고 자신을 받아준 사람들에 대해서 폭력을 행사하는 방식으로 자신들의 존재를 드러내기 시작했다. 두 경우 모두 자신들을 받아준 유럽 사회에 대한 원망과 미움을 표현하는 방식이다. 물론 대다수의 이슬람 이민자들은 유럽 사회에 잘 동화되어가고 있다. 유럽 사회도 이들의 정착과 동화를 위해서 많은 에너지를 쏟고 있다. 하지만 소수의 부적응자의 폭력적 행동은 지금도

15 Salah Mokrani, *Comprendre et aimer les musulmans en France,* 25.

유럽 사회 안에서 심각한 문제를 일으키고 있으며, 이들과의 사회통합은 과제로 남아 있다.

2. 자연적 증가

출산을 통한 자연적 증가는 유럽에서 이슬람 인구가 늘어나는 또 다른 주요 요인이다. 프랑스는 과거 저출산 국가였으나 현재 출산율은 2020년 기준 1.79%로 EU 국가 중에 가장 높다. 프랑스의 출산율이 높은 데는 출산 장려를 위한 국가 정책과 이슬람 이민자들의 역할이 크다. 프랑스 정부의 정책은 육아 휴직, 가족 수당, 가족 정책 거버넌스로 구성된다. 그중에서 가족 수당이 흥미롭다. 가족 수당 정책의 의미는 자녀가 없거나 적은 가족이 누리는 것과 같은 생활 수준을 누리도록 배려한다는 것이다. 자녀를 출산하면 3년간 신생아의 양육을 위한 재정을 지원하고 3년 안에 두 번째 자녀를 출산하면 첫 번째 자녀의 양육비를 3년 연장하고 다시 세 번째 자녀를 출산하면 첫째와 둘째 자녀의 양육비를 각각 3년씩 연장 지원하는 식이다. 또한 자녀가 3명 이상이면 공공요금을 할인해주고 4명 이상이면 부모의 세금을 대부분 면제해 준다. 이런 정책은 이슬람 이민자들에게 자녀를 많이 낳을 기회를 제공해 주었고 그들은 프랑스의 출산율을 높이는 데 기여하고 있다. 이렇게 이슬람 가정에서 태어난 자녀들은 대부분 무슬림으로 자라게 되고 이슬람 인구를 높이는 데 일조하게 된다. 그들이 이슬람 신앙을 버리고 기독교로 전향하는 경우는 매우 드물다. 그들은 독실한 무슬림이 되거나 최소한 명목상으로라도 무슬림으로 머문다. 따라서 이슬람 가정의 출산은 유럽 사회에서 무슬림이 증가하는 결정적 요인이 되고 있다. 출산을 통한 자연적 증가는 이슬람 세력의 평균 연령을 낮추는 데 이바지했다. 최근 이슬람 가정의 출산율도 낮아지고는 있지만, 젊은 가정이 많고 매년 태어나는 그들의 자녀들이 무슬림으로 성장하기 때문에, 그들의 성장 속도는 줄겠지만 그들의 성장은 계속될 것이다.

3. 개종에 의한 증가

개종도 이슬람 증가의 주요 요인이다. 프랑스에서는 무신론자나 다른 종교를 가졌던 자들이 이슬람으로 개종하는 숫자가 늘어나고 있다. 최근 30년 동안 이슬람으로 개종한 무슬림의 수가 두 배로 늘었다. 프랑스의 이슬람 단체들은 개종을 통해서 무슬림이 된 자의 수를 약 20만 명 정도라고 주장한다.[16]

그들의 개종 요인은 크게 혼인을 통한 개종과 자발적 개종이다. 무슬림과 결혼한 사람들은 결국 배우자의 신앙을 따라 무슬림이 되는 경향이 있다. 그들만의 끈끈한 가족관계와 그들이 모여 사는 이슬람 공동체의 영향이 크기 때문이다. 자발적 개종도 계속해서 늘어나고 있다. 그들이 자발적으로 개종하는 이유는 이슬람이 다른 종교와 비교해서 조직과 규율이 엄격하고 근대주의를 배척하며, 가족에 더 많은 가치를 두고, 남녀를 엄격하게 구분함으로 이것들이 개종자의 마음에 평안과 분명한 세계관을 주기 때문이다.[17] 이것은 프랑스 사회에 만연한 세속주의가 주는 공허함과 개인주의가 주는 소외감을 이슬람이라는 종교를 통해서 채우려는 사회 심리학적인 반응[18]이라고 할 수 있다. 또한 이슬람이 주를 이

---

16 『기독 일보』 (2013. 3. 25)

17 위의 신문.

18 사회 심리학(social psychology)이란 사회적 상황 요인이 개인의 행동과 생각과 느낌에 어떤 영향을 주는지, 개인과 공동체간의 상호작용은 어떻게 이뤄지는지를 심리학적인 측면에서 연구하는 학문이다.

루는 지역에서 소수자가 된 프랑스인들이 그들과 평화로운 관계를 유지하고 싶은 것, 이슬람 문화를 빈번하게 접하면서 이슬람에 대해 익숙하고 친근한 경험이 그들의 개종 요인이 되고 있다. 필자가 주중에 업무를 보는 유럽 위그노 연구원에서 내려다보이는 곳에 사하바Sahaba라는 이름의 현대식 이슬람 사원이 있다. 호숫가 공터에 대학교와 이슬람 사원 건축을 두고 경쟁했고 그 지역에 사는 주민들이 이슬람 사원 건축을 반대하는 성명서를 내고 필자도 사인했으나 결국 이슬람 사원이 세워지게 되었다. 이 모스크에서 비록 아잔 기도 소리는 들리지 않지만, 새벽부터 밤까지 기도하기 위해서 모스크를 찾는 무슬림의 발길이 끊이지 않는다. 매주 금요일 오후와 라마단 기간에는 지역 경찰이 동원되어 관리하고 교통을 정리해 주고 있다. 매일 이런 장면을 보노라면 이곳이 프랑스가 아닌 아랍의 어느 나라라는 착각이 들 정도다. 이슬람이 낯설지 않게 느껴질 정도다. 15년이 지난 지금에 이 지역은 점점 이슬람화가 되고 있다. 이 사원에서 개종을 통해서 무슬림이 되는 자들이 매년 150명을 넘어서고 있다.

4. 난민으로 인한 증가

최근 유럽은 중동과 아프리카 분쟁지역에서 들어오는 난민으로 인해 위기를 맞이하고 있다. 2014년까지 이들 지역의 난민이 6천만 명을 넘어섰고 그들이 주로 유럽으로 들어오고 있다. 2015년 4월에는 지중해를 통해서 유럽으로 들어오는 난민 2,000명을 태운 배 5척이 난파되고 1,200명이 사망하는 사건을 BBC 뉴스가 이것을 유럽 난민사태European refuge crise라고 부르면서 유럽의 난민을 심각한 위기로 인식하기 시작했다. 2015년 11월 기준 유엔난민기구UNHCR가 2015년 한 해 동안 유럽에

도착한 난민의 국적을 분석한 바에 의하면, 시리아 51%, 아프가니스탄 19%, 이라크 6%이며 대부분이 성인 남성65%이다.[19] 이들은 이슬람 국가의 사람들이다. 따라서 난민의 대부분은 이슬람 신앙을 가진 무슬림이라고 볼 수 있다. 우크라이나 전쟁도 대규모 난민을 만들어냈고 그들도 주로 동부와 서부 유럽으로 들어왔다. 유럽에 발을 디딘 그들이 난민 신청이 받아들여지면 솅겐 협약[20]에 가입된 27개 국가를 자유롭게 여행할 수 있게 된다. 그들은 결국 서유럽의 부유한 국가인 독일, 프랑스, 영국 등으로 이동하게 되고 그로 인해서 난민으로 인한 이 지역의 이슬람 인구가 늘어나게 된다.

지난 10년 동안에 발생한 유럽의 난민사태는 단순한 이동 현상이라고 볼 수 없다. 이것은 4~6세기에 발생한 게르만의 대이동을 방불케 한다. 게르만의 대이동으로 로마가 무너지고 유럽의 대변화가 일어난 것처럼, 유럽의 난민사태는 급기야 21세기 유럽의 종교와 사회와 문화에 영향을 끼치며 유럽의 중대한 변화를 견인하게 될 것으로 예상된다. 이것은 유럽의 이슬람 성장을 가속할 뿐 아니라 기독교의 이슬람 선교를 위한 기회가 될 수 있을 것이다.

B. 이슬람에 의한 유럽 사회의 문제

1. 유럽과 이슬람의 갈등의 원인

유럽 사회는 이슬람으로 인해서 발생하는 다양한 문제를 안고 씨름

---

19 『위키백과』 유럽의 난민 위기.

20 솅겐 협약은 유럽 27개국이 여행과 통행의 편의를 제공할 목적으로 한 것으로서, 1985년 6월 14일에 체결되었다.

하고 있다. 지난 20년 동안 유럽은 급진적 이슬람주의 테러의 주요한 무대가 되고 있다. 이런 문제들을 일으키는 원인은 무엇일까?

첫째, 11세기부터 13세까지 8차례에 걸쳐 진행된 십자군 전쟁이다. 서로마 가톨릭교회는 예루살렘을 중심으로 한 레반트 지역의 지배권을 놓고 200년 동안 8차에 걸쳐 벌어진 십자군 전쟁1095-1291을 벌였다. 무의미하고 오랫동안 진행된 전쟁은 서유럽의 기독교와 아랍의 이슬람 간에 깊은 상처와 아픔을 주고받았고 그로 인해서 유럽을 비롯한 서구 사회는 이슬람 국가의 미움과 증오의 대상이 되었다. 이 감정이 그들의 집단 무의식 속에 깊이 뿌리내렸고 그 쓴 뿌리가 작금의 사태의 원인으로 작용하고 있다.

둘째, 19세기 말부터 시작된 서구 유럽의 제국주의와 식민주의다. 서구 열강의 제국주의적인 침략과 식민 통치는 유럽 문명과 아랍 문명 사이에 지속적인 증오와 갈등의 씨앗이 되었다. 유럽은 기독교 국가이며 그들이 정복하고 통치한 국가들은 주로 이슬람 국가였기 때문에, 이것은 두 종교 간의 갈등 요인이 되었다.[21]

모로코, 알제리, 튀니지에 걸친 북아프리카 지역에 대한 프랑스의 통치는 길고도 잔혹했다. 이곳은 모두 철저한 이슬람 지역이다. 1962년 샤를 드골 대통령이 북아프리카 지역 특히 알제리에서의 각종 이권을 과감히 포기하고 독립시켜주었으나 그 상처는 치유되지 않았고 증오와 갈등의 골은 여전히 존재한다. 이에 따라 그들은 서구 세계의 상징인 기독교까지 철저히 배격하고 있다. 기독교 국가인 유럽이 자신들을 침략했기 때문이다. 그렇다고 제국주의와 그들의 식민 통치를 기독교의 이슬람 정복으로 단순화해서 종교적 갈등으로 환원시켜서는 안 된다. 이것은 종교

21 Yadh Ben Achour, François Dermange, *Quel islam pour l'Europe?,* 12.

전쟁이 아니라 국가 권력의 탐욕이 만들어낸 아픈 상처이기 때문이다. 다만, 서구 유럽의 선교사들이 자국의 제국주의 정책에 어느 정도 도움을 주었음을 자각하고 반성하는 것이 필요하다.

반면에 제국주의에 참여하지 않았던 발칸 반도의 국가들은 종교적 갈등이 적은 상태다. 가령 유고슬라비아는 동방정교회와 수니파 이슬람이 주요 종교를 이루고 있지만, 그들 간에는 큰 갈등이 없었다. 그들은 오히려 종교와 사회와 가족 간에 서로를 관용하면서 함께 어울려 살아왔다. 그들에게 일어나는 긴장과 전쟁 대부분은 국제 사회와 국제 정치의 변화가 만들어낸 것들이다. 발칸에서의 갈등과 전쟁의 요인은 주로 세르비아와 보스니아에서는 민족주의가 증오를 일으켰고, 코소보와 마케도니아에서는 저개발이 낙심과 희생과 부정의라는 감정을 일으켰다. 이런 요소들이 결국은 IS의 지하디즘을 끌어들이는 결과를 만들어냈다.[22] 따라서 유럽에서 일어나는 이슬람의 폭력적 행위는 종교적 문제라기보다는 사회적 정치적 경제적 문제에 기인한다고 볼 수 있다. 그것이 종교적 옷을 입고 있다고 할지라도 종교적 갈등으로 해석하는 것은 위험한 일이다.

셋째, 유럽 사회로 유입된 이민자들의 사회부적응이다. 유럽은 다민족 다문화 다인종이 어울려 사는 대륙이다. 이런 다양성이 사회와 삶을 풍성하게 만들지만 때로는 갈등의 요소가 되기도 한다. 유럽인이 아닌 아시아 아프리카 아랍인이 적응해서 살기가 쉽지 않은 곳이다. 인종차별은 엄격하게 금지되어있지만, 차별은 여전히 존재한다. 정부의 사회통합 노력은 계속되지만, 삶의 현실은 여전히 거친 광야다. 가령, 프랑스의 교육은 내국인이나 외국인에게 공평한 기회를 제공한다. 이민자의 자

22 위의 책, 16-17.

녀들은 교육과정에서 차별을 느끼지 않는다. 하지만 그들이 사회에 진출하면 보이지 않는 벽을 경험하며 좌절한다. 주류 사회에 진출하기가 어렵다. 그들은 사회의 언저리에 존재하며 고된 일에 종사하게 된다. 특히 이슬람 이민자들은 도시 주변에 모여 살면서 자신들만의 세상을 만들며 이슬람 게토가 된다. 파리의 19구, 20구와 파리 북쪽의 생드니는 무슬림이 주로 사는 지역이다. 생드니는 외부인이 들어가 거주하거나 통과하기에 위험한 지역으로 분류되고 있다. 그럴수록 그들은 프랑스 사회에서 소외되고 그 소외감은 미움과 증오를 키운다.

2. 급진 이슬람주의의 테러

이런 감정을 극단적인 방식으로 표현하는 게 테러다. 이것은 급진 이슬람주의자들에 의해서 자행된다. 그들은 유럽적 가치 체계를 거부한다. 유럽의 가치 체계는 "민주주의, 인권, 양성평등, 신앙의 자유 그리고 다양성에 대한 존중, 정치적 목적 달성을 위한 폭력 사용 반대"이다.[23] 이들은 살라피 지하디즘의 영향을 받은 자들이다. '살라피 지하디즘'은 1960년대 이후 시작되어 1990년 중반부터 크게 확대된 폭력적이고 공격적인 지하드에 관심을 가진 살라피의 믿음을 표현하는 용어다. 이들은 이슬람에 대한 그들의 엄격한 해석에서 일탈한 무슬림을 이단으로 규정하며 그들을 죽음으로 처벌하려는 자들이다. 이들은 사우디아라비아의 국가이념이 된 와하비즘과 밀접하게 연계되었으나 와하비즘보다 더 완고한 문자주의자들로서 더욱더 폭력적이고 극단적인 이념과 같다.[24] 테러리스트는 사회적 요인과 개인적 요인에 의해서 만들어진다. 자신들이

23 박보라, 『유럽의 급진 이슬람주의 테러와 대응』 (서울: 국가안보 전략연구원, 2019), 21.

24 위의 책, 23-24.

사는 주류 사회로부터의 거부와 자신의 종교적 문화적 정체성을 유지하기 위한 자기 스스로 소외, 지역사회로부터 겪는 차별과 인종차별을 경험하는 게 사회적 요인이다. 소속감, 자아 성취, 신분 상승에 대한 욕구, 이를 자극하는 프로파 간다, 가족이나 공동체 규범에 대한 반항, 문화적. 종교적 진정성에 대한 동경, 주목받고 싶은 욕구 들이 개인적 요인이다. 이런 사회적 개인적 불만 요소들이 그들은 급진 이슬람주의로 만들고 이들이 지하디즘과 연결되어 테러리스트로 동원되는 기제가 되고 있다.[25]

21세기로 들어서면서 유럽 여러 나라에서 이들에 의한 테러가 빈번하게 발생하고 있다. 2001년 9월 11일 발생한 미국 뉴욕 맨해튼의 세계무역센터에 대한 테러를 시작으로, 유럽과 프랑스에서는 이슬람 근본주의 세력의 테러가 일어나고 있다. 2015년 1월 15일에 파리에서 발생한 샤를리 에브도 테러, 2015년 11월 13일 파리의 바타클랑 극장과 스타드드 프랑스와 캄보디아 식당에서 일어난 테러, 2016년 3월 22일에 벨기에 브뤼셀의 공항 테러, 2016년 7월 14일에 남부 프랑스의 니스에서 발생한 테러 그리고 노르망디 지방의 성당에서 발생한 가톨릭 신부 테러 등은 지금도 기억에 생생하게 남아 있다. 이 모든 테러는 필자가 현지에서 경험한 것들이다. 특히, 바타클랑 극장 테러는 잊을 수 없다. 파리 시내에 있는 우리 교회 교육관에서 제자훈련을 마치고 나왔을 때 테러 소식을 접했다. 테러 발생지가 교육관에서 그리 멀지 않은 곳이었다. 그날 이후로 파리는 죽음의 공포로 뒤덮였다. 현장에서 사살되지 않고 도주한 테러리스트로 인해 문밖을 나갈 수도 없었다. 온 도시가 죽음의 그림자로 뒤덮인 시간이었다. 테러 직후 프랑스 개신교 총연맹 회장 프랑수아

25 위의 책, 26-27.

클라베홀리 목사를 파리 선한교회로 초청해서 이 사태에 대한 프랑스 교회의 입장에 대해서 들었다. 그는 “이번 사태가 매우 정의롭지 못하고 용서받을 수 없는 폭력이다. 이것은 이슬람 세력이 프랑스 사회에 적응하고 통합되는 과정에서 발행한 불행한 사건이지만 그렇다고 종교 간의 갈등으로 보거나 이슬람이라는 종교 전체를 폭력적인 종교로 일반화해서는 안 된다. 그렇게 되면 종교 간의 대립과 갈등으로 확전된다. 이것은 프랑스와 유럽 사회에 대한 불만에서 나온 이슬람 원리주의자들의 폭력일 뿐이다.”라고 하며, 종교 간의 갈등으로 해석하지 말 것을 당부했다.

테러는 유럽 사회와 급진 이슬람주의의 갈등이다. 그러니 단순히 기독교 문명과 이슬람 문명의 갈등으로 몰고 가서는 안 된다. 자칫 종교 간의 갈등이라는 프레임에 갇히게 되고 종교 간의 대립을 만들어내서 더 깊은 갈등의 수렁으로 밀어 넣게 되면, 결국에는 선교의 길까지 막기 때문이다. 오히려 테러의 원인이 이슬람 이민자들의 사회부적응에 있음을 알고 대처해야 한다. 물론 샤를리 에브도 테러의 경우는 이슬람의 선지자인 모하메드를 모독하는 기사로 이슬람 극단주의자들을 자극해서 일어났지만, 그것도 기독교와 이슬람의 종교적 갈등이 아니라, 프랑스 사회와 이슬람의 가치 체계의 충돌로 이해해야 한다. 니스 해변에서 발생한 테러는 테러의 경향이 변화되고 있음을 보여주었다. 그것은 바로 자생적 테러, 외로운 늑대 테러다. 테러리스트는 프랑스에서 정상적으로 자라났으나 프랑스 사회에 대한 불만을 가진 무슬림이었다. 자생적 테러리스트들은 주로 원주민인 주류 사회 구성원들과 어느 정도 분리된 경제적으로 낙후된 빈곤 지역에 거주하며 무슬림 이민자 1.5세대 및 2세대들이다. 이들은 그곳에 살면서 주류 사회로부터의 소외, 일탈적 생활양식 및 급진 이슬람주의에 경도된 자들이다.[26] 이처럼 최근 프랑스와 유럽에서 발생하는 이슬람 세력과의 갈등은 종교적 신념보다는 자신들이 처한 삶의 정황에서 불거진 것이기에 이것은 종교적 문제보다는 사회적 문제로 접근하는 게 해결의 실마리를 찾을 수 있는 지름길이다.

3. 무슬림 이민자들의 폭동

과거 프랑스 식민지였던 북아프리카 마그레브 출신 무슬림 이민자들은 전체 외국인의 42.7%2004년 기준였다. 그들은 높은 실업률과 차별에 따른 사회적 경제적 어려움을 겪게 되었다. 이에 북아프리카 출신 이민 2세대 청년층이 무슬림 공동체들과 더불어 정치적 압력 그룹을 형성했고, 1980년대부터 자신들이 겪고 있는 차별과 배제 철폐, 높은 실업률에 대한 대책 마련 등을 요구해 오다가 2000년대에 들어서면서 파리를 비롯한 프랑스 주요 도시에서 소요 사태와 폭동을 일으키기 시작했다.[27]

2005년 10월 파리 북동쪽에서 발생한 소요 사태는 프랑스 전역으로 확대되면서 2주 동안 차량 1만 대를 불태웠다. 어느 날 경찰의 검문을 피해 도망치던 이민자 청소년 3명이 변압기 감전 사고를 당해 사망했다. 이에 분노한 유가족이 이 사실을 언론에 알렸고 사망한 청소년들의 장례식을 공개적으로 거행했다. 장례식 다음 날 내무부 장관 니콜라 사르코지는 '무관용 원칙'을 선언하며 추모 인파와 이슬람 사원을 향해 최루탄을 쏘았고 대통령 자크 시라크는 그들에 대한 위로보다는 질서 회복을 강조했다. 이것은 무슬림 이민자들의 감정을 자극했고 사태는 걷잡을 수 없는 지경이 되었다. 2006년 3월에는 파리 외곽 도시인 생드니에서 무

26 위의 책, 31.

27 위의 책, 60-61.

슬림 이민자들의 폭동이 일어났고, 2007년 11월에는 파리 북부의 빌리에르벨에서 극렬한 폭동이 일어났고 다시 주변 도시로 확대되었다.

C. 이슬람에 대한 국가적 대책

1. 법적 대응

프랑스는 1905년 라이시테 법이 통과되면서 정치와 종교가 분리된 사회가 되었다. 라이시테의 원칙은 종교집단의 압력을 막고 국가가 개개인의 종교 자유를 강화하려는 것이었다. 이것은 보편적인 개인의 권한을 집단적인 소속감보다 더 중요하게 여기는 것이다. 반대로 개인의 종교 자유를 보호하려다가 그 자유를 제한하는 모순을 가진 법이기도 하다. 라이시테는 개인의 종교적 자유를 보장해 주는 사적인 영역과 공적 영역에서의 비 종교성을 철저히 구분한다.

1989년 10월에 발생한 '히잡 사건'으로 프랑스의 라이시테와 이곳에 사는 무슬림 이주민 2세 사이에서 충돌이 발생했다. 파리 근교의 한 학교에서 모로코계 무슬림 여학생이 수업 시간에 히잡을 착용했고 그것을 벗으라는 교사의 요구를 거부하며 퇴학을 당한 것이다. 프랑스의 라이시테 가치와 무슬림의 종교적 가치가 충돌한 것이다. 이것이 언론을 통해서 알려지며 프랑스 사회는 들끓기 시작했다. 이슬람 이민자의 처지에서는 자신들의 존재를 드러내고 각인시키는 효과를 냈고, 프랑스인들에게는 이슬람에 대한 경각심을 일으켰다. 오랜 논쟁과 사회적 갈등 끝에 자크 시라크 프랑스 대통령이 "종교적 상징물을 공립학교 내에서 드러내는 것을 금지"하는 법안에 찬성하고 2004년에 이 법안이 상. 하원에서 통과된 후에 프랑스 내에 있는 공립학교에서는 종교적 외양을 드러내는 옷이나 상징물의 착용이 금지되었다. 이것이 바로 "2004년 법"이다. 이에 따라 공립학교뿐 아니라 병원과 같은 공공장소에서도 종교적 행위를 하거나 종교적 상징물을 착용하거나 부착하는 일이 금지 또는 제한되었다. 이것을 어기면 벌금이 부과된다. 2010년 10월 11일에는 '부르카 착용 금지 법안'을 공표했다. 이것은 프랑스 정부가 시민 다수의 의견을 반영한 것이다.

라이시테로 인해서 개신교를 비롯한 소수 종파는 과거 다수 종파였던 가톨릭의 독주를 막고 신앙의 자유를 확보하기는 했으나 교회의 공공성이 제한받으며 오히려 그들의 신앙 활동이 위축되기도 했다. 그러나 이슬람이 급성장하는 상황에서 라이시테는 그들의 성장과 독주에 제한을 가하는 역할을 하기도 한다.

2. 사회적 시스템 보완

유럽에서 급진 이슬람주의에 의한 테러를 경험한 프랑스 당국은 국토감시국DST 산하에 대테러조정통제본부Unite de Coordination de la Lutte Antiterroriste를 설치하여 운영하면서 테러 방지에 힘쓰게 되었다. 프랑스의 대테러 정책은 '공공장소의 영상 감시, 인터넷이나 휴대전화기의 통화기록 조회권 강화, 테러 용의자 구금 기한 연장, 급진 이슬람주의 및 폭력적 극단주의자로 의심되는 자국민에 대한 외국 여행 제한, 여권 임시 압수 및 무효화, 자국민의 온오프라인 활동 감시 권한 허용, 국토감시국과 경찰청 정보국의 통합 조직인 국내 안정총국DGSL을 중심으로 한 대테러 대응능력 강화'이다.[28] 하지만 이런 시스템 보완 및 강화만으로는 테러와 소요 사태의 발생을 잠시 막아낼 수 있겠지만 근본적인 대책이라

28 위의 책, 65-66.

고 볼 수는 없다.

3. 대화와 공존

소요 사태와 자생적 테러는 주로 내부적 불만과 증오로부터 온다. 따라서 강경책은 잠시 효력이 있겠지만 더 큰 불만과 증오를 키우게 될 것이다. 따라서 프랑스 정부도 2013년부터 급진화 방지를 위한 대책을 마련하고 그 원인을 찾아 해결하려고 노력하고 있다. 그들은 핫라인 상담 전화를 개설하고 테러로 도움이 필요한 사람과 그의 부모 및 가족들에게 자문과 도움을 요청할 수 있는 센터를 설립하여 운영하고 있다. 또한 특정한 종교 지도자와 정부 당국이 공식적인 협력을 하는 것은 라이시테의 원칙에서 벗어난 일이기는 하지만 유연성을 발휘하여 이슬람 대표기구를 조직화하고 이들과 협의 체제를 확립해서 프랑스 내 무슬림 공동체의 안정과 사회통합을 모색하고 있다.[29]

이제 유럽 사회는 이슬람 이민자들과 더불어 살아가야 한다. 갈등이나 폭력이 없이, 서로의 전통과 문화와 신앙을 존중하며 더불어 사는 길을 모색해야 한다. 이를 위해서는 서로의 입장과 아이디어를 놓고 치열한 토론과 대화를 피하지 말아야 한다. 정부는 그들의 정치적 경제적 정서적 소외를 극복하는 길을 찾아내야 하고 근본주의 이슬람은 배격하되 자유주의 이슬람이 정착하도록 해야 한다. 이슬람 이민자들은 자신들을 받아준 나라에 감사하는 마음으로 적응해야 하며 프랑스가 가지고 있는 라이시테의 가치를 받아 들어야 한다. 라이시테의 가치란 국가 권력과 종교 권력의 유착을 막고 국가나 특수 종교의 힘으로 종교 선택을 강요하는 걸 금지하여 진정한 종교의 자유를 누리게 하려는 프랑스 사회의

29 위의 책, 69.

가치를 말한다. 이것이 실현되기 위해서는 모든 이들에게 자신의 종교를 선택할 자유가 주어질 뿐만 아니라, 배교라는 정죄와 낙인이 찍힐 위험이 없이 자신의 종교를 떠나거나 바꿀 수 있는 자유, 다수 종교의 가치와 윤리를 강요받지 않을 자유 그리고 모든 이들의 권리가 존중받을 자유가 보장되어야 한다.[30] 그것이 유럽 사회와 무슬림들이 평화롭게 공존할 수 있는 길이면서 가톨릭과 개신교와 이슬람이 갈등과 대립과 증오가 아닌 평화로운 분위기가 살아갈 수 있는 비결이다. 이런 자유가 보장되는 가운데, 우리도 그들에게 복음을 나누고 그들은 복음을 향해서 마음의 문을 열 기회와 가능성이 커지게 될 것이다.

IV. 미래

유럽의 이슬람은 이민, 출생, 개종, 난민 등 다양한 요인에 의해서 계속 성장할 것으로 전망된다. 그리고 그들의 성장 속도는 유럽 사회의 사회적, 정치적, 문화적 동향과 이슬람 세력과 유럽 사회의 상호작용, 통합정책, 다양성 인식, 사회적 갈등으로 제한되거나 가속화될 수 있다. 퓨 리서치 센터가 발표한 2050년도 유럽 이슬람 성장 시나리오 도표에 의하면[31] 유럽의 인구 대비 이슬람의 비율은 2010년에 3.8%였지만 2016년에는 4.9%로 증가했고 이런 속도로 증가할 때 2050년에는 최소 7.4%, 최대 14%로 증가할 것으로 예상한다. 최소는 이민자가 없는

---

30 Yadh Ben Achour, François Dermange, *Quel islam pour l'Europe?*, 108.

31 Michael Lipka, *europe's Muslim population will continue to grow,* 『pewresearch.org』 (2017. 12. 4).

경우이며 최대는 이민자가 많은 경우이고 그 중간은 11.2%이다. 국가별로는 스웨덴이 4.6% 2010에서 30.6%로 가장 가파르게 증가하고, 독일이 4.1% 2010에서 19.7% 2050로 증가하고, 벨기에 18.2%와 프랑스 18%와 영국 17.2%과 오스트리아 19.9%도 많이 증가할 것으로 보인다.

2010년 유럽의 인구는 5억 1천 4백 8십만 명, 2016에는 5억 2천 8십만 명이었다. 2050년에는 최소 이민자 없음 4억 8천 1백 7십만 명, 최대 이민자 많음 5억 3천 8백 6십만 명으로 증가한다. 만약에 이민자가 없을 때는 유럽의 인구가 줄게 된다. 따라서 유럽 사회는 이민자가 차지하는 비율이 점점 확대될 것이 분명하다. 이민자의 수가 늘어남에 따라 이슬람의 인구는 급격하게 늘어나고 비이슬람의 숫자는 점점 줄어들게 된다. 이민자들의 많은 수가 무슬림이라는 의미다. 따라서 이민자의 수가 이슬람 인구의 증가에 결정적 요소가 될 것이다. 반면에 비이슬람 인구는 점점 줄어든다. 그것은 비이슬람 인구의 자연적 축소와 이슬람으로의 개종이 요인이 될 것이다. 이민자의 수가 많은 경우의 시나리오에 따르면, 2016년부터 2050년까지의 비이슬람 인구는 6% 줄어들고 이슬람 인구는 193% 증가하게 된다. 이렇게 해서 2050년에 유럽의 이슬람은 유럽 인구 대비 14%에 이르게 될 것이다. 참으로 놀라운 성장이다. 이런 예상은 현실이 되고 있으며, 유럽 사회는 대책 마련에 고심하고 있다.

Amount of growth in Europe's Muslim population depends on future migration

Muslim share of Europe's population under different migration scenarios

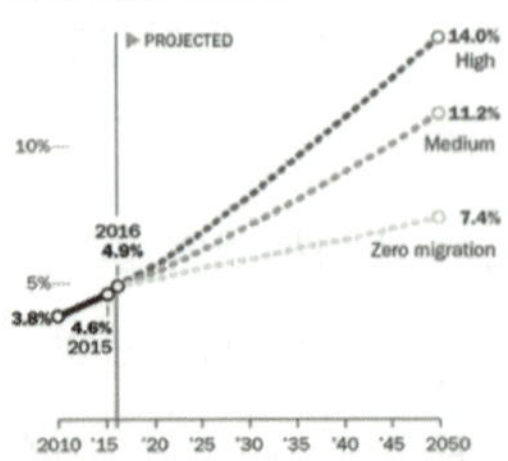

Note: In zero migration scenario, no migration of any kind takes place to or from Europe. In medium migration scenario, regular migration continues and refugee flows cease. In high migration scenario, 2014 to mid-2016 refugee inflow patterns continue in addition to regular migration.
Europe defined here as the 28 countries of the European Union plus Norway and Switzerland.
Estimates do not include those asylum seekers who are not

In three migration scenarios, population decline for Europe's non-Muslims, population growth for Muslims

Projected percentage change in Europe's Muslim and non-Muslim population size, 2016-2050

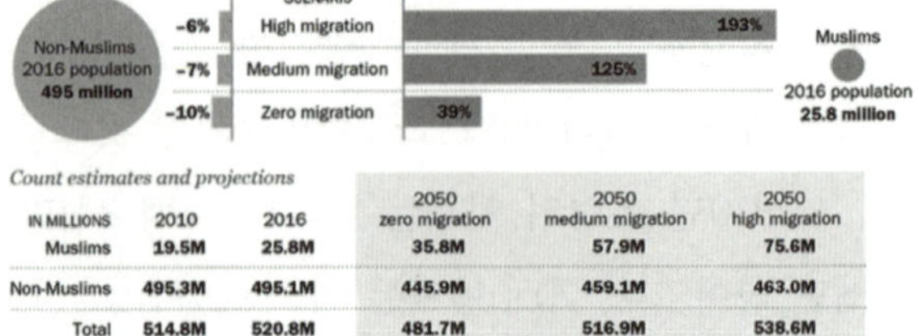

Count estimates and projections

IN MILLIONS	2010	2016	2050 zero migration	2050 medium migration	2050 high migration
Muslims	19.5M	25.8M	35.8M	57.9M	75.6M
Non-Muslims	495.3M	495.1M	445.9M	459.1M	463.0M
Total	514.8M	520.8M	481.7M	516.9M	538.6M

Note: In high migration scenario, 2014 to mid-2016 refugee inflow patterns continue in addition to regular migration. In medium migration scenario, regular migration continues and refugee flows cease. In zero migration scenario, no migration of any kind takes place to or from Europe. Europe defined here as the 28 member nations of the European Union in 2016 plus Norway and Switzerland. Estimates do not include those asylum seekers who are not expected to gain legal status to remain in Europe.
Source: Pew Research Center estimates and projections. See Methodology for details.
"Europe's Growing Muslim Population"

PEW RESEARCH CENTER

V. 선교전략

A. 위기인가? 기회인가?

유럽 사회에 이슬람이 확장되고 이를 믿는 무슬림이 늘어나는 것은 위기이면서 기회다. 근본주의 이슬람이 자리를 잡고 자신들의 세력을 확장하는 건 분명한 위기다. 그들로 인해 유럽 사회의 가치가 위협받고 훼손될 가능성이 클 뿐 아니라 테러를 비롯한 다양한 문제의 원인이 되어 사회적 혼란을 초래할 수 있기 때문이다. 반면에, 자유주의 이슬람이 늘어나는 것은 기회다. 그들은 유럽의 가치를 존중하고 유럽의 사회통합정책에 따라 적응하면서 점점 유럽화될 것이며, 유럽의 자유를 경험하면서 자연스럽게 이슬람에서 벗어나고 외부의 위협이 없이 기독교 복음을 접하고 복음에 관심을 두고 기독교와 이슬람의 차이를 알고 종국에는 마음을 열어 예수 그리스도의 복음을 영접할 가능성이 커지기 때문이다. 따라서 유럽의 교회와 선교사들은 21세기 유럽 이슬람을 예의주시하며 그들의 위험성에 대한 대책과 그들에게 복음을 전할 전략을 치밀하게 세워 나가야 한다.

B. 선교전략을 세우라.

1. 교회가 먼저 회복되어야 한다.

코로나 팬데믹 이후 한국교회와 유럽 교회는 쉽게 회복되지 못하고 급속히 약화하는 위기에 처했다. 교회의 위기는 곧바로 선교의 약화로 이어지고 있다. 이미 선교 지원을 끊는 교회가 늘어나고 있다. 코로나 팬데믹 기간에 한국에 들어왔다가 지원이 끊어져서 국내에 머무르는 선교사들도 많다. 한국교회의 세계 선교는 위기를 맞이하고 있다. 교회의 회복이 급선무다. 교회가 회복되고 부흥해야 선교도 계속될 수 있다. 교회는 세계 선교의 항공모함이다. 교회는 선교를 위해서 존재하고 선교는 교회 부흥의 원동력이다. 교회와 선교는 동전 양면과 같다. 교회가 선교를 우선순위에서 밀어내면 교회는 본질을 잃게 되고 교회는 다시 추락하게 된다. 따라서 교회는 어려울수록 선교에 힘을 쏟으면서 동시에 교회 부흥을 포기하지 말아야 한다.

한국교회가 큰 부흥을 경험한 배경에는 선교가 있다. 한국 장로교회는 1907년에 이기풍 목사를 제주도에 파송했고, 1909년에 최관흘 목사를 해외 선교사로 연해주 블라디보스토크에 파송했으며 한석진 목사를 일본 도쿄에 파송했다. 1910년에는 김영제 목사와 김진근 목사를 만주 간도에 파송했고, 1913년에는 중국 산동성에 김영훈, 박태로, 사병순 목사를 선교사로 파송했는데, 이것은 장로교 창립총회에서 결의하여 보낸 최초의 타문화권 선교사 파송이다. 이 시기는 한국의 오순절이라고 불리는 1907년의 대부흥의 시기와 맞물린다. 교회의 부흥은 선교사 파송으로 이어졌고, 선교사 파송은 교회의 부흥에 힘을 더했다. 1970년대에 한국교회 대부흥이 다시 점화되었고, 그것은 타문화권에 선교사를 파송하는 것으로 이어졌다. 서구교회로부터 선교의 대상이 되었던 대부분 교회가 지금까지 계속해서 선교지로 남아 있다. 반면에 한국교회는 매우 빠른 속도로 선교의 대상에서 선교사를 보내는 교회로 전환했다. 이것이 가능했던 배경에는 한국교회의 부흥이 있었고, 선교사 파송은 다시금 교회의 부흥을 지속시키고 건강한 교회를 만드는 역할을 했다.

2. 이슬람에 관해서 전문적으로 연구하고 가르쳐야 한다.

지피지기면 백전불태知彼知己 百戰不殆라고 했듯이, 이슬람 선교를 위해서는 이슬람에 관해서 깊이 알아야 한다. 샤머니즘, 유교, 불교는 우리 역사에 오랫동안 존재해 왔기 때문에, 이 종교들에 관한 지식을 어느 정도는 가지고 있다. 하지만 이슬람이라는 종교는 우리에게 낯설다. 그들의 경전인 꾸란을 읽어보거나 배운 경험이 거의 없다. 심지어는 꾸란을 직접 보거나 만져본 적도 없는 경우가 허다하다. 이슬람은 아프리카의 토속종교 정도로 단순하지 않다. 그들의 역사와 교리와 분파에 관해서 명확하게 파악하기가 어렵다. 또한 이슬람은 토착화에 강한 종교다. 토착화 과정에서 지역이나 국가마다 각기 다른 색채의 옷을 입는다. 그러니 한 지역의 경험이나 지식을 일반화시킬 수 없다. 한 지역의 단편적인 경험으로 "이슬람은 다 이렇다."라는 식의 가르침이나 전달을 삼가야 한다. 그것은 결국 이슬람 포비아나 이슬람 낭만주의라는 극단을 만들어내기 때문이다. 이런 극단은 적대감과 두려움을 일으키거나 지나친 포용주의나 혼합주의에 빠지게 만든다.

14세기 동안 이슬람을 경험했고 현재도 10명 가운데 1명 정도의 무슬림과 어울려 사는 유럽인들도 이슬람에 관한 지식이 피상적이기는 마찬가지다. 이런 상황에서 복음의 확신과 선교의 열정만 가지고 이슬람 선교에 뛰어드는 것은 섣부른 일이다. 일단 선교지에 들어가 경험하면서 이슬람을 스스로 알아 가라고 해서도 안 된다. 이것은 마치 훈련되지 않은 병사를 전쟁터로 내가 보내는 것과 같다. 이것을 극복하기 위해서 프랑스 개신교 신학교에서는 이슬람 세미나가 자주 열리고 있다. 한국의 신학교에서도 이슬람을 비롯한 타 종교에 관한 과목을 개설해서 가르치거나 최소한 선교학의 한 과목으로라도 가르쳐야 한다.

3. 그들의 친구가 되어야 한다.

그러기 위해서는 무슬림과 만나 대화하기를 주저하지 말아야 한다. 이것은 종교다원주의나 종교포용주의를 위한 종교 간의 대화를 말하는 게 아니다. 무슬림의 친구가 되기 위한 대화다. 그들에게 하나님의 사랑과 예수 그리스도의 복음을 전하기 위한 대화다. 선교는 만남과 대화를 통해서 이뤄진다. 멀찍이 떨어져 기도만 해서는 안 된다. 우리의 기도는 그들을 만나서 대화할 용기를 얻기 위한 기도여야 한다. 우리의 기도는 이 만남과 대화 가운데 성령이 개입하셔서 그들을 변화시켜 달라는 기도여야 한다. 만남과 대화를 통해서 마음이 열리고 친구가 될 때, 복음을 나눌 수 있는 순간이 자연스럽게 다가올 것이다. 그때는 망설임 없이 복음을 제시해야 한다. 그 이후의 결과는 성령의 몫이다.

4. 그리스도의 사랑으로 무장해야 한다.

사랑은 친구의 진정성이다. 그리스도인은 무슬림에게 사랑으로 친구의 진정성을 보여야 한다. 이슬람교도였다가 기독교로 돌아온 살라 모크라니 교수는 "복음의 중심인 하나님의 사랑으로 무장하고 무슬림을 대하는 것만이 그들을 복음으로 돌아오게 하는 지름길이다."[32]라고 했다. 우리가 적대감이 두려움이 아닌 사랑의 마음으로 무슬림을 대할 때 그들은 우리를 친구로 받아들이고 마음의 빗장을 풀고 예수 그리스도의 복음을 받아들일 것이다.

무슬림을 향한 사랑의 마음은 그들을 이슬람이라는 종교적 시스템이 아닌 사람이라는 관점으로 바라볼 때 가능해진다. 하나님은 이슬람이라는 종교는 기뻐하지 않으시지만, 무슬림이라는 사람은 사랑하시기 때문이다.[33] 무슬림도 우리와 같이 하나님의 모양과 형상을 닮은 하나님의 피조물이다. 하나님은 무슬림을 포함한 모든 사람을 사랑하셔서 독생자를 보내셨다. "하나님이 세상을 이처럼 사랑하사 독생자를 주셨으니 이는 저를 믿는 자마다 멸망치 않고 영생을 얻게 하려 하심이니라" 요 3:16. 예수님은 그들을 구원하기 위해서 십자가에서 돌아가셨다. 그들도 우리가 사랑해야 할 이웃이다. 그들은 우리가 복음을 전해서 구원해야 할 대상이며 주님의 제자인 우리가 내 몸처럼 사랑해야 할 이웃이다. "둘째는 이것이니 네 이웃을 네 몸과 같이 사랑하라 하신 것이라 이에서 더 큰 계명이 없느니라" 막 12:31. 사랑보다 더 큰 능력은 없다. 우리가 아직 죄인이었을 때 하나님이 우리를 사랑하셨다. 그 사랑이 우리를 변화시켰다. 그 사랑만이 무슬림을 변화시킨다. 교리적 논쟁을 피하고 사랑의 모습

---

32 Salah Mokrani, *Comprendre et aimer les musulmans en France,* 171.

33 위의 책, 172.

을 보여주어야 한다. 그들은 교리적 논쟁으로 설득되지 않는다. 특히 모하메드의 인격을 모독하거나 이슬람을 정죄하는 걸 피해야 한다. 그들은 기독교인보다 자신들의 종교에 깊이 몰입되어 있어서 자신들의 교주와 교리를 건드리면 복음을 듣기도 전에 마음의 문을 닫고 적개심으로 무장되기 때문이다.[34] 그들은 이슬람이라는 율법적 종교 시스템에서 종노릇하면서 마음에는 알라에 대한 두려움이 가득하다. 이슬람이라는 종교가 주지 못하는 사랑과 자유에 목마르다. 따라서 그들이 하나님의 사랑과 예수 그리스도 안에서 누리는 자유를 경험한다면 그들의 생각도 바뀌게 될 것이다. 초대교회로부터 지금까지 이 사랑과 자유가 세상을 설득하는 최고의 도구이기 때문이다.

VI. 나가는 말

21세기 유럽의 이슬람화 현상은 피할 수도, 부인할 수도 없는 자명한 현실이다. 이들에 의한 사회적 문제는 계속해서 발생할 것이다. 하지만 이것은 무슬림에 대한 선교의 기회다. 교회는 이 사명을 감당해야 한다. 문제는 이 일을 감당할 유럽 교회가 힘을 잃고 쇠퇴하고 있다는 사실이다. 유럽 교회의 재부흥을 위한 기도와 도움이 절실하다. 이 일을 감당할 수 있는 교회는 한국교회다. 유럽 교회를 살리고 유럽인들에게 복음을 전하고 그 힘으로 이슬람 신앙을 가진 무슬림에 대한 선교로 나가야 한다. 바울에게 들려진 마케도니아 사람의 음성을 한국교회가 듣고 유럽과 유럽의 무슬림에 복음을 전하는 선교적 사명에 헌신해 주기를 바라는 바이다.

34 위의 책, 211.

참고 문헌

박보라. 『유럽의 급진 이슬람주의 테러와 대응』. 서울: 국가안보 전략연구원, 2019.

황의갑, 김정하. "이슬람 세계-유럽 문명의 지적 교류." 『한국 중동 학회 논총』 34권 제4호 (2014).

『위키 나무』 우마이아 왕조 3편 후 우마이아 왕조.

『위키백과』 유럽의 난민 위기.

『기독 일보』 (https://kr.christianitydaily.com, 2013. 3. 25).

김현민, 알 함브라 칙령의 비극 『아틀라스 뉴스』 (2020. 8. 25).

Yadh Ben Achour. *Quel islam pour l'Europe?.* Genève: Labor et Fides, 2017.

Salah Mokrani. *Comprendre et aimer les musulmans en France.* La varenne: vien et vois, 2017.

Europe's Growing Muslim Population. 『Pew Research center』(2017. 11. 29).

Michael Lipka. *europe's Muslim population will continue to grow.* 『pewresearch.org』(2017. 12. 4).

동아프리카 에티오피아 무슬림 선교
: 에티오피아 복음주의교회 메카네예수스의 사역을 중심으로

송 의 광

PCK 에티오피아 선교사

I. 서론

땅 끝까지 이르러 만민에게 복음을 전하는 것은 그리스도인의 사명이다. 교회는 주님의 지상명령을 수행하기 위하여 전 세대와 전 지역에서 복음을 전하는 일을 귀하게 생각하고 있으며 어떠한 희생이 있더라도 이 사명을 따르려 하고 있다. 땅 끝에는 한국도 포함되어 있어서 많은 선교사들이 한국 땅에 왔고, 복음을 전했다. 그 결과로 한국교회가 오늘날 이 정도로 성장할 수 있었다. 또한 땅 끝에는 무슬림들이 사는 땅도 포함되어 있다. 한국교회가 어떻게 무슬림에게 복음을 전하여 주님의 지상명령을 효과적으로 수행할 것인가?

한국교회가 처음 선교사를 이슬람권으로 파송한 것은 1960년대 초반이었다. 60여 년이 지나는 동안 어떤 지역에서는 상당한 열매도 있었지만 대부분의 지역에서 많은 어려움을 겪고 있다. 더 효과적으로 무슬림 선교를 수행할 길이 있을까?

한국이 경제적으로 성장하면서 많은 외국인 노동자들이 한국으로 일자리를 얻기 위하여 몰려왔다. 이것은 한국교회의 무슬림 선교에 있어서 기회인가? 아니면 경계하고 배척해야 할 일인가? 한국으로 와서 일하고 혹은 거주하는 무슬림들에게 전도하는 것은 가능한가? 혹은 한국교회는 이들에게 복음을 전하기 위하여 어떻게 준비해야 하는가? 더 효과적인 무슬림 선교를 위하여 이런 질문들을 할 수 있다.

에티오피아 개신교회는 어떻게 무슬림들에게 복음을 전하는가? 에티오피아 사람들은 대부분 종교적인 사람들이다. 그들 중에 에티오피아 정교회에 속한 사람이 43.8%, 이슬람교도가 31.3% 그리고 개신교인이

22.8%[1]이다. 에티오피아 정교회 교인들과 무슬림들은 1,400년 이상 공존하고 있으며, 약 150년의 역사를 가진 개신교는 빠르게 성장하고 있어서 전국적으로 혹은 큰 도시 안에서는 3개의 종파가 뒤섞여 함께 살아가고 있다.

이렇게 기독교인과 무슬림이 공존하는 상황에서 에티오피아 복음주의교회 메카네예수스Ethiopian Evangelical Church Mekane Yesus, EECMY. 이하 메카네예수스 교단은 어떻게 무슬림 사역을 수행하는지 살펴보고, 그들의 사역에서 한국교회가 어떻게 무슬림들에게 복음을 전할 수 있는지 방안을 찾고자 한다.

본 연구의 목적은 메카네예수스 교단의 무슬림 선교를 살펴봄으로 한국교회가 무슬림 선교를 수행하는데 적용할 수 있는 점을 찾아서 제시하는 데 있다. 위와 같은 연구의 목적을 달성하기 위해 다음과 같은 연구목표를 가지고 본 연구에 임한다. 첫째, 에티오피아 교회를 이해한다. 둘째, 에티오피아의 이슬람을 이해한다. 셋째, 메카네예수스 교회의 무슬림 선교를 이해한다. 넷째, 한국교회가 무슬림 선교를 수행하면서 메카네예수스 교회의 선교 정책 가운데 적용할 수 있는 점을 찾아본다.

본 연구는 에티오피아에서 메카네예수스와 협력 사역하고 있는 필자에게, 또 현재 무슬림 복음화를 위하여 일하는 한인 선교사들에게 그리고 아프리카나 다른 세계 여러 나라에서 무슬림 선교를 수행하려는 현지 교회들에게 다음과 같은 중요성을 가진다. 첫째, 막연한 이슬람 포비아를 가지고 있는 한국교회 성도들에게 어떻게 무슬림에게 효과적으로 예수 그리스도를 나눌 것인지 제시할 수 있을지에 관한 이론적, 실제적

1 The World Factbook, Ethiopia, https://www.cia.gov/the-world-factbook/countries/ethiopia/#people-and-society, 2023년 7월 31일 접속.

인 안목을 필자에게 줄 것이다. 둘째, 현재 무슬림 복음화를 위하여 일하는 한인 선교사들이 이 연구 결과를 통하여 자신이 속한 현장에 적합한 무슬림 선교 정책을 고안하는 데 도움을 줄 것이다. 셋째, 아프리카와 세계 여러 나라에 속한 교회들이 무슬림 선교에 더 헌신할 수 있도록 하는 이론적 실천적 도움을 줄 것이다.

II. 에티오피아 교회의 역사와 선교

무슬림에게 선교하는 에티오피아 교회를 이해하기 위하여 본 장에서는 에티오피아 교회의 역사와 선교를 간략히 다루도록 하겠다.

A. 에티오피아 교회 역사

에티오피아 교회 역사의 시작은 사도행전 8장으로 거슬러 올라간다. 거기에다가 에티오피아 교회는 구약과 유대인의 전통도 함께 가지고 있기에 에티오피아 교인들의 자부심은 대단하다.

1. 구약의 전통

에티오피아 사람들 중 상당수는 자신들을 이스라엘의 후예라고 생각한다. 솔로몬과 스바 여왕 사이에서 태어난 므늘르크 1세를 자신들의 초대 왕으로 생각하고 그 이후에 이어지는 왕조를 솔로몬 왕조라 부른다.

실제로 검은 유대인이라 불리는 사람들이 1980년대와 90년대에 이스라엘로 집단 이주하는 일도 있었는데, DNA 검사 등을 통하여 유대인이라 인정을 받은 점을 보면 과거의 이스라엘에서 어떤 사람들이 에티오피아로 건너와서 정착한 역사가 있는 듯하다.[2]

그런 연유로 많은 에티오피아 사람들은 "이스라엘은 하나님의 말씀을 받은 민족이고, 자신들은 하나님의 말씀을 보존한 민족"[3]이라 부른다.

2. 사도행전 8장

빌립이 예루살렘에 예배하러 왔다가 에티오피아로 돌아가던 간다게 여왕의 내시에게 복음을 전하고 세례를 베푼 사건이 사도행전 8장에 자세히 기록되어 있다. 그러나 그 사건으로 인하여 현재의 에티오피아 영토 안에 교회가 세워졌다는 다른 사료를 찾아보기 어렵고, 어떤 학자들은 당시의 에티오피아는 현재 에티오피아 나라의 국경보다 훨씬 넓은 지역을 가리키는 용어였기에 아마도 사도행전 8장의 에티오피아 내시는 누비아 지방에 있는 아프리카 사람으로서 예루살렘에 예배하러 갔을 것으로 추정하기도 한다.

3. 시리아로부터 복음 전파

두로 사람이 홍해를 항해하다가 배가 난파하여 해안에 상륙하였을 때 해적들을 만나 죽고 그와 함께했던 조카 2명이 노예로 악숨 왕궁에 팔려 갔다. 그 젊은 시리아 사람들이 그리스어를 할 수 있었기에 왕자의 가정교사로 발탁되었다. 악숨 제국의 왕이 일찍 죽고 왕자가 어린 나이에 왕의 자리에 올랐을 때 왕비는 그 시리아 젊은이들에게 어린 왕을 도와줄 것을 요청하였다. 그 젊은이들의 이름은 프루멘티우스와 아에디우

2 송의광, 『에티오피아의 새벽을 깨우다』 (서울: 아남카라, 2013), 60.

3 위의 책, 118.

스였는데, 그들은 왕에게 복음도 전하였다. 이 어린 왕은 기독교로 개종하고 자신의 나라도 기독교 제국으로 선포하였으니 그 왕의 이름이 에자나 왕이었다.[4]

4. 에티오피아 정교회의 시작

프루멘티우스는 왕이 복음을 받아들이고 그리스도인이 되고, 그 나라가 기독교 나라가 되었기에 신앙을 잘 지도해 줄 사람을 보내주기를 바라고 알렉산드리아로 갔다. 거기서 아타나시우스를 만나서 에티오피아에 주교를 파송해 줄 것을 요청하였다. 아타나시우스는 주교회의를 열어서 프루멘티우스보다 그 나라를 더 잘 알고 신앙으로 잘 이끌어 갈 사람이 없다는 판단 아래 프루멘티우스를 악숨의 주교로 임명하여 돌려보냈다. 알렉산드리아에서 주교로 임명받아 에티오피아에 와서 교회를 이끌었던 프루멘티우스 이래 1950년대 후반까지 에티오피아 교회는 교회 정치적으로는 이집트교회 아래에 있었다.

5. 에티오피아 정교회의 발전

에티오피아 정교회는 에자나 왕 이래 340년부터 1974년 공산정권이 국교를 폐지할 때까지 약 1,600년 동안 국교의 자리를 유지하며 발전하였다. 6세기경에 악숨 제국에서 에티오피아 정교회는 크게 성장하였고, 7세기 말에 확장하는 이슬람에 의하여 아프리카 내륙의 고산지대로 그 영역이 축소되기는 하였지만, 현재까지 공고한 위치를 차지하고 있다.

11세기에는 에티오피아의 정치적 중심지가 랄리벨라로 옮겨졌고,

---

4 MYS TEE Department, *History of Christianity in Ethiopia* (Addis Ababa: Artistic Printing, 2013), 7.

거기에서 11개의 암굴교회로 유명한 랄리벨라교회가 발전하였으며, 15세기에는 곤다르로 수도가 옮겨졌고 가톨릭의 선교가 엄청난 기세로 밀어닥쳤지만 에티오피아 정교회를 지켜냈다. 20세기에는 현재의 수도인 아디스아바바를 중심으로 가장 많은 교인 수를 가진 종교로 자리매김하고 있다.

B. 개신교 선교

1800년도 중반 유럽의 교회들이 에티오피아 선교에 참여하기 시작했다. 유럽 각국의 루터교회들이 에티오피아 선교에 열심을 내었다. 에티오피아에 있는 여러 교단 가운데 메카네예수스 교단의 장로교회를 중심으로 선교의 역사를 살펴보고자 한다.

1. 메카네예수스

에티오피아 메카네예수스 교단은 1970년대 초에 루터교회의 선교를 통하여 성장한 교회와 장로교 전통의 교회가 서로 합하여져 만들어진 교단이다. 그 이전에는 두 교회가 유럽과 미국의 선교사들로 인하여 설립되고 독자적으로 발전하다가 교회가 어려운 시기공산정권이 들어서기 바로 직전인 1973년 두 교단이 결합하였다. 2023년 현재 교인 수가 1,200만 명에 달한다고 한다.[5]

5 위키피디아, “Ethiopian Evangelical Church Mekane Yesus” https://en.wikipedia.org/wiki/Ethiopian_Evangelical_Church_Mekane_Yesus#History, 2023년 8월 1일 접속.

2. 장로교 선교

에티오피아에 장로교 선교가 시작된 것은 스페인 독감과 연관이 있다. 1918년 스페인 독감이 전 세계적으로 맹위를 떨치던 때에 에티오피아 서쪽 지방의 한 군주가 당시 수단에서 일하고 있던 미국인 의사 선교사 토마스 램비를 초청하여 전염병으로 어려움을 당하고 있던 사람들을 도와줄 것을 요청하였다. 닥터 램비는 미국 장로교회의 파송을 받고 수단에서 일하던 의료 선교사였다. 1919년 닥터 토마스 램비는 에티오피아에 입국하여 서쪽 지방 뎀비돌로에서 클리닉을 개설하고 학교를 열고 교회를 세워서 선교를 시작하였으니 이것이 에티오피아 장로교 선교의 시작이었다.[6] 또한 닥터 토마스 램비가 뎀비돌로에 세운 교회 이름을 '베텔'이라 하였기에 에티오피아에서 장로교 전통을 따르는 많은 교회나 기관이 베텔이라는 이름을 지금까지 사용하고 있다.

3. 한국교회의 에티오피아 선교

1950년 시작된 한국전쟁에 에티오피아는 3년에 걸쳐 6,037명의 군인을 파병하였다. 1968년 참전에 대한 보답으로 한국 정부는 하일레 셀라시에 에티오피아 황제를 초청하였다. 하일레 셀라시에 황제는 영락교회를 방문하여 예배를 드렸고, 그때 수행한 공주 소피아는 한경직 목사를 만나 에티오피아에 선교사를 보내줄 것을 요청하였다.[7] 한경직 목사는 당시 베트남 선교를 준비하고 있던 박희민 목사에게 에티오피아 선교사로 가 줄 것을 요청하였고, 1919년 미국 선교사가 에티오피아 선교를

---

6 MYS TEE Department, *History of Christianity in Ethiopia* (Addis Ababa: Artistic Printing, 2013), 66.

7 송의광, 『에티오피아 한인선교 역사』 (서울: 퍼플, 2016), 25.

시작한 지 50년 만인 1969년에 한국 선교사가 아프리카 나라들 가운데에는 처음으로 에티오피아에 입국하였다. 박희민 선교사는 닥터 토마스 램비가 장로교 선교를 시작했던 뎀비돌로 지방에 가서 베텔 교회와 미국 장로교 선교부와 더불어 협력 사역을 수행하였다.

4. 선교에 열심인 메카네예수스

메카네예수스 교단은 선교에 열심이다. 특히 닥터 토마스 램비의 후예들인 장로교 전통의 베텔 시노드와 교회들은 복음 전파의 사명을 잘 인식하고 있고, 최선을 다해서 복음 전도에 참여하고 있으며, 많은 열매도 나타내고 있다. 토마스 램비는 1926년 에티오피아의 남서쪽 사람들을 전도하기 위하여 아비시니아 프론티어 미션AFM을 만들었다. 그 이듬해인 1927년에는 에티오피아 SIM을 만들어 내륙에 사는 오로모를 비롯한 여러 종족들에게 복음을 전하기 시작했다.[8]

III. 에티오피아의 이슬람

본 장에서는 에티오피아의 이슬람을 다룬다. 기독교와 이슬람은 아프리카에서 성장하는 종교이다. 많은 지역에서 기독교인과 무슬림들은 평화롭게 공존하고 있으나 어떤 곳은 갈등이 증폭되고 또 어떤 곳은 그 갈등이 내전으로 발전하기도 한다.[9] 이는 에티오피아 역사 가운데서도

8 MYS TEE Department, *History of Christianity in Ethiopia* (Addis Ababa: Artistic Printing, 2013), 68.

9 Anne Cooper & Elsie A. Maxwell, *Ishmael my Brother* (Mishigan: Monarch books, 2003), 282.

나타나고 현재도 비슷한 양상을 띤다.

A. 에티오피아 초기 이슬람

1. 에티오피아와 이슬람의 첫 만남

에티오피아 이슬람은 그 시작의 역사가 마호메트 시대로 거슬러 올라간다. 610년 이슬람이 시작된 후, 박해받던 마호메트 추종자들이 난민이 되어서 615년 악숨 제국으로 피난을 왔고, 이것을 이슬람에서는 첫 번째 헤지라라 부른다. 당시 에티오피아 왕은 그들을 환대하였다.[10] 그런 연유로 인하여 에티오피아는 무슬림들에게 난민을 환영하는 나라로 알려져 있다.

2. 초기 이슬람의 에티오피아 전파

마호메트의 추종자들이 다른 나라에 이슬람을 전파할 때 대체로 무력을 사용하였다. 그러나 에티오피아는 달랐는데 그 이유는 바로 에티오피아가 초기 무슬림 난민을 환대하였고, 하디스에 에티오피아에 무력을 사용하지 말 것을 명령하였기 때문이다. 에티오피아에 초기 이슬람이 전파될 때 사용되었던 방법은 무력 대신에 상인들의 무역을 통한 정착과 전도 그리고 수피 무슬림 설교자들이 문화와 전통 신앙을 접목해서 전도하는 것이었다.

---

10 께스 아브디 타데세, "Overview of Contemporary state of Islam in Ethiopia and beyond," 이슬람 선교 세미나 강의안, 2023년 6월 29일.

3. 하레르 - 에티오피아 이슬람 중심부

에티오피아에 전파된 이슬람은 에티오피아의 동부 지역을 중심으로 성장하였다. 특히 하레르는 에티오피아 이슬람의 정치적, 종교적 중심지 역할을 수행하였다.

1320년 에티오피아 북부 암하라 왕 암데시온과 하레르를 중심으로 한 이맘 아흐메드 사이에 큰 전쟁이 있었고, 오랜 전쟁으로 인하여 기독교도들도 많은 피해를 입었으나 결국 기독교 진영의 승리로 에티오피아 내의 이슬람을 견제해 가기 시작했다.

1878년 요한네스 4세가 하레르를 점령한 이후 에티오피아 내의 이슬람은 쇠퇴의 시기를 맞이했다. 요한네스 4세는 칙령을 발표하여 하레르 지역의 무슬림들은 일정 기간 내에 에티오피아 정교회로 개종하거나 그렇지 않으면 관직을 박탈당하게 하였다. 또 무슬림 거주 지역에 교회를 짓고, 사제에게 무슬림들이 십일조를 바치게 하였다. 그 칙령에는 기독교인은 무슬림들이 도축한 고기를 먹어서는 안 되고 무슬림들이 사용하는 기구의 사용도 금지하였다. 그리하여 에티오피아의 무슬림들은 땅을 소유할 수 없게 되었고 그 결과로 무역과 수공업에 종사하며, 군인과 정치인은 될 수 없고 그 땅의 2등 시민으로 살아갔다.

B. 에티오피아 최근의 이슬람

1. 이탈리아 정복 시기의 이슬람

1936년부터 41년까지 이탈리아는 에티오피아를 점령하고 통치하였다. 그 시기에 이탈리아 정부는 많은 무슬림 젊은이들을 사우디아라비아에 유학할 수 있는 길을 열어 주었고, 매년 수천 명의 에티오피아 국민들이 사우디아라비아의 메카를 방문할 수 있도록 허용하였다. 이때로부터 사우디아라비아로부터 와하비즘을 따르는 극단주의 이슬람이 에티오피아에 전파되기 시작했다.

2. 하일레 셀라시에 시대의 이슬람

1941년 이탈리아가 물러가고 다시 에티오피아로 돌아온 하일레 셀라시에 황제는 이슬람에 대한 견제와 핍박을 강화하였다. 하일레 셀라시에는 오로모 지역의 지명도 성경적인 지명으로 바꾸는 등 이슬람에게 많은 제약을 가했다.

3. 공산정권 하의 이슬람

1974년 에티오피아에는 군사 쿠데타가 일어나서 하일레 셀라시에 황제를 폐위시키고 왕정을 종식시켰다. 1991년까지 지속된 데르그 정권이라 불렸던 공산정권은 이슬람뿐 아니라 에티오피아 정교회와 개신교도 핍박하였고, 많은 종교 시설들을 압수했으며, 종교 지도자들을 투옥하고 죽이기도 하였다. 하지만 공산정권은 3개의 이슬람 명절을 에티오피아 국가의 공식 공휴일로 지정하였는데, 이는 이슬람의 세력을 키움으로써 에티오피아 정교회를 견제하려는 수단이었을 것으로 생각한다.

4. 1991년 이후의 이슬람

1991년 5월 공산정권이 붕괴한 이후 이슬람은 에티오피아 내에서 비로소 거의 완전한 종교의 자유를 누리기 시작했다. 이때로부터 무슬림들도 국가의 완전한 시민으로 인정받았으며, 자유로운 종교 실천이 가능해졌고 공직에도 진출하였다. 이슬람 교육, 모스크 건설, 이슬람 국가로의 여행 등이 허용되었다. 꾸란의 수입 금지 조치가 해제되고 종교 서적이 수입되면서 무슬림의 대중운동이 시작되었다. 무슬림들은 다양한 종교단체를 조직하고 정치와 사회참여를 확대하였으며 해외의 무슬림 공동체와의 소통을 통하여 그 영향력을 키워 갔다. 걸프 국가들의 자금이 유입되어 모스크, 이슬람 학교, 보육원 등을 설립하고 청년 무슬림 훈련원을 설립하여 이슬람 사상을 전파하는 데 힘을 쏟았다.

5. 에티오피아 교회와 이슬람의 갈등

에티오피아 무슬림은 수니파 이슬람교를 따르지만, 수피파의 관행을 따르고 있다. 이슬람 초기 난민 시절에 에티오피아의 환대를 받았던 기억과 하디스의 에티오피아를 먼저 무력으로 공격하지 말라는 가르침 덕분에 에티오피아 개개인의 무슬림들은 정교회 교인들과 대체로 평화롭게 공존하며 살아왔다. 하지만 이탈리아의 집권 시기와 공산정권 그리고 그 이후 사우디아라비아에 가서 와하비즘을 가르침과 관행을 받아들인 젊은이들이 에티오피아로 돌아와서 와하비를 전파하면서 에티오피아 무슬림들이 과격한 양상을 띠기 시작하였다. 이에 따라 와하비를 따르는 에티오피아 무슬림과 수피즘을 따르는 에티오피아 무슬림들 사이에 갈등과 분열의 양상이 나타났으며, 에티오피아 기독교인들과 무슬림 사이의 갈등이 점점 커지고 있다.

IV. 에티오피아 교회의 무슬림 선교

여기에서는 에티오피아 교회의 무슬림 선교의 사례를 소개하려고 한다.

A. 하레르 메세레테 그리스토스 교회의 무슬림 선교

하레르는 에티오피아에서 이슬람의 정치적 종교적 수도의 역할을 했던 도시이다. 1878년 요한네스 4세의 점령 이후 그러한 역할에서는 후퇴하였으나 여전히 무슬림이 많이 살고, 또 에티오피아 이슬람의 정신적 수도의 역할을 하는 곳이다.

이 도시에 1991년 세워진 하레르 메세레테 크리스토스 교회가 있다. 메세레테 크리스토스 교단은 미국의 메노나이트 교회의 선교를 받아 세워진 에티오피아의 교회로서 세례받은 신도 수가 40만 명에 달한다고 한다.[11] 하레르 메세레테 크리스토스 교회는 무슬림이 다수인 도시에 위치해 있다. 현재 어른이 300여 명 출석하고 있으며 교회 개척을 통한 무슬림 전도 정책을 채택하고 있다. 첫 번째 개척한 교회는 장년 150명, 그 뒤를 이어 장년 50명, 35명의 개척교회가 있다. 하레르는 교회 용도의 모임 장소를 임대하기가 어렵기 때문에 개인이 집을 사서 교회에 기증하는 형태로 장소를 확보하는데, 일단 예배 장소가 마련되면 전도의 방법은 일대일 전도를 주로 하며 가까운 이웃에게 접근하여 복음을 전하

11 위키피디아, “Meserete Kristos Church,” https://en.wikipedia.org/wiki/Meserete_Kristos_Church, 2023년 7월 26일 접속.

고 있다. 하레르 지역에서는 기독교인들이 많은 핍박을 받아 왔고, 감옥에 갇히기도 했기 때문에 교회 영역 밖에서의 전도는 많은 부담이 된다. 인구 30만 명이 살고 있는 하나의 도시에 400개의 무슬림 사원이 있을 정도로 무슬림 영향력이 강한 곳이다. 하레르의 기독교인들이 이해하는 바로는 과거 무슬림이 정복 전쟁과 무역을 통하여 포교하였고, 무슬림들이 하레르를 차지하였다는 것이다.[12]

이러한 이유로 무슬림들이 다수를 차지하는 하레르에서의 무슬림 선교는 소극적인 방법을 취한다. 고난 속에서도 인내하며 복음을 전하고, 최대한 국가의 법의 보호를 받으려 노력하는 모습이 보인다.

B. 메카네예수스 교단의 무슬림 선교 정책

쿠타 테쇼메 목사는 현재 은또또 오로모교회의 담임 목회자이며 ICMR에서 MA 과정으로 The approaches for sustainable peaceful coexistance among Christian and Muslims in Begi, Ethiopia라는 제목의 논문을 작성하였다.[13] 그는 메카네예수스 교단의 무슬림 전도사역 담당자로 사역했던 경험이 있다. 구타 목사는 "에티오피아 상황에서 효과적인 선교 방법은 함께 평화롭게 공존하면서 성경과 꾸란을 비교하면서 복음을 전하는 것"이라고 한다. 평화롭게 공존하면서 전도하는 것이 메카네예수스 교단의 기본 방침이라고 하였다.

에티오피아 헌법 27조는 종교의 자유를 보장하고 있는데, 그것은 전

---

12 아토 그르마 - 하레르 메세레테 크리스토스 교회 장로, 2023년 6월 17일 인터뷰.

13 Saint Paul's University, https://repository.spu.ac.ke/xmlui/handle/123456789/1282, 2023년 7월 25일 접속.

도의 자유도 포함되어 있다. 성경에서는 땅 끝까지 다니며 만민에게 복음을 전하라고 명령한다. 이슬람에도 다와라는 전도를 표현하는 개념이 있다. 이슬람도 시행하고, 기독교도 실시하고, 에티오피아 헌법도 전도의 자유를 보장하고 있기에 서로 평화로운 방법으로, 폭력이나 무력적인 방법을 사용하지 말고 누가 진리인지 제시하여 선택하도록 하라는 것이 교단의 선교에 대한 기본 입장이라고 구타 목사는 소개한다.[14]

C. 웨스트월레가 시노드의 무슬림 선교

에티오피아 서쪽 지방의 웨스트월레가는 초기 장로교 선교사 토마스 램비 의사가 정착하여 선교를 시작하였던 뎀비돌로가 위치해 있다. 장로교 전통의 베텔 교회는 복음 전도에 열심을 내었고, 웨스트월레가 시노드 지역 내에는 복음을 듣지 못한 사람이 거의 없으며 교회도 빠르게 성장하고 있어서 무슬림을 많이 접촉하기는 어렵다.

웨스트월레가 시노드의 무슬림 선교는 복음을 듣고 그리스도인이 된 사람을 적극적으로 지원함으로 선교를 지속한다. 특히 각 시노드에 있는 선교와 신학 분과에서 무슬림 선교를 담당하는데, 어떠한 연유로 한 사람이나 그 가정이 회심하면 그 주변의 그리스도인들이 성가대원들과 전도 팀이 방문하여 가정예배를 드리고 주변 사람들에게 전도하도록 인도한다. 말씀을 전하고 기도하고 찬양할 때 병이 고침을 받고, 귀신 들린 사람들에게서 귀신이 떠나가는 일들이 나타남으로 말미암아 교회가 시작되고 성령의 역사로 부흥이 일어난다.[15] 이 지역에서도 무슬림들

14 께스 구타 테쇼메, 2023년 6월 9일 인터뷰.

15 께스 짤리 요세프, 웨스트월레가 시노드 대표, 2023년 7월 27일 인터뷰.

과 평화로운 공존을 통한 전도의 방법을 선호한다.

D. 제모교회의 무슬림 선교

제모교회는 아디스아바바에 있는 오로모어로 예배드리는 베텔 메카네예수스 교회이다. 이 교회는 웨스트월레가 시노드 교회 출신들이 에티오피아의 수도인 아디스아바바에 이주하여 생활하면서 자신들의 언어로 예배를 드리고 신앙 공동체를 형성하기 위하여 세웠다. 5년 전에 시작된 교회는 현재 장년 500명 이상이 출석하는 교회로 성장했다.

제모교회는 특히 에티오피아의 동부 지방에 있는 오로모 사람들에게 복음을 전하는 데 열심을 쏟고 있다. 제모교회는 에티오피아의 동부 지역, 무슬림이 많이 사는 지역에 선교사를 파송하여 전도하게 하고, 가급적이면 정부로부터 땅을 구입하여 합법적으로 교회를 개척하는 방법을 사용한다. 대학생이나 파견 공무원이 무슬림이 다수 생활하고 있는 지역으로 가게 되었을 때, 현지에서 생활하면서 복음을 전하고, 교회를 개척하면 제모교회나 시노드 차원에서 개척교회를 지원하는 방법도 사용한다. 현재 제모교회는 17개 지역에 선교사를 파송하여 교회를 개척하고 있으며, 선교사들에게 선교 훈련과 매월 필요한 재정도 지원한다. 오로모 사람들은 자기 부족들에게 복음을 전하는 일에 헌신하고 있다.[16]

E. 교단 신학교의 무슬림 선교 교육

메카네예수스 교단의 신학교에서 크리스천-무슬림 관계를 가르치

16 께스 야데스, 제모교회 목사, 2023년 5월 26일 인터뷰.

고 신학교의 크리스천-무슬림 관계 코디네이터로 일하고 있는 닥터 아브디 타데세 목사는 어떻게 무슬림들에게 예수 그리스도를 효과적으로 전할까를 고민하는 강연에서 다음과 같이 이야기하였다.

> 이슬람에는 다양한 측면이 있지만 모든 무슬림이 테러리스트는 아니라는 점을 강조하고 싶습니다. 그러나 모든 테러리스트는 무슬림 측 출신입니다. 그래서 우리가 우리나라와 우리나라를 넘어 현재의 이슬람 상황을 조금이라도 이해한다면, 우리 그리스도인들은 모든 사람(무슬림 포함)에게 그리스도의 복음을 전하기 위해 손을 맞잡고 이전보다 더 강해져야 합니다. 우리는 이 사랑의 복음을 전하기만 하는 것이 아니라 사랑으로 그들에게 다가가 그리스도의 구원을 증거해야 합니다. 오늘날 우리 주변의 무슬림들은 어떻게 보입니까? 우리는 그들에게 같은 방식으로 접근합니까? 그리스도의 복음을 위해 우리나라를 평화와 사랑, 관용과 함께하는 곳으로 만들고, 사랑으로 그들에게 다가가 친밀하게 함께 사는 것을 강조합시다. 하나님께서 성령으로 우리 모두를 도우셔서 사랑으로 복음의 씨를 심고 사람들을 하나님 나라로 인도하시기를 바랍니다.[17]

아브디 교수는 무슬림들에게 사랑의 복음만을 전하는 것으로는 충분치 않으며 사랑으로 그들에게 다가가야 함을 강조한다. 사실 무슬림들도 그리스도인들에 대해서 잘 알지 못하고 막연한 두려움과 공포를 가지고 있다. 그러므로 평화와 사랑을 가지고 친밀함으로 함께 사는 것을 강조하는 무슬림 선교를 가르치고 있다고 보인다.

메카네예수스 교단에서는 크리스천 무슬림 관계를 학위 과정으로

17 께스 아브디 타데세, "Overview of Contemporary state of Islam in Ethiopia and beyond," 에티오피아 메카네예수스 교단 무슬림 선교 세미나 강의 자료집, 2023년 6월 29일.

개설해서 연구하게 하고 있다. 기독교인들과 무슬림들이 함께 뒤섞여 살아가는 에티오피아의 현실에서 무슬림들에게 효과적으로 복음을 전하기 위해서는 그들에 대한 이해가 먼저 이루어져야 한다는 생각에서 이런 과정을 개설한 것으로 보인다.

V. 어떻게 무슬림들에게 복음을 전할 것인가?

본 장에서는 한국교회 성도들이 무슬림 선교를 수행할 때 도움이 되는 점들을 에티오피아의 메카네예수스 교단의 무슬림 선교로부터 찾아보고 적용할 방안을 다룰 것이다.

A. 공존

에티오피아 기독교인들은 이슬람 초기의 난민들에게 환대를 베풀었다. 무슬림들도 그러한 환대의 기억 때문에 초기에 에티오피아에 접근할 때 무력이 아닌 상인들의 무역을 통한 정착이나 수피즘 설교가들의 문화와 전통 종교를 파고드는 선교 방법을 택하였다. 그러한 이유로 지금까지도 에티오피아에서는 대체로 기독교인과 무슬림이 공존하고 있다.

시리아의 난민 가운데 에티오피아에 찾아오는 사람들이 있는데, 그들이 수천 킬로미터를 지나 경제적으로 여유가 있지도 않은 에티오피아에까지 오는 이유는 에티오피아가 난민을 환대하는 나라로 무슬림들에게 알려져 있기 때문이라고 한다. 환대는 공존의 틀을 마련하는 행동이다.

이탈리아가 에티오피아를 점령했던 당시 이탈리아는 에티오피아의 많은 무슬림 젊은이들을 사우디아라비아에 가서 유학하고, 또 와하비즘을 배울 수 있도록 길을 열었다. 공산정권이 끝난 이후에도 대규모의 젊은이들이 사우디아라비아로 가서 급진적인 이슬람을 공부하고 돌아와서 에티오피아에 적용하려고 하였다. 그 결과로 그때까지 평화롭게 공존하던 기독교인들과 무슬림들 사이에 상당한 긴장 관계가 형성되었다.

하지만 그리스도인들이 무슬림에게 복음을 전하려면 함께 공존하는 일부터 시작해야 한다. 이미 공존하고 있는 것을 부정할 수는 없는 일이다. 한국의 경우도 마찬가지이다. 우리 곁에 이미 와 있는 무슬림을 제거하려는 것이 능사는 아니다. 환대할 때 공존의 가능성이 열린다.

B. 평화의 추구

오늘날 많은 그리스도인들은 무슬림들을 두려워한다. 하지만 그리스도인들이 무슬림을 두려워하는 것 이상으로 무슬림들도 그리스도인과 유럽 국가 그리고 미국을 두려워한다. 그리고 증오한다. 630년 모하메드가 메카로 입성한 이후로 유럽 열강의 식민지 이전까지 이슬람은 가는 곳마다 승리를 거두고 그 열매를 누렸다. 다른 종교를 가진 사람들에게는 엄청난 공포였지만 자신들에게는 평화가 있다고 믿었다. 그런데 식민지 시대가 오고, 또 유럽과 미국의 패권이 세계를 주도하는 시기에 이슬람 나라들은 이전의 자신감을 상실하고 자신들의 신이 새로운 시대를 열어 줄 것을 기대하며 움츠러들었다. 두려움을 가지고 있는 무슬림들에게 참 평화가 무엇인지 보여줄 수 있다면 무슬림 선교의 가능성은 열릴 것이다.

한편, 에티오피아의 하레르와 같이 기독교인이 소수인 지역에서의 무슬림 선교는 평화를 추구하며 공존의 방법을 통하여 진행될 수밖에 없다.

C. 사랑의 실천

무슬림은 그들의 신 알라를 사랑하기 어렵다고 한다. 그 이유는 그 관계가 주인과 종의 관계이기 때문에 명령과 복종이 있을 뿐이라는 것이다. 경건한 무슬림은 알라를 두려워한다. 진정한 사랑은 존재 자체를 사랑하는 것인데, 두려움의 대상을 사랑할 수는 없는 것이다.

무슬림 선교의 출발점은 사랑이어야 한다. 하나님은 사랑이시고, 모든 사람이 구원받기를 원하신다. 무슬림은 사랑과는 거리가 멀고 두려움이 지배하는 사람들이다. 그리스도인들은 하나님의 사랑을 아는 사람들이다. 예수님께서 보여주신 아버지 하나님을 사랑의 대상으로 느끼고 받아들인다. 무슬림에게 사랑을 소개하고, 그 이전에 그리스도인들이 사랑 가운데 사는 모습을 보여주는 것이 무슬림에게 복음을 전할 수 있는 효과적인 방법이다. 증오를 바탕으로 사랑의 복음을 전할 수는 없다.

무슬림은 우리의 적이 아니다. 우리 적의 희생자들이다. 하나님에 대한 희미한 정보를 갖고 있는 사람들이 무슬림들이기 때문에 그들에게 정확한 하나님을 소개하고 그 분에게로 안내할 도움을 주어야 할 사람들이다. 그러므로 무슬림 선교의 주제와 근거는 하나님의 사랑이다.

D. 예수께 집중

무슬림에게 효과적으로 복음을 전하려면 예수님께 집중해야 한다.

무슬림과 대화하면서 알라를 부정하거나 그들의 선지자를 인정하지 않으면 대화 자체가 성립되지 않는다. 꾸란과 하디스가 예수의 메시아이심을 증거하기 때문에 예수의 이야기에 집중해야 한다. 예수의 동정녀 탄생, 예수의 죄 용서, 치유와 기적 그리고 재림에 관해서 이야기하는 것은 무슬림 전도에 효과적이다. 예수님은 하나님의 영을 육체에 가지신 분이고, 그분이 무죄하다는 내용도 무슬림에게 접근하는 데 효과적인 것들이다. 그런 접근을 위해서는 성경과 꾸란의 필요한 부분을 잘 알고 있어야 한다.

E. 이슬람 연구

에티오피아 교회들은 공존하는 무슬림들에게 효과적으로 예수 그리스도를 전하기 위하여 무슬림과 이슬람에 대한 교육, 공부, 연구를 지속하고 있다. 메카네예수스 신학교에서도 오래전부터 CMR기독교도와 무슬림 관계 연구 학과을 개설하여 운영해 오고 있다. 한국교회와 성도들은 이슬람과 무슬림에 대해서 아는 것이 거의 없으며 막연한 두려움과 공포를 가지고 있다. 무슬림에게 효과적으로 예수 그리스도를 전하기 위하여 공부하고 연구하는 분위기가 형성되어야 한다. 두려움만 가지고서는 복음을 효과적으로 전할 수 없다.

F. 대화

에티오피아와 같은 기독교인과 무슬림들이 공존하여 살아가는 사회에는 대화의 기회가 존재한다. 무슬림들과 대화하려고 할 때 어떤 자세로 접근해야 하는지 콜린 채프만은 그의 책 *Cross and Crescent*에서 10가지 가이드라인으로 제시한다.[18] 그 가운데 주목할 부분은 이슬람을 비판하지 말고 대화를 시작하라는 점이다. 상대를 부정하면 대화 자체가 시작될 수 없기 때문이다. 그리고 무슬림들은 토라와 시편 그리고 인질Injil을 성경으로 인정하기 때문에 자신을 책을 읽는 사람으로 무슬림들과 대화하라고 말한다.[19] 성경과 꾸란의 구절 가운데 비교할 수 있는 부분을 인용하여 설명하는 것이 무슬림들에게 복음을 전하는 방법이 될 수 있다. 그것이 가능하게 하려면 성경도 잘 알아야 하고, 꾸란의 필요한 부분도 이해하고 있어야 한다.

7. 무슬림이 소수인 지역의 무슬림 선교

무슬림이 다수인 이슬람 국가에 사는 무슬림들과 무슬림이 소수인 나라에 사는 무슬림들에 대한 선교의 접근 방법은 다를 것이다. 현재 전 세계의 무슬림 인구 가운데 1/4은 무슬림이 다수가 아닌 지역에서 살고 있다. 이슬람은 전통적으로 이슬람 국가 혹은 강력한 이슬람 공동체로 존재해 왔는데, 이제는 25%의 무슬림들이 비이슬람 국가에 거주하고 있다.[20] 기존의 이슬람은 신앙과 삶의 일치를 통하여 강력한 힘을 갖고 빠른 속도로 전파되었는데, 소수의 무슬림들이 살아가는 사회 속에서는 이슬람의 신앙과 삶이 분리될 수밖에 없는 환경이 되었다. 에티오피아에 있는 무슬림도 전체 국민 가운데 1/3 정도이고, 한국은 그보다 훨씬 작은 수의 무슬림이 살고 있다.

---

18 Colin Chapman, *Cross and Crescent* (Illinoise: IVP Books, 2007), 197-99.

19 위의 책, 200-01.

20 위의 책, 150-51.

무슬림 선교의 어려움은 신앙과 삶이 하나의 공동체로 강력하게 묶여 있는 사람들을 따로 떼어 내어서 새로운 신앙을 갖게 하는 것 혹은 그러한 강력한 공동체 내에 남아 있으면서 새로운 신앙을 유지하는 것이라 할 때, 자신들의 공동체에서 떨어져 나와 생활하고 비 무슬림들이 다수인 사회에서 살아가는 무슬림들은 복음을 전하기 유리한 조건에 있다고 하겠다.

VI. 결론

에티오피아 교회가 무슬림 선교를 수행하는 데 있어서 중요하게 생각하는 것은 공존하는 무슬림들에게 평화로운 가운데 예수 그리스도의 사랑의 복음을 전하는 것이다. 이런 생각을 가지게 된 이유가 무엇일까?

무슬림에게 효과적으로 예수 그리스도를 전하자는 주제로 메카네예수스 교단 주관의 선교 세미나[21]가 열렸는데, 이 세미나의 분위기는 자신감이 넘치는 것이었다. 마치 1910년에 열렸던 에딘버러 선교대회의 분위기를 재현한 것 같았다. 평화로운 방법으로, 예수 그리스도의 사랑의 복음을 전하면 에티오피아의 무슬림들 전도도 가능하다는 확신이 곳곳에서 드러나고 있었다. 2년 전 세미나에서 120개의 교회가 선교사들을 파송하기로 결의하였고, 올해에는 1,600개 교회에서, 내년에는 15,000개 교회가 선교사를 파송할 것[22]을 예상하는 축제 분위기의 세미

21 2023년 6월 28~30일, 메카네예수스 신학교.

22 이 수치는 에티오피아 메카네예수스 교단이 해외에 파송하는 수치가 아니라 국내의 타문화권 선교사 숫자를 나타낸다.

나였다. 에티오피아 교회가 무슬림 선교에 있어서 승리를 확신하는 이런 분위기는 어디서 올 수 있을까? 이들의 이러한 자신감은 어디서 유래했을까?

먼저 에티오피아 교회는 고난을 경험했고, 그 고난을 극복한 기억이 있다. 이탈리아 점령기와 공산정권의 암흑기를 지냈다. 웬만한 어려움은 넉넉히 이길 수 있다는 자신감이 성도들에게 배어 있다.[23] 그리하여 자국 내의 타문화권 선교는 극히 적은 후원금을 가지고도 과감하게 접근하여 시행하고 있다.

다음으로 에티오피아 교회는 현재 아주 빠르게 성장하고 있다. 그 성장하는 힘을 바탕으로 여유를 가지고 평화를 추구하는 방향으로 무슬림에게 접근하는 것이 아닌가 생각한다.

한국교회는 고난을 경험하고, 그 고난을 극복한 경험이 있다. 하지만 현재 성장이 멈추어 정체되고, 또 노령화가 빠르게 진행되고 있는 상황에서 무슬림들에게 자신감을 가지고 평화로움 속에서 복음을 전하기가 쉽지 않을 것이다. 어떻게 하면 한국교회와 성도들이 효과적으로 이슬람 선교를 수행할 수 있을까?

우선 이슬람과 무슬림에 관한 연구를 통해서 그들을 이해하고, 그들의 필요가 무엇인지 파악하는 것이 중요하다. 상대를 너무 모르는 상태에서 막연한 공포감에 싸여 있으면 접근하는 것조차 어려울 것이다.

우리에게 와 있는 무슬림을 환대하는 것은 복음 전도에 필요한 첫걸음이다. 초기의 무슬림들이 에티오피아로 왔을 때 에티오피아 왕은 그들을 환대하였고, 그 결과로 상당 기간 에티오피아에는 평화와 공존이 있었다.

---

23 송의광, 『에티오피아 선교역사와 한국교회』 (서울: 퍼플, 2019), 26-27.

그다음으로 생각할 것은 복음을 전할 땅에 기독교인이 다수인지 무슬림이 다수인지 파악하고 거기에 따른 각각의 접근 방법을 사용해야 한다는 것이다. 기독교인이 소수인 지역에서의 무슬림 선교를 위해서는 핍박과 고난의 참고 인내하며 평화를 추구하고 국가의 보호를 최대한 받는 방법으로 접근해야 한다. 그리고 기독교인이 다수인 지역에서는 환대와 평화와 공존을 통하여 무슬림들을 대화로 이끌고 복음을 전하는 길을 찾을 수 있을 것이다. 예수 그리스도를 전하고, 사랑의 하나님을 전할 때 성령께서 무슬림 선교의 길을 열어 주시길 바란다. 에티오피아 교회가 자신감 넘치는 모습으로 무슬림과 공존의 길을 모색하면서 평화를 바탕으로 복음을 전하는 길을 찾는 모습이 부럽다.

참고문헌

송의광. 『에티오피아 선교역사와 한국 교회』. 서울: 퍼플, 2019.

송의광. 『에티오피아의 새벽을 깨우다』. 서울: 아남카라, 2013.

송의광. 『에티오피아 한인 선교 역사』. 서울: 퍼플, 2016.

Anne Cooper, Elsie A. Maxwell. *Ishmael my Brother*. Michigan: Monarch Books, 2003.

Colin Chapman. *Cross and Crescent*. Illinois: IVP Books, 2007.

MYS TEE Department. *History of Christianity in Ethiopia*. Addis Ababa: Artistic Printing, 2013.

동남아시아 이슬람 현황과 무슬림 선교

이 규 대

PCK 인도네시아 선교사

I. 들어가는 말

전 세계 19억 무슬림 인구 가운데 약 60%가 아시아에 살고 있다. 동남아시아의 무슬림은 무슬림 세계에서 소수자로 취급받지만, 이슬람의 미래 운명을 만들어 가는 역할에 있어서는 더 이상 변방이 아니다. 인도네시아는 세계 최대 무슬림 국가이며 말레이시아는 역동적이고 현대화된 무슬림 국가이고, 브루나이는 세계에서 가장 부유한 나라 가운데 하나다. 이러한 세 무슬림 다수 국가 외에도 동남아에서 상당한 숫자의 무슬림이 사는 나라는 태국, 필리핀, 싱가포르가 있으며, 인도차이나 지역에 소수의 무슬림 공동체가 살고 있다.[1]

여러 다른 지역의 무슬림과 비교한다면, 동남아시아 무슬림은 많은 자산과 강점을 가지고 있다. 국가 발전과 건설에 있어서는 무슬림 세계의 많은 나라들이 동남아 무슬림을 경제 발전과 현대화뿐만 아니라 온건한 이슬람 실천의 모델로 여기고 있다.

이 글에서는 동남아시아 이슬람의 현황을 개괄적으로 살펴보면서 동남아시아 이슬람 전래 역사와 전래 과정을 통하여 중동의 이슬람과 다른 동남아 이슬람의 특징을 살펴볼 것이다. 동남아시아 무슬림에게 선교할 때 직면하게 되는 선교적 상황과 이슈를 알아보고 동남아시아 무슬림에게 효과적으로 선교할 수 있는 방안 들을 제시할 것이다.

1 Hussin Mutalib, *Islam in Southeast Asia* (Singapore: ISEA Publications, 2008), 1.

II. 동남아시아 이슬람 개요

A. 동남아시아 이슬람 현황

퓨 리서치센터는 각 나라의 무슬림 전문가들과 인구통계 자료 그리고 사회 인구학적 분석 통계 자료를 가지고 1990년도와 2010년도 전 세계 무슬림 인구와 2030년도의 예상 무슬림 인구와 무슬림 인구 비율을 조사하였다. 이 조사에 의하면, 2010년 인도네시아의 무슬림 인구는 세계에서 가장 많다. 무슬림 인구 비율은 88.1%이며 2030년에는 조금 줄어든 88%를 예상한다. 2010년 통계로 무슬림 다수 국가는 인도네시아 88.1%, 말레이시아61.4%, 브루나이51.9%이다. 다수는 아니지만, 상당한 수의 무슬림이 사는 나라는 싱가포르, 필리핀, 태국, 미얀마이며, 무슬림 소수 국가는 캄보디아1.6%, 베트남0.2%, 라오스1.6%이다.

동남아시아의 이슬람을 살펴보기 위해 지리적 위치로 분류하면 해양부 국가와 대륙부 국가로 나눌 수 있고, 무슬림 수로 분류하면 무슬림 다수자 국가와 무슬림 소수자 국가로 나눌 수 있다. 해양부 국가는 인도네시아, 말레이시아, 브루나이, 싱가포르, 필리핀이고, 대륙부 국가는 태국, 미얀마, 베트남, 캄보디아 그리고 라오스다. 무슬림 다수자 국가는 인도네시아, 말레이시아, 브루나이이며, 무슬림 소수자 국가는 싱가포르, 태국, 필리핀, 미얀마, 베트남, 캄보디아 그리고 라오스다.

	1990		2010		2030(예상)	
	무슬림 인구	무슬림 인구 비율	무슬림 인구	무슬림 인구 비율	무슬림 인구	무슬림 인구 비율
인도네시아	154,680	87.2	204,847	88.1	238,833	88.0
브루나이	173	67.2	211	51.9	284	51.9
말레이시아	8,870	49.0	17,139	61.4	22,752	64.5
싱가포르	464	15.4	721	14.9	813	14.9
필리핀	2,872	4.6	4,737	5.1	7,094	5.7
태국	2,324	4.1	3,952	5.8	4,261	5.8
캄보디아	233	2.4	240	1.6	320	1.6
미얀마	654	1.6	1,900	3.8	2,233	3.8
베트남	662	1.0	160	0.2	190	0.2
라오스	1	<0.1	1	1.6	2	<0.1

〈표 1〉 동남아시아 무슬림 인구 퓨 리서치센터(종교 및 공적 삶 포럼):
The Future of The Global Muslim Population[2] (단위: 천 명)

B. 동남아시아 이슬람 전래 역사와 전래 과정

"동남아시아는 유라시아 대륙 동남쪽의 인도양과 태평양이 만나는 지역에 있어서 오래전부터 동서 세계를 해로로 연결하는 징검다리 역할을 해왔다."[3] 전통 시대에는 인도 · 중국 · 서아시아로부터 힌두교 · 불교 · 유교 · 이슬람 문화를 대대적으로 수용했고 16세기 초부터는 기독교와 서구 문명의 영향을 많이 받았다. 동남아시아는 외래문화를 수용해 고유한 토착문화 또는 현지화한 문화와 결합하여 독특한 형태의 새로운

2 Pew Search Center, *The Future of the Global Muslim Population* (Washington: Pew-Templeton Global Religious Futures Project, 2011), 171-176. 2023년 8월 접속. https://www.pewresearch.org/religion/wp-content/uploads/sites/7/2011/01/FutureGlobalMuslimPopulation-WebPDF-Feb10.pdf

3 소명국, 『동남아시아사』 (서울: 책과함께, 2020), 9.

문명을 만들어왔으며, 독자적인 정체성을 유지하며 국가와 사회를 형성하고 발전시켜 왔다.[4]

많은 학자들이 동남아시아에 이슬람이 언제 그리고 어디서 먼저 전래되었는지 연구하고 글을 발표하였지만, 시기와 역사적 자료들 그리고 이슬람화 과정을 이끈 단체와 기관들에 관한 의견일치가 어렵다. 하지만 많은 학자가 중국과 인도, 그리고 그 후에는 남부 아랍으로부터 동남아시아에 이슬람이 전래된 것으로 보고 있다.[5]

동남아시아의 이슬람 전래 시기는, 이슬람이 발생하기 전부터 이미 있었던 해양 무역 경로를 통하여 이슬람이 시작된 7세기 후반과 8세기 전반으로 추정하기도 하지만, 역사적 증거들이 부족하다. 11세기부터 이슬람이 동남아시아에 전래되었다고 추정하고 있다.[6] 동남아시아 이슬람은 아랍과 남부 인도를 통하여 들어왔으며, 국제적인 해양 무역을 통해서 였다. 하지만 상업적 · 정치적인 복합적인 동기들이 있었다고 본다.[7]

동남아시아에서 가정 먼저 이슬람이 전래된 인도네시아 군도의 이슬람화 과정은 독특하다. 첫째, 이슬람화 과정은 장기적으로 서서히 일어났으며, 둘째, 외부 세력에 의해서 아니라 토착 기존 정권의 통치 기반 강화를 위하여 스스로 이슬람화 과정이 이루어졌으며, 셋째 군사적인 정복에 의해서가 아니라 상업 무역을 통해서 신비주의 이슬람 수피

4 위의 책, 10.

5 Mutalib, *Islam in Southeast Asia*, 3.

6 Johan H. Meuleman, "The History of Islam in Southeast Asia: Some Questions and Debates," Nathan, *Islam in Southeast Asia* eds., K.S. Nathan and Mohammad Hashim Kamali (Singapore: ISEAS Publications, 2005), 22-23.: Gerardus Willibrordus Johannes Drewes, "New Light on the Coming to Indonesia?," *BKI* (The Hague) 124(1968), 439 ff.

7 Johan H. Meuleman, "The History of Islam in Southeast Asia: Some Questions and Debates," 24.

들에 의해 이루어졌다. 이러한 인도네시아 군도와 동남아시아의 이슬람화 과정은 중동의 이슬람과는 다르게 오늘의 동남아시아 이슬람이 가지고 있는 혼종성과 다양성 그리고 포용성과 독특성을 이해할 수 있도록 해준다.[8]

동남아시아에서의 이슬람 확산은 중앙집권화된 국가의 강제력이나 외국의 무슬림들이 다수 유입되어서 일어난 것도 아니었다. 또한 대대적인 사회적 변화와도 관계가 없었다. 인도네시아 군도와 동남아시아의 이슬람 확산은 전적으로 무슬림 상인과 포교사들 때문이었다. 무슬림 상인들과 포교사들은 곳곳에서 소규모 이슬람 공동체를 만들고, 현지의 엘리트들을 회유하거나 협박하여 이슬람을 받아들이도록 하였다. 따라서 동인도제도인도네시아군도에 이슬람이 확산하게 된 주요한 이유는 무역 활동을 통한 무슬림과의 빈번한 접촉과 정치적 · 상업적 경쟁의 결과이며, 전통적인 불교 · 힌두교 사회가 새로운 정체성을 모색하고 점진적으로 받아들인 결과이다.[9]

이슬람은 11세기 초 동남아시아에 전래되기 시작하여 서구 문명이 침투되기까지 약 500년 동안 퍼져나갔다. 이러한 이슬람화 과정은 새로운 이슬람 엘리트 세력이 정권을 잡은 것이 아니라 토착 정권 엘리트들이 현실적인 이익과 필요를 가지고 새로운 종교 이슬람을 받아들였기 때문에 인도네시아와 동남아시아 이슬람에는 전통문화와 종교의 영향력과 흔적이 크다.[10]

---

8 이규대, "탈식민주의 관점에서 본 인도네시아 이슬람 운동과 기독교 선교" (박사논문: 연세대학교 연합신학대학원, 2014), 18-19.

9 Ira M. Lapidus, *A History of Islamic Societies* 2nd. ed. 신영성 역, 『이슬람의 세계사 1』 서울: 이산, 2008), 358.

10 이규대, "탈식민주의 관점에서 본 인도네시아 이슬람 운동과 기독교 선교," 31.

동남아시아 무슬림 다수 국가 중에서 무슬림 인구가 80% 이상인 나라는 인도네시아88.1%다. 무슬림이 과반수 이상인 나라는 말레이시아61.4%, 브루나이51.9%다. 인구 중 무슬림 인구가 소수지만 의미 있는 수가 있는 나라는 싱가포르14.9%, 태국5.8%, 필리핀5.1%이 있으며 인도차이나에 있는 무슬림 소수 국가는 캄보디아1.6%, 베트남0.2%, 라오스1.6%이다.[11]

동남아시아의 이러한 나라들은 지역에 따라서 다르지만 대체로 무슬림 사역이 자유롭고 종교적 자유가 보장된 곳이다. 인도네시아에서는 무슬림에게 전도가 법적으로 금지되어 있고, 말레이시아에서는 말레이 종족에게 전도와 개종이 금지되어 있다. 하지만 일상생활에서 무슬림과의 접촉이나 대화가 가능하며, 공개적으로 무슬림이 기독교인으로의 개종을 밝히지 않으면 문제가 되지는 않는다. 무슬림이 절대다수이지만 종교적 자유가 보장된 나라인 인도네시아를 주목할 필요가 있다. 선교사가 법적으로 종교 비자를 받을 수 있으며 선교 사역이 가능하다. 남부 태국과 남부 필리핀에도 선교사가 거주하고 활동할 수 있으며, 캄보디아와 베트남, 라오스에서 제한적이지만 선교활동이 가능하다는 점에서 선교에 있어서 동남아 이슬람 나라가 중요하다.

동남아시아 지역에서 무슬림 인구가 다수이지만 오랜 기독교 역사가 있고 상당한 그리스도인이 사는 나라는 인도네시아이다. 인도네시아의 인구 중 10%가 그리스도인2천7백만 명이며, 북아프리카-중동의 그리스도인을 합한 수보다 인도네시아 그리스도인이 더 많다.[12] 동남아시아에는 과반수가 무슬림이지만 상당한 수의 그리스도인이 사는 나라는 브

11 Pew Research Center, *The Future of The Global Muslim Population* (2022. 6.1.), 156-164.

12 위의 문서, 75.

루나이9.4%, 말레이시아9.1%가 있으며, 이러한 통계는 중동–북아프리카 지역의 무슬림과 상당한 차이가 있다. 다수가 무슬림인 나라이지만 여전히 상당한 그리스도인이 존재하고 선교가 가능한 지역이기에 한국 교회는 이러한 지역에 선교사를 파송하는 데 힘써야 한다.

III. 무슬림 다수 국가의 이슬람

A. 인도네시아

인도네시아는 중동에서 멀리 떨어져 있는 무슬림 세계의 변방이 아니라 세계 최대 무슬림 인구를 가진 무슬림 세계의 중심이다. 인도네시아는 중동 아랍의 모든 무슬림을 합한 숫자보다 많은 약 2억의 무슬림이 살고 있다. 인도네시아–말레이 무슬림 공동체는 세계 최대의 무슬림 공동체이며, 경제적으로 급성장하고 있고, 민주주의가 신장되어 있으며, 소수 종교의 자유를 인정하는 나라다. 인도네시아 이슬람은 재스민 혁명으로 시작된 민주화 혁명의 진통을 겪고 있는 중동의 민주화 과정을 미리 경험하였고, 우리는 인도네시아에서 다원화되고 세계화 · 민주화된 세계의 영향을 받아 현재 변화되고 있는 중동 이슬람의 미래 모습을 볼 수 있다.[13]

압두르라흐만 와힛Abdurrahman Wahid[14]은 "인도네시아의 이슬람은 온

---

13 이규대, "탈식민주의 관점에서 본 인도네시아 이슬람 운동과 기독교 선교," 1.

14 압두르라흐만 와힛은 인도네시아에서 4천만 명이 넘는 신도를 보유하고 있는 세계 최대 이슬람 종파 나흐드라툴 울라마(Nahdlatul Ulama)의 지도자이며 인도네시아의 제4대 대통령으로 선출되었다.

건하며moderate, 다원성을 존중하며pluralistic, 국제적이고cosmopolitan, 관용적인tolerant 이슬람이다."[15]라고 말하면서 인도네시아 이슬람의 정체성을 강조하였다. 세계 최대의 무슬림 나라인 인도네시아는 중동의 이슬람과는 달리 소수 종교의 종교적 자유를 인정하는 다원적이며 관용적인 이슬람이며, 샤리아를 국가의 기본으로 삼는 이슬람 국가가 아니라 민주주의 원리와 인권과 여성의 권리가 상당히 신장되어 있는 민주적인 이슬람civil Islam이고, 폭력과 테러를 투쟁의 수단으로 삼는 과격 이슬람주의를 배척하고 평화적이며 온건한 이슬람 운동과 종파들이 주류를 이루는 나라다.[16] 와힛은 인도네시아에서 가장 크고 다수를 차지하는 전통주의 이슬람의 특성을 잘 표현해 주고 있다. 하지만 인도네시아에는 이러한 이슬람 종파만 있는 것이 아니라. 다양한 종파와 운동이 존재한다.

인도네시아 이슬람은 서로 아주 다른 성격을 가진 이종적인 모습과 성격을 가지고 있다. '인도네시아 이슬람'이라는 용어를 사용할 때 인도네시아에는 다양한 이슬람이 있기 때문에 이러한 표현은 인도네시아 이슬람을 지나치게 단순하게 표현한 것이다.[17] 인도네시아의 이슬람은 다양한 이슬람 운동들로 구성되어 있다. 이슬람 근대주의 · 이슬람 전통주의 · 이슬람 신비주의 · 이슬람 자유주의 등의 이슬람주의 운동과 단체들이 존재한다. 인도네시아에서 근대주의 이슬람 조직은 무하마디아*Muhammadiyah*다. 무하마디야는 무하마디야 초중고등학교와 대학교 등 이슬람 교육기관과 이슬람 병원 그리고 여러 기관들을 통해 활발하게 활

15 Mujiburrahman, "Islam and Politics in Indonesia: The Political Thought of Abdurrahman Wahid," *Islam and Christian-Muslim Relations* 10, no. 3 (October 1999), 342.

16 이규대, "탈식민주의 관점에서 본 인도네시아 이슬람 운동과 기독교 선교," 1.

17 John L. Esposito, John O. Voll and Osman Baker eds, *Asian Islam in the 21st Century* (New York: Oxford University Press, 2008), 11.

동하고 있다. 무하마디야는 전통주의 이슬람 단체인 나흐드라툴 울라마 Nahdlatul Ulama, NU 다음으로 두 번째 큰 이슬람 단체다. 인도네시아에서 가장 큰 전통주의 이슬람 조직은 나흐드라툴 울라마Nahdlatul Ulama, NU[18]다. NU는 인도네시아에서 그리고 세계에서 가장 큰 무슬림 조직이다. 인도네시아에서는 정치사회적으로 큰 영향력을 미치고 있으며, 이슬람주의 등 과격 · 폭력 이슬람 운동을 저지하기 위하여 본부에 모니터실을 운영하고 있다. 기독교회와 그리스도인 정치가들과 좋은 관계를 맺고 있으며, 종교간 대화와 평화와 화해에 적극적이다.

인도네시아 아체는 오랫동안 인도네시아 정부에 대항하여 이슬람 분리주의 운동을 해온 곳이다. 1976년 아체자유운동Gerakan Aceh Merdeka, GAM이 아체에서 결성되어 인도네시아 정부에 대하여 분리주의 독립 투쟁을 하였다. 2005년 아체 쓰나미 이후 인도네시아 정부와 아체자유운동GAM은 헬싱키 협정Helsingki MOU에 서명함으로써 30년 이상의 분쟁과 투쟁을 마치게 되었다. 이제 아체자유운동은 반정부 분리주의 투쟁단체에서 사회정치운동으로 전환되었다. 총을 들었던 아체자유운동의 지도자들은 현재 아체 특별주의 정치인과 관리들이 되었다. 인도네시아 정부는 아체주를 이슬람 샤리아를 실시하는 이슬람 특별 주로 선포하고 상당한 자율권을 부여하며 아체의 경제와 지하자원에 대한 주 정부의 권한을 대폭 크게 부여하였다. 30년이 넘는 동안 격렬한 전쟁과 폭력 그리고 많은 희생자들이 발생했던 아체 분리 독립운동이 인도네시아 정부와의 평화협정과 경제적 · 사회적 · 문화적 자율성과 자치성을 인정받음으로써 평화로운 정치 · 경제 · 사회 제도 안에 들어온 것은 놀라운 일이다. 아체의 예는 동남아시아에서 지금도 계속되는 태국 남부 그리고 필리핀 남부

18 문자적인 의미는 "무슬림 학자들의 부흥"이라는 의미다.

의 독립 분리 운동 해결을 위한 좋은 길을 제시해 주고 있다. 중앙정부의 일방적인 통합과 동화정책 그리고 경제적인 불평등과 억압은 동남아시아 무슬림 분리 독립운동을 종식시킬 수 없다.

B. 말레이시아

이슬람은 말레이시아에서 오랜 역사를 가지고 있다. 말레이시아에 이슬람이 전래된 시기에 대해서는 여러 학자들의 논란이 많지만 대체로 12세기 말레이반도에 이슬람화가 시작되었다고 본다. 말레이시아에 이슬람이 성공적으로 전파된 데에는 초기에 수피 무슬림과 무슬림 무역 상인의 역할이 컸으며, 말라야의 술탄들의 정권 유지와 확장에 도움이 되었기에 이슬람을 받아들인 점이 말레이반도에 이슬람이 확장하는 데 도움을 주었다.[19] 이러한 역사적 배경 때문에 말레이시아 이슬람은 다수이며 원주민인 '부미 뿌트라*Bumi Putra*, 땅의 자손들[20] 말레이 종족 공동체와 함께 해왔다.

영국 식민지 통치 기간에도 영국은 종교 위원회와 이슬람 종교법원과 같은 이슬람 기관들을 만들고 통제하였고 이슬람법샤리아 시행 정책에 큰 영향력을 행사하였다. 영국 식민지 관리들은 이슬람을 구속하거나 제한하지 않았다. 기독교는 비무슬림들에게만 전파되도록 하였고, 말레이 사람들과 이슬람에 대한 술탄의 상징적인 영향력은 내버려 두었다. 말레

19 Mutalib, *Islam in Southeast Asia*, 25.

20 bumi putra는 말레이 종족과 오래전부터 말레이시아에 살고 있는 전통 종족(orang asli)을 가리키는 말이다. 말레이 종족을 제외한 부미푸트라는 말레이시아 인구의 14.14%이며 무슬림 말레이 종족과 관련이 있는 오스트로네시아 종족 그룹에 속한다. https://en.wikipedia.org/wiki/Bumiputera_(Malaysia), https://en.wikipedia.org/wiki/Demographics_of_Malaysia

이시아의 독립 과정에서 이슬람이 다인종 다종교 사회인 말라야에서 영향력을 발휘해야 하며, 이슬람 보호자의 상징으로서의 술탄의 역할을 해야 한다는 것을 합의하였다.

말레이시아는 민주적 세속 연방정부다. 연방정부 헌법 3조에는 이슬람은 공식 종교이며, 다른 종교는 평화와 조화 속에서 실천될 수 있다고 적혀있다. 종교의 자유에 관하여서는 11조에 모든 사람은 자신의 종교를 고백하고 실천할 수 있는 권리가 있다고 말하지만, 이슬람 다수자들은 비무슬림 소수 종교인에게 권력을 행사하고 있다.[21] 하지만 여전히 말레이시아는 종교적 관용과 수용의 독특한 모델로 인정받고 있다.

말레이시아의 종교는 인종적 · 문화적 정체성에 따라 명확하게 구분된다. 이러한 종교적 차이는 매일의 모든 삶의 영역에서 분명하게 나타나고 말레이시아 사람들을 구분 짓는다. 최근에 재현되고 있는 종교적 열정은 종교가 말레이시아 국가의 정치적이고 인종적인 조화를 결정하는 제일 중요한 바로미터가 되고 있음을 보여주고 있다.

1980~2000년 기간 말레이시아의 인구 및 종교 통계를 통하여 종교 인구와 변화를 〈표 2〉를 통해서 보면, 단연 무슬림 인구는 지배적인 다수로서 1980년도 52.9%에서 2000년도에 60.4%로 증가하였다. 말레이 종족은 100% 무슬림이라는 통계를 보여준다. 불교와 기독교를 제외한 다수 종교는 계속 감소하고 있다. 불교도 인구는 1980년도 17.3%에서 2000년도 19.2%로 소폭 증가하고 있고, 기독교인은 843,000명에서 2,126,200명으로 괄목할 만한 증가는 보여주고 있다. 기독교인 비율은

21 Albert Sundararaj Walters, "Issues in Christian-Muslim Relations: A Malaysian Christian Perspective" *Islam and Christian–Muslim Relations*. 18:1, 67-83. http://doi.org/10.1080/09596410601071139. 2023년 9월 6일 22:56 접속.

6.4%에서 9.1%로 증가하였다. 말레이 무슬림이 기독교로 개종하는 일이 거의 없기 때문에 주로 중국인과 인도인 그리고 다른 소수 종족 집단에서 기독교로 개종하고 있음을 보여준다. 힌두교는 기독교에 2위 자리를 빼앗겼다. 대부분의 중국인은 불교나 유교, 도교 신자들이고, 인도인들은 대부분 힌두교도들84.1%, 200년이다. 7.8%의 인도인들이 기독교도이며, 4.1%는 무슬림이다. 이들 무슬림 대부분은 파키스탄인과 방글라데시인이다. 아주 작은 수의 중국인이 이슬람으로 개종하였다. 중국인은 76%가 불교도들이며 유교, 도교 그리고 다른 전통적인 종교를 신봉하고 있다.

말레이 종족은 100% 무슬림이며 법이 정한 대로 이슬람을 신봉해야 하며 무슬림의 개종이 금지되었다. 하지만, 말레이 종족을 제외한 다른 부미푸트라*Bumi putra*는 40.8%가 무슬림이며, 49.7%가 기독교인이다. 또한 이들 중에는 상당한 수7.2%가 전통 종족 종교 · 민속 종교를 가지고 있으므로 이들에 대한 복음 전도가 합법적이고 개종 가능성이 크다. 동말레이시아 기독교인은 중국인 중에서 9.5%, 인도인 중에서 7.8%이며 그 외 다른 종족은 13.2%가 기독교인이다.[22] 따라서 말레이시아에서 말레이 종족에게 복음을 전하고 개종하려는 시도는 법으로 금지되어 있고 개종이 극히 어렵지만, 다른 전통 종족과 중국인 그리고 인도인에게 복음 전도가 열려있고 상당한 수의 기독교인들이 있다는 것을 염두에 둘 필요가 있다.

22 Saw Swee-Hock, K. Kesavapany eds, *Malaysia, Malaysia: Recent Trends and Challenges* (Singapore: Institute of Southeast Asian Studies, 2006), 18-20.

종교	1980	1990	2000
이슬람	52.9	58.6	60.4
불교	17.3	18.4	19.2
유교/도교/그 외 종교	11.6	5.3	2.6
힌두교	7.0	6.4	6.3
기독교	6.4	8.1	9.1
종족/민속 종교	2.0	1.2	0.8
다른 종교	0.5	0.5	0.4
무종교	2.1	1.4	0.8
모름	-	0.1	0.3
합계	100.0	100.0	100.0

〈표 2〉 말레이시아 종교별 인구 비율(1980-2000)[23]

종교	말레이 부미푸트라	다른 부미푸트라	중국계	인도계	다른 종족	합계
이슬람	100.0	40.8	1.0	4.1	64.8	60.4
불교	-	0.8	76.0	1.2	19.4	19.2
유교/도교/그 외 종교		0.1	10.6	0.7	0.2	2.6
힌두교	-	0.1	0.3	84.1	2.6	6.3
기독교	-	49.7	9.5	7.8	13.2	9.1
종족/민속 종교	-	7.2	0.1	0.1	0.2	0.8
다른 종교	-	1.4	0.2	2.1	0.4	0.4
무종교	-	3.7	1.6	0.1	0.5	0.8
모름	-	0.7	0.7	0.6	0.6	0.3
합계	100.0	100.0	100.0	100.0	100.0	100.0

〈표 3〉 2000년 종족별 종교 분포 비율[24]

〈표 3〉을 보면, 말레이시아에서는 주요 종교가 종족별로 확연하게

23 위의 책, 19.

24 위의 책, 21.

다르다는 것을 알 수 있다. 말레이 종족은 100% 무슬림이지만, 다른 부미푸트라는 49.7%가 기독교인이며 무슬림 수40.8%보다 많다. 서말레이시아에는 말레이 부미푸트라가 다수이지만, 동말레이시아에는 비말레이 부미부트라가 54.1%, 중국계가 13.0%, 말레이 부미푸트라가 15.4%, 인도계 0.2%, 다른 종족이 0.8%, 비시민권자가 15.9%가 살고 있다.[25] 동말레이시아에는 선교가 제한적이지만, 서말레이시아에는 활발하게 선교가 이루어지고 있다.

종족과 종교는 말레이시아 정치에 있어서 깊이 연관되어 있다. 2022년 11월 말레이시아 총선에서 집권연합정당이 된 희망연대Pakatan Nasinal, PN, 국민전선Barisan Nasional, BN, 국민연합Perikatan Nasional, PN 정당들은 말레이 종족 주도 상황을 유지하려고 하는 동시에 국민 절반이 넘은 무슬림 유권자들의 지지를 얻기 위해서 친이슬람 정책과 말레이시아 이슬람화를 추진하고 있다. 야당이 된 말레이무슬림국민연맹Pakatan Nasional, PN과 범말레이시아 이슬람정당Parti Islam Se-Malaysia, PAS[26]이 등장한 이후 최근에는 이슬람은 말레이시아 정치에 중요한 요인이 되고 있으며 말레이시아 이슬람화와 친이슬람 정책에 큰 영향력을 행사하고 있다.[27]

---

25 Wikipedia, https://en.wikipedia.org/wiki/East_Malaysia

26 범말레이시아 이슬람정당(Parti Islam Se-Malaysia, PAS)은 말레이시아 이슬람주의 정당이다. 이란의 이슬람 혁명에 영향을 받아서 수니 이슬람 종교 지도자가 지배하는 이슬람 국가를 세우려는 이슬람 근본주의 정당이다. 주로 말레이시아 반도(말라야) 농촌지역과 동부 연안 그리고 보수적인 북부 지역 4개의 주에 근거지를 두고 있으며 2022년 말레이시아 총선과 2023년 말레이시아 주 정부 선거에서 프락(Perak)주와 파항(Pahang)주 농촌지역에 상당한 지원을 받아서 "이슬람 녹색 바람"을 일으켰다. 2022년 말레이시아 총선에서 222개 연방하원 의석에서 43개 의석을 차지하였고, 13개 주에서 8명의 주의원을 당선시켰다. https://en.wikipedia.org/wiki/Malaysian_Islamic_Party. 2023년 9월 6일 22:40 접속.

27 Saw Swee-Hock and K. Kesavapany eds, *Malaysia, Malaysia: Recent Trends and Challenges* (Singapore: Institute of Southeast Asian Studies, 2006), 24.

종교	비율 %
이슬람	63.5
불교	18.7
기독교	9.1
힌두교	9.0
그 외 종교	9.0
합계	100.0

〈표 4〉 말레이시아 종교별 인구 비율(2020년) 인구 33,900,000명[28]

비록 말레이시아 정부가 2000년 이후 공식적인 종교 통계조사를 하거나 발표하지 않기 때문에 정확한 통계를 알 수는 없으나, 미국 국무부에서 발표한 "2022년 국제종교 자유에 관한 리포트: 말레이시아"에 있는 말레이시아 종교별 인구 비율 통계 〈표 4〉를 보면 '2000년 말레이시아 종교별 인구 비율 통계 〈표 2〉'와 크게 달라진 것이 없다. 이슬람이 60.4%에서 63.5%로 조금 증가하였고, 불교가 19.2에서 18.7%로 조금 줄어들었고, 기독교는 9.1%에서 9.1% 동일하다. 조사 방법이나 기관이 다르기 때문에 이 수치를 그대로 비교하기는 어렵지만, 2000년 이후 종교 인구 변화가 거의 없다고 볼 수 있다.

C. 브루나이

브루나이의 이슬람 역사는 오래전 약 13세기부터다. 술탄 브타아르 *Awak Alak Betaar*는 조호르 왕국의 무슬림 술탄에 의해서 이슬람으로 개종

28 Office of International Religious Freedom, *2022 Report on International Religious Freedom: Malaysia*, https://www.state.gov/reports/2022-report-on-international-religious-freedom/malaysia/ 2023년 9월 7일 15:43 접속.

하였다고 전해진다. 1360년대 브타아르 술탄은 조호르 왕국을 방문한 후 술탄의 공주와 결혼하고 그의 이름을 이슬람 이름인 무함마드 샤 술탄Muhammad Shah으로 바꾸었다. 브루나이 술탄은 메카의 아랍 상인 샤립 알리Sharif Ali를 만나고 그에게서 이슬람을 배웠다. 후에 샤립 알리는 1426년 브루나이의 3대 술탄이 되었다. 그는 무함마드 샤 술탄으로부터 시작한 이슬람화 과정을 공고히 하였다. 브루나이의 5대 술탄 볼키아Bolkiah의 통치 시절에 이슬람 영광의 정점에 이르렀으며, 동남아 이슬람의 센터인 말라카Mallaca의 역할을 이어받았고, 현재의 필리핀, 사바, 사라왁 지역까지 영토를 확장하였다. 정복한 지역술루, 마닐라의 공주과 혼인을 통해서 이슬람을 전파하였다.[29] 필리핀에 스페인이 들어옴에 따라 브루나이는 기독교의 확장을 허락할 수밖에 없었으며, 그 후 브루나이-스페인 전쟁이 일어났으며 1578년 스페인이 승전하였다. 17세기 브루나이는 왕실 내의 일련의 다툼으로 쇠퇴하였고, 1841년 영국인 모험가 제임스 브루크James Brooke가 신무기를 이용하여 브루나이 왕국과 사라왁의 새 통치자가 되어 백인 왕이 통치하였으며, 그 후 1888년부터 대영제국의 보호령이 되어서 브루나이의 외교 업무는 영국 여왕의 관할권 아래에 있게 되었다.

20세기에 이르러 1950년에 28번째 술탄으로 등극한 오마르 사이푸딘Omar Saifuddin 술탄의 지도력으로 영국으로부터 자치를 허락받았다. 그는 1962년 일어난 무장 반란을 영국 군대의 도움으로 진압하고 그 이후로 민주화 실험을 탄압하고, 의회를 폐지하는 헌법을 개정하였다. 1984년 브루나이는 1888년 이래 영국 보호령에서 1984년 독립을 찾았고, 국명을 다루살람 브루나이Negara Brunei Darussalm로 변경하였다.

29 Mutalib, *Islam in Southeast Asia*, 41-42.

브루나이 민족 구성은 말레이족 66.3%, 중국인 11.2%, 토착민 3.4%, 인도인 2.3%, 기타 16.8%이며 인구는 약 451,502명이다2023년.[30] 무슬림 말레이인만 국적을 취득할 수 있는 나라이며 중국계 브루나이인은 영국 해외 여권으로 또는 말레이시아 여권으로 거주하고 있다. 이러한 문제로 중국계 기독교인들은 싱가포르나 홍콩, 호주, 뉴질랜드. 영국으로 이주하는 경우가 많다. 국토 면적은 5,770㎢로서 경기도의 절반 넓이다.

현재, 브루나이는 석유와 가스로 동남아 국가 중에서 가장 부유한 나라가 되었다. 일 인당 GDP가 미화 28,954달러[31]로서 동남아시아에서 가장 부유한 나라다. 1984년 독립 이후 30대 술탄인 하사날 볼키아 무이자딘 와다울라Hassanal Bolkiah Mu'izzadin Waddaulah와 그의 가족들은 이슬람에 관한 권한뿐만 아니라 왕국 내의 모든 삶을 지배하는 정부안에서 거의 독점적인 권한을 가지고 있다. 브루나이는 독립 이후 현재까지 전제군주제 국가이다. 술탄의 통치가 지금까지 가능한 이유는 막대한 석유와 가스 자금으로 국민들에게 풍족한 사회복지 정책으로 불만을 잠재울 수 있기 때문이다. 정당은 왕실을 지지하는 국민연합당 하나만 허용되며 언론, 출판, 집회, 결사의 자유는 제한되고 있다.

2019년 브루나이 국왕은 투석형을 포함한 샤리아 형법을 5월 1일부터 단계적으로 시행한다고 발표하였다. 1단계 샤리아 형법은 금요기도회 불참이나 다른 종교 선교행위 등을 벌금이나 징역으로 처벌하는 내용을 담고 있으며, 2단계 형법에는 술을 마신 이슬람 신자는 태형으로, 절도범은 손발 절단형으로 처벌하는 조항이 들어있다. 3단계 형법은 간통,

30 https://namu.wiki/w/브루나이. 2023년 9월 10일 14:45 접속.

31 https://tradingeconomics.com/brunei/gdp-per-capita. 2023년 9월 10일 14:39 접속.

동성연애, 코란 또는 예언자 무함마드 모욕 등을 투석형에 처하도록 규정하고 있다. 샤리아 형법 조항들은 대부분 비이슬람 신자들에게도 적용된다.[32] 하지만 왕족만은 샤리아 형법에서 무조건 예외이기 때문에 불공정하다는 비판이 많다. 이에 대한 국제사회의 비난이 커지자, 브루나이 측은 샤리아법 시행을 유예하겠다고 밝혔다.

중국인 교회에 대한 박해도 점점 심해지고 있으며 선교사는 포교하다 걸리면 태형 당한 후 추방된다. 불교나 도교, 힌두교 등도 사원 증축을 금지하는 등으로 점점 쇠퇴하고 있다.

IV. 무슬림 소수 국가의 이슬람

A. 싱가포르

퓨 리서치센터종교 및 공적 삶 포럼 The Future of The Global Muslim Population 통계[33]에 따르면 2010년 싱가포르의 무슬림 인구는 14.9%다. 2023년 예상 무슬림 인구는 20년 전과 동일한 14.9%다. 2020년 싱가포르 정부 통계에 의하면 종족별 인구 비율은 중국인 75.9%, 말레이인 15%, 인도인 7.5%, 기타 1.6%다.[34] 2010년 통계와 비교해도 거의 차이가 나지 않는다.

싱가포르의 무슬림은 싱가포르 독립 전부터 살고 있던 말레이인과

32 연합뉴스 2014년 4월 30일. https://www.yna.co.kr/view/AKR20140430155800104 2023년 9월 10일 15:40 접속.

33 Pew Search Center, *The Future of the Global Muslim Population*, 171-176.

34 https://www.singstat.gov.sg/-/media/files/publications/cop2020/sr1/findings.pdf

인도인 그리고 소수의 아랍인 무슬림 공동체가 있으며 극소수의 중국계 무슬림도 있다.[35] 말레이인 대부분은 수니파이며 오래전부터 싱가포르 해안가에 도착하여 정착한 무슬림의 후손들이며, 싱가포르 전체 지역에 골고루 살고 있다. 정부의 주택정책으로 공공주택지에 종족별 비율이 이미 정해져 있어서 한 지역에 몰려 살지 못하고 다른 종족과 함께 살도록 하고 있다. 따라서 무슬림은 다른 종족과 종교가 다른 배경을 가진 주민들과 함께 더불어 가야 하기에 싱가포르 정부는 이러한 주택정책을 통하여 이슬람의 역할을 제한하고 영향력을 행사하고 있다.[36] 말레이 무슬림의 모국어인 말레이어는 국가 공용어로 채택되어 있지만, 영어가 가장 널리 쓰이고 중요한 언어가 되어있어 말레이 젊은 세대는 영어를 많이 사용하고 있다.

많은 역사가들은 1300년대에 말레이 정착민들이 싱가포르에 들어와서 트마식*Temasik* 왕국을 세웠다. 트마식 왕국은 자바의 큰 왕국인 마자파힛*Majapahit*과 관계를 맺었다. 18세기에는 조호르-리아우*Johor-Riau*왕국의 일부 섬 도시로 존재했으며, 1819년 영국의 식민주의 도착으로 싱가포르는 새롭게 탄생하였다. 영국 식민정부는 조호르 후세인 술탄과 협상하여 싱가포르에 영국 거점을 세웠다. 1959년 영국 정부의 협정으로 완전히 자치 정부 지위를 가지게 되었다.

다양한 동남아시아 민족이 뒤섞인 싱가포르는 이슬람 개혁주의와 이슬람 근대주의의 중심이 되었다. 말레이인, 서부 수마트라 미낭카바우 이주자, 말레이의 고무 플랜테이션에서 일하는 자바 노동자, 메카 순례에 오른 인도네시아인이 싱가포르에 들어와 살았다. 또한 아랍인과 인도

35 Mutalib, *Islam in Southeast Asia*, 47.

36 위의 책, 48.

인 무슬림 공동체가 다수 형성되어 있었다. 아랍 거주자들은 상인 엘리트층으로서 상당한 재산을 가지고 플랜테이션과 무역에 투자했으며 모스크를 세우고 종교행사를 주관하고 아랍과 이슬람 문화를 세련되게 가꾸는 데 힘을 기울였다. 자위 페라나칸[37]도 말레이 문화생활을 주도한 집단으로써 말레이어를 소생시키고 말레이인의 초기 민족의식을 일깨우는 역할을 했으며, 아랍인 공동체 다음가는 권위와 세력을 누렸다. 아랍인, 자위 페라나칸, 말레이인은 이슬람 개혁주의와 수피주의 낙슈반디야 교단 및 카디리아 교단의 전파를 적극 후원했다. 싱가포르에서 형성된 새로운 형태의 이슬람은 무역과 순례에 의해, 또한 학생 · 교사 · 수피의 교류에 의해 동남아시아 전역으로 퍼져나갔다.[38]

1963년 싱가포르가 말레이시아 연방에 가입하였을 때, 싱가포르의 소수자 무슬림은 말레이시아 연방에서 새로운 운명에 처하게 되었다. 2년 후 싱가포르가 말레이시아 연방에 탈퇴했을 때 소수자로 전락하였다. 하지만 선진국 싱가포르에서 무슬림은 다른 싱가포르 사람처럼 좋은 주택과 훌륭한 교육 등 많은 혜택을 받을 수 있게 되었으며 더 많은 말레이인들이 중산층이 되었다. 하지만 싱가포르 무슬림은 다른 인종에 비해 약물 중독자 비율이 높고 이혼율도 다른 종교인들에 비해 가장 높다. 무슬림 결혼 지속 연한이 9.8년으로[39] 어린 나이에 결혼하고 일찍 이혼하는 사회문제를 만들고 있다. 사회경제적인 경력에 있어서도 전문인4%, 경영 및 행정직 종사자4% 비율이 상대적으로 낮아서 중산층 이하로 내

37 인도 말라바르의 무역상과 말레이 여성 사이에서 태어난 혼혈인.

38 아이라 M. 라피두스, 『이슬람의 세계사2』 (서울: 이산, 2008), 1118-1119.

39 Mendaki, *The Singapore Malay/Muslim Community in Figures, 2005* (Singapore: R&D Department, 2006). Hussin Mutalib, *Islam in Southeast Asia* (Singapore: ISEA Publications, 2008), 52에서 재인용.

려갈 위험이 크고, 대학 진학률도 다른 인종에 비하여 낮은 편이다.

B. 태국

타이 무슬림은 오랜 역사를 가지고 있다. 14세기 말 파타니 왕국은 이슬람의 중심이었다. 17세기 말 페르시아 상인의 무역과 경제적인 성공은 타이 왕의 관심을 끌어 무슬림을 왕의 자문관으로 임명하기도 하였다.[40] 1789년 파타니 무슬림 왕국이 시암 왕국에 패하게 되자 인종적 · 종교적으로 타이 사람들과 격리되기 시작하였다.

1909년 영국-시암 조약으로 태국 남부 지역은 현재 태국 병합되고 부속된 이후 남부 지역에 사는 무슬림은 타이 무슬림으로서의 정체성과 권리를 위해 투쟁해 오고 있다. 이 지역은 무슬림이 대다수로, 1948년부터 분리주의 운동의 중심지였으며 태국 정부로부터 분리 독립을 요구하는 말레이계 무슬림 반군조직이 다수 활동하였다. 태국 정부는 수 세기 동안 유지해 오던 무슬림 법과 다른 문화적 실천들도 중앙화된 타이 법체계에 부속시켜 버렸다. 그리고 타이 문화와 정체성을 무슬림에게도 강제하였다.

모든 태국 사람들은 동일한 시민권을 가져야 하고 소승불교를 태국의 공식 종교로 받아들이기를 강요하게 되자, 남부지역에 살고 있는 5.8%의 무슬림은 이슬람과 말레이 문화에 있어서는 자치를 강력하게 요구하였다. 이로 인해 수십 년 동안 타이 정부와 긴장과 갈등이 계속되었다. 타이 정부는 무슬림이 다수인 네 개의 남부 주, 파타니, 얄라, 사툰 그리고 나라티왓을 상대로 동화정책을 추진하였다. 타이 무슬림과 70개

---

40 위의 책, 59.

주 이상에 사는 사람들과는 언어와 인종 그리고 문화와 종교의 차이점은 긴장을 더욱 가중시키고 있다. 타이 불교인은 무슬림도 타이의 방식을 따라야 한다고 주장하기 때문에 더욱 무슬림 소수자들을 소외시키고 있다.

1940년대에 무슬림과 정부와의 관계에 긍정적인 발전이 있었다. 이슬람 법원을 개설하여 유산과 혼인 문제를 관할하도록 하였다. 1950년대 태국 사회의 급진적인 변혁이 일어났고, 무슬림 다수가 사는 남부 주들의 삶이 다소 개선되었다. 50년대~70년대 급격한 도시화와 자본주의가 일어났으며, 태국 정부는 무슬림 남부지역을 포함해서 가난한 지역의 사회 · 경제개발 프로그램을 시작하였다. 무슬림을 위한 종교 학교인 폰독Pondok과 이슬람 회당을 재건하고 확장되었다. 1980년 중반까지 정부의 친성장 정책으로 인해 2,000개의 회당과 수백 개의 이슬람 기숙학교마드라사, madrasah가 네 개의 남부 주에 생겨났다. 1980년대 후반 민주화와 시민사회가 활발해지면서 무슬림 정치인이 태국 의회에서 활동하게 되었으며, 그들 가운데 두 사람은 태국 정부의 외무부 장관과 대변인으로 활동하였다.

오늘날, 미래에 대한 불확실성이 여전히 남부지역의 무슬림 공동체 안에서 떠나지 않고 있다. 타이 무슬림의 정부에 대한 태도가 양분되어 있는 것으로 보인다. 한편으로는 분리주의자들의 목표가 설 자리가 없어질 것이며, 불교 국가 안에서 통합되는 것이 더 나은 선택이고, 인종적 · 종교적 정체성을 보전할 수 있는 확실한 방법이라고 생각하는 태도가 있고, 다른 한편으로는 현 상태에 불만을 품고 있는 사람들이 있다. 네 개의 남부 주에 공식적인 이슬람 법정 시스템이 없고[41], 지역의 무슬

41 무슬림 판사가 있지만 여전히 정부의 통제와 법령을 따라야만 한다.

림 지도자ulama들은 이슬람 전통학교뽄독, pondok가 정부 정책과 간섭으로 세속화되고 있다고 불만을 품고 있으며, 무슬림들은 말레이 언어와 문화가 점차 사라지고 있음을 한탄하고 있다.[42]

오랫동안 정부와 군대와의 불신과 남부 무슬림 지역의 상대적인 가난은 현 상황을 개선하는 데 도움이 되지 않는다. 9/11사태 이후 경찰이 무슬림 테러리스트라고 추정하는 사람들에게 잔인하게 대한 것이 무슬림 폭력을 자극하고 분리주의자의 감정을 강화시키고 있다. 몇몇 숫자나 세력에 있어서 소수에 불과하지만, 이러한 태국 과격 이슬람 단체들이 태국의 안정을 파과해왔으며, 그 결과 수천 명이 사망하였다. 태국 정부는 무슬림과 군인 상호 간의 폭탄과 살인과 보복은 힘으로 해결할 수 없고 남부지역의 경제 발전과 서로 간의 협력을 통하여, 그리고 이웃 나라 말레이시아의 중재를 통하여 무법상태를 해결할 수 있다고 인정하였다.[43]

태국 정부는 말레이시아가 타이 무슬림 분리주의자들의 피난처가 되고 있다고 주장하였다. 말레이시아는 무슬림에 대한 억압적인 행동들을 정당화하기 위하여 말레이시아를 희생양으로 만들고 있다고 비난하였다. 2005년 3월에 국민 화해위원회가 설립되어서 오랫동안의 갈등을 끝내기 위하여 무슬림 지도자들과 대화를 시도하고 있지만 여전히 갈등과 분리주의 운동이 계속되고 있다.[44]

현재도 여전히 무슬림 남부지역에서 2023년 5월 총선을 앞두고 총격전과 폭탄테러 그리고 방화 사건이 발생하였다. 2023년 8월에도 무장

42 Mutalib, *Islam in Southeast Asia*, 62-63.

43 위의 책, 63.

44 위의 책, 64.

단체가 태국 경찰을 소총과 수류탄으로 공격하는 사건이 발생하였다.[45] 태국 남부 주 이슬람 분리주의 세력과 정부 간의 충돌로 인한 잦은 폭력 사태가 일어나고 있다. 태국 남부의 폭력 상황이 2022년에도 상승 추세였으며 앞으로도 지속적으로 확대될 것으로 전망한다. 2004년 태국 남부 분쟁이 재점화된 이래 7,000명 이상이 사망하고 13,500명이 부상을 당하였다.[46] 태국 남부에서 지속되는 분쟁이 태국 안에서 오랫동안 불안과 긴장을 야기하고 있다. 태국 정부와 남부 반군 세력 간의 평화 회담이 진행되고 있지만[47] 아직 합의에 이르지 못하고 있다. 폭력적 이슬람 반군 활동에 대해 태국 당국이 반군 단체와의 평화 회담이 재개되어 성공적으로 이루어져 불안정한 남부지역의 주민들이 평화롭게 살 수 있도록 기도해야 하겠다.

C. 필리핀

필리핀 무슬림는 전체 인구의 6%2015년 필리핀통계국[48]이며, 퓨 리서치센터종교 및 공적 삶 포럼 The Future of The Global Muslim Population 통계[49]에는 무슬림 인구가 5.1%2010, 5.7%2030 예상로 밝히고 있다. 필리핀의 무슬림 인구는 대부분 남부 도서에 집중해서 살고 있다. 주요한 지역은 민다나오섬과 술루섬이다.

---

45 iKBC, http://www.ikbc.co.kr/article/view/kbc202308290070. 2023년 9월 14일 23:09 접속.

46 한국대외경제정책연구원, https://www.kiep.go.kr/aif/issueDetail.es?brdctsNo=347903&mid=a30200000000&systemcode=03

47 인니투데이, 2023년 2월 27일. https://inni-today.com/asean-news/2023-asean-44/ 2023년 9월 14일 22:55 접속.

48 Philippine Statistics Authority(PSA)

49 Pew Search Center, *The Future of the Global Muslim Population*, 171-176.

이슬람은 14세기 무렵에 필리핀에 전래되었다. 주로 아랍 상인과 이슬람 포교자를 통해서 전파되었다.[50] 15세기에 술루Sulu 술탄국이 세워졌다. 술루해에서 국제 무역을 조정하고 통제하고 있었던 많은 큰 왕국들이 있었다. 점차적으로 수천 명이 무슬림으로 개종하였고 남부지역에 섬들의 네트워크와 함께 지금의 민다나오Mindanao 지역에 정착하였다.[51]

스페인과 미국의 식민주의는 필리핀의 역사 형성에 큰 역할을 하였다. 특히 필리핀에서의 이슬람의 역할과 지위에 큰 영향을 미쳤다. 네덜란드와 영국이 동인도회사를 통하여 인도네시아와 말레이시아에서 식민지 수탈에 집중하고 기독교 선교를 식민지화에 장애가 될 것으로 판단하여 선교를 제한하였던 것과 달리, 스페인은 필리핀에서 경제적 수탈과 가톨릭 선교를 식민지 정책으로 삼았다.

스페인은 무슬림 남부지역에 수많은 전쟁을 치렀으나 남부 술탄국들을 정복하지 못했다. 이곳에는 단일한 이슬람 정체성이나 정치적인 협력과 조직은 존재하지 않았으며 민족과 언어가 각각 다른 대집단과 10개의 소집단으로 분열되어 있었다. 미국-스페인 전쟁에서 승리한 후, 미국은 1889년 필리핀 남부 도서를 장악했다. 미국의 지배를 받으면서 1960년대 후반부터 민족을 초월한 무슬림 정체성이 생겨났다.[52] 스페인과 미국으로 이어지는 식민 시기에 필리핀 무슬림에게 가해진 차별은 이슬람 분리 운동을 탄생시켰다. 필리핀의 무슬림 분리주의 운동이 일어난 이유는, “첫째 정치 · 경제적 이유인데, 서구적 사회 · 문화 정향을 가진

---

50 Mutalib, *Islam in Southeast Asia*, 64.

51 Michael Mastura, *Muslim Filipino Experience* (Philippines: Ministry of Muslim Affairs, 1984).

52 김동엽, “필리핀 무슬림 분리주의 운동의 발생과 전개,” 김형준, 홍석준 편, 『동남아의 이슬람화1』 (서울: 눌민, 2014), 105.

다수의 가톨릭이 말레이적 사회 · 문화 정향을 가진 소수의 무슬림을 식민 지배 시기부터 독립 이후인 오늘날까지 지속적으로 정치 · 경제적 영역에서 주변화시킴으로써, 이에 대한 저항으로 분리 독립 운동이 일어났다."[53]는 것이다. 둘째는 필리핀 무슬림을 비문명화된 그룹으로 타자화하였으며 기독교 주류사회로 통합하기 위해 이슬람의 정체성을 약화시키는 방향으로 국가통합 정책이 시행되었기 때문이라는 것이다. 셋째는 "독립 후 근대화 이론에 입각한 중앙집권적인 정치체제와 경제 발전 정책이 지역 간 불균형을 심화시켰기 때문"[54]이라는 것이다. 하지만 이러한 정치 · 경제적인 접근 방법은 한계가 있기 때문에 그동안의 필리핀 중앙정부의 국민적 통합과 국가 통합정책이 실패하였다. 따라서 필리핀 무슬림의 역사적 · 문화적 다양성에 대한 이해와 국제 이슬람 부흥 운동 영향과 정치적 역학관계를 포함한 포괄적인 이해를 바탕으로 하는 접근[55]이 필요하다.

1946년 필리핀이 독립하면서 다수인 그리스도 교도가 국가를 지배하게 되면서 많은 그리스도교 인구가 남부 도서 지역으로 이주했다. 저항 세력은 이슬람 정체성과 무슬림 공동체 건설을 강조하는 그룹과 분리 운동을 주장하는 민족주의 투쟁 그룹이 있었다. 스페인 시절 무슬림을 '모로'라는 명칭으로 필리핀의 무슬림을 불렀다. 1968년 필리핀-무슬림 민족연맹이 결성되었고, 1970년에는 민족폭동과 함께 격렬한 저항이 일어났다. 1972년에 계엄령이 선포되자 모로민족해방전선MNLF의 무장 분리 운동에 가세하여 '모로의 땅'Bansa Moro을 요구했다. 이들은 국가와 남

53 위의 책, 105-106.

54 위의 책, 106.

55 위의 책, 107.

부지역의 전통 귀족 세력에 대한 반란이었다. 그리스도 교도가 대부분인 필리핀 정권은 계엄령으로 진압하였지만, 아직도 억압적인 필리핀 정부에 맞서 무슬림 인구의 지역 자치를 실현과 이슬람 정체성 보전을 위한 전쟁이 산발적으로 일어나고 있다.

이슬람 국가들 사우디아라비아 · 이집트 · 리비아는 이슬람 교육과 모로의 저항운동을 재정적으로 지원하였으며 이집트의 알아즈하르 대학 출신의 포교사들은 이 지역에 마르라사를 설립했다. 1980년대에 이슬람 성직자들이 종교적 개혁과 자치를 요구하면서 비무장 이슬람 운동 형태의 분리주의가 다시 시작되었다. 1984년 모로이슬람해방전선MILF이 필리핀 남부 도서의 독립과 이슬람 국가 건설을 목표로 무장투쟁을 계속하고 있다.

1976년의 트리폴리 평화협정과 1996년 최종 평화협정 그리고 2014년 협정까지 세 차례의 협정이 이루어졌으나 합의안이 이행되지 못하고 유의미한 변화를 이끌어내지 못했다. 필리핀 정부는 독립 이후 남부 이슬람 사회를 필리핀 기독교 주류사회로부터 분리를 원하는 반정부세력으로 낙인찍고 박해와 진압으로 일관하였다. 필리핀 정부는 기독교 다수 주류사회와 다른 자국 내의 이슬람 사회에 대하여 강경 정책을 사용해 왔다. 그러나 이러한 강경 정책은 필리핀 무슬림의 유혈 투쟁을 만들고 자극하는 역효과를 만들었다.[56] 필리핀은 마르코스 정부 때부터 이슬람 사회 경제 및 사회개발 프로그램을 통하여 회유정책을 시작하였지만 필리핀 기독교 주류사회로 통합시키는 데 실패하였다.[57]

56 조태영, "필리핀의 이슬람화: 이슬람 교육의 발전과 마드라사(Madrash) 통합교육," 『동남아시아연구』 25권(2015): 190.

57 위의 문서, 191.

기어Gurr는 필리핀 무슬림 분리주의 운동이 발생한 이유를 첫째 "무슬림 사회의 정치 · 경제적 박탈감의 극대화"라고 말한다.[58] 중앙정부는 민다나오 무슬림 지역으로 많은 기독교인들을 이주시킴으로써 기독교인 인구가 무슬림 인구를 넘어서게 되어, 민다나오의 무슬림은 주변화되고 정치 · 경제적으로 소외되어 정치권력의 변동으로 인하여 무슬림과 기독교인 간의 폭력 사태가 일어나게 되었고, 둘째는 무슬림 사회의 정치 · 경제적 박탈감을 자신의 정치적 목적에 이용한 인물과 조직들이 등장하게 되어, 무슬림 독립운동MIM, Muslim Independence Movement, 방사모로 해방조직BMLO, Bangsa Moro Liberation Organization, 모로민족해방전선Moro National Liberation Front 등의 조직들이 생겨나서 분리주의 운동이 발생하게 되었으며, 셋째는 소수민족 분쟁을 다루는 중앙정부의 능력 부족으로 별다른 대책을 내놓지도 못하고 강압적 통합정책을 추진하였지만, 오히려 공산당 세력과 이슬람 반군의 활동은 더욱 조직화되고 체계화되었다. 넷째는 "무슬림 반군에 대한 외부 세력의 적극적인 지원"[59]이 있었다. 이집트와 말레이시아 그리고 리비아와 이슬람회의기구OIC, Organization of the Islamic Conference 등 외부의 이슬람 국가들과 단체들이 개입하고 지원하였기 때문이다.

D. 인도차이나 국가들: 미얀마, 베트남, 캄보디아, 라오스

동남아시아 대륙부 특별히 인도차이나에 사는 무슬림 소수자들은

58 김동엽, "필리핀 무슬림 분리주의 운동의 발생과 전개," 김형준, 홍석준 편, 『동남아의 이슬람화1』 (서울: 눌민, 2014), 119.

59 위의 책, 122.

해양부 무슬림 소수자에 비해서도 인구가 적으며, 주변부에 속하고 종종 잊혀진 공동체이다. 인도차이나 무슬림은 대부분 참파 왕국의 후손이다.[60] 미얀마 무슬림3.8%, 캄보디아 무슬림1.6%, 베트남 무슬림0.2%, 라오스 무슬림1.6% 통계[61]로 볼 수 있듯이 상대적으로 적은 수이며 해양부 동남아시아 무슬림과 연결과 연합도 아주 적다.[62]

인도차이나 무슬림 공동체가 직면하는 문제는 저개발국가 소수 인구 집단이다. 이전에는 인도차이나 무슬림 공동체가 계급투쟁 마르크스주의 정부에 대한 반감과 적대감이 있었지만, 현재는 인도차이나 무슬림의 인종적 · 종교적 정체성이 강화되는 이유는 경제적인 이유 때문이다. 무슬림 공동체가 계속되는 경제적 불안과 궁핍에 시달리고 벗어나지 못하고 있는 것이 근본적인 문제다. 정부는 동화와 혜택 제공이라는 두 가지 정책을 통해서 소수자 공동체 문제를 다루고 있지만 인도차이나 정부들은 강압적인 동화정책을 펼치고 있다.

2001년 9/11 사태 이후 '테러와의 전쟁'이라는 국제적인 변화와 사건으로부터 인도차이나 캄보디아와 베트남 그리고 라오스에 있는 무슬림 소수자는 비무슬림 사회로부터 과격 극단주의자로 의심받았다. 인도차이나의 무슬림 공동체는 즈마아 이슬람미아*Jemaah Islamiyah*와 같은 동남아 과격 · 폭력 테러단체와 거리를 유지하고 극단적인 이념과 활동과 싸우기 위해서 노력하고 캄보디아, 베트남, 라오스 정부도 무슬림 소수

---

60 Muhamad Zain Bin Musa, "Dynatics of Faith: Imam Musa in the Revival of Islamic Teaching in Cambodia" Omar Farouk and Hiroyuki Yamamoto ed., *Islam at the Margins: The Muslims fo Indochina*, Center for Integrated Area Studies Discussion Paper No.3, 2008. Kyoto University.

61 Pew Search Center, *The Future of the Global Muslim Population*, 171-176.

62 Mutalib, *Islam in Southeast Asia*, 71.

자를 위한 경제적 지원과 교육 지원을 통해서 과격 · 폭력 단체와 활동에 동조하지 않도록 노력하였다.[63]

미얀마 무슬림은 전체 5천만 인구의 약 3.8%를 차지하고 있다. 이슬람은 미얀마 해변에 13~14세기경에 전래되었다. 초기 무슬림은 이슬람 포교자, 무역 상인, 왕궁의 신하들이었다. 대부분 초기 미얀마 왕국의 수도에서 일했다. 미얀마가 중국과 가까운 관계로 소수의 중국 무슬림도 정착하였다.

미얀마가 영국의 지배 아래 있을 때 인도의 한 주로 통치받았으며, 미얀마 무슬림의 곤궁은 어느 정도 개선이 되었으며, 영국과의 바우링 협약Bowirng Treaty으로 시장 경제가 도입되고 기독교 전파를 촉진시켰다. 하지만 이 협약으로 영국의 열린문open door 이민정책을 통하여 인근 국가인 중국, 인도, 파키스탄, 방글라데시로부터 상당히 많은 숫자의 무슬림이 미얀마로 들어왔다. 불교인들은 새로운 종교를 거부하였지만, 양군과 인근 지역에 급증하는 관료를 섬기는 필요한 노동력의 유입을 막을 수는 없었다. 1948년 미얀마의 독립 과정에서 일본의 점령으로 영국이 퇴각할 때 불교도인 라킨 마가*Rakhine Magha* 부족으로부터 약 10만 명의 로힝야 무슬림이 학살당했다.

베트남에는 현재 7만–8만 명에 이르는 무슬림이 주로 베트남 동남부 지역과 서남부 지역에 살고 있다. 동남부 지역에는 베트남에서 토착화된 바니Ba Ni 무슬림이 있고 수니 무슬림은 서남부 지역에 거주하고 있다. 베트남의 무슬림은 거의 대부분 참Cham족이다. 참족은 베트남 중부 연해 지방에 거주했던 참파 왕국의 후손들이다.[64] 참파 왕국은 일찍부터

---

63 Mutalib, *Islam in Southeast Asia*, 85-86.

64 윤대역, "참파 왕국의 해양 교류와 이슬람," 김형준, 홍석준 편, 『동남아의 이슬람화2』 (서울: 도서

인도의 영향을 받았지만 7세기 이후부터 해양 교류가 점차 이루어지고, 인도와 동남아 그리고 중국을 잇는 해로가 개척되고 중간 기착지 역할을 하면서 발전하였다. 7세기 중반부터 아랍인이 참파를 경유하여 중국에 갔다. 아랍인이 8세기에 참파에 정착하기 시작하면서 이슬람이 전파되었다. 9세기 이후부터 참파에 온 페르시아인, 아랍인, 인도인, 중국의 무슬림은 11세기까지 교역을 통해 참파 왕국 현지에서 세력을 확장해 나갔고, 외국에서 이주한 무슬림 공동체가 참파 남부에 정착하고 있었다.[65] 14세기 전반에 참파의 이슬람화가 점차 진행되고 있었다. 말레이 세계가 이슬람화되던 15세기 중반에 베트남의 남진 정책으로 참파 왕국은 함락당하고 참파 왕국의 왕자들과 무슬림 중에는 인도네시아 아체와 말라카로 피난 가서 현지 무슬림 왕국에 정착하였고, 인도차이나에 남아서 정착한 무슬림은 다른 지역의 무슬림 공동체와 단절된 상태에서 수니파 이슬람과는 전혀 다른 모습으로 독특한 바니Ba Ni 무슬림으로 불리는 토착화된 무슬림 집단이 되었다. 지금은 소수 종족으로 전락했지만, 큰 무슬림 공동체를 이루고 있었던 참파 왕국의 후손이다.[66]

캄보디아와 베트남에 있는 참족은 중국 송나라 기간960-1280 동안 무슬림 신앙을 받아들였다. 참족은 참파 힌두교 왕국에서 힌두교도였지만 점차 대륙부 동남아시아에서 초기 무슬림으로 개종하였다.[67] 캄보디아의 무슬림은 전체 인구의 1.6%2010년이며 약 320,000명에 이른다. 캄보디아의 참족은 전체 인구의 약 4%를 차지하고 있으며 800,000명에 이르

출판 눌민, 2017), 245.

65 위의 책, 246-264.

66 윤대역, "참파 왕국의 해양 교류와 이슬람," 267.

67 Mutalib, *Islam in Southeast Asia*, 77.

는 캄보디아에서 가장 큰 소수자 그룹이다. 캄보디아 참족은 인도차이나를 통틀어서 가장 큰 종족 공동체를 구성하고 있다. 캄보디아의 참족 중 약 10%는 힌두교와 불교를 믿고 있다. 참족 무슬림은 말레이-폴리네시아 언어 종족에 속하며 일부는 말레이시아에서 캄보디아로 이주해 온 말레이 무슬림과 결혼하였다.[68] 크메르루주 정권 아래에서 참족 사람들 절반이 죽임을 당하거나 도망하였다. 참족 중 일부는 말레이시아로 이주하여 말레이 주민들과 결혼하여 살고 있다.

라오스의 무슬림은 전체 인구의 1.0%2010를 차지하고 있으며 약 1,000명 정도밖에 안 되는 극히 소수 공동체이며, 대부분 수도 비엔티안에 거주하면서 상업활동을 하고 있다. 참족 무슬림은 크메르루주 폴 포트 정권하에서 포악한 박해를 피하여 라오스에 정착하였다. 사이공을 걸쳐 이주해 온 타밀 무슬림도 있다.

V. 나오는 말: 동남아시아 무슬림 선교 방안

동남아시아 무슬림 선교는 동남아시아 각 나라와 지역마다 종교적 상황과 맥락의 다양성을 이해하는 것이 중요하다. 각 나라와 지역의 무슬림 공동체는 기독교 선교에 대한 반응과 도전은 너무나도 다르다는 것을 알고 한 나라 안에서 지역에 따라 맞는 선교적 방안이 필요하다.

68 위의 책, 78.

A. 탈식민주의 선교

기독교 선교에도 탈식민화가 필요하다. 기독교 선교 안에 존재하는 오리엔탈리즘의 요소들을 확인하고 들추어내고 반성해야 한다. 이러한 오리엔탈리즘이 제국주의 침략과 지배 이후 지금도 여전히 재현되고 유지되며 영속화되고 있다는 것이 문제다.

진정한 탈식민화는 서구와 비서구가 함께 제국주의의 굴레에서 벗어나는 과정으로서, 이를 위해서는 대립적인 동서양 문화가 공통의 문화를 지향하고 평화와 공존을 위해 나아가는 것이다. 기독교 선교도 정복주의 · 인종차별주의 · 자민족중심주의를 극복하고 이 땅에 화해와 평화의 복음을 전해야 한다.

복음을 전한다는 것이 상대방의 종교를 비난하고 무시하는 것을 의미하지 않는다. 선교 현장에서 상대방의 종교를 존중하고 그 종교 안에 있는 하나님의 진리의 빛을 발견하고 배우려는 자세가 중요하다. 우리는 복음을 겸손한 모습으로 담대히 전해야 한다. 예수 그리스도의 복음은 차별과 미움의 벽을 넘고 진정한 화해와 사랑의 공동체를 만드는 것이다.

동남아 이슬람은 오랫동안 서구 식민지의 지배와 박해를 경험하면서 식민주의에 대한 반감과 저항성을 가지고 있다. 16세기 말부터 네덜란드와 영국이 동인도제도를, 스페인은 필리핀 제도를, 프랑스는 인도차이나를 오랫동안 지배하였다. 이러한 외세의 지배에 대하여 동남아시아의 전통적인 울라마와 수피 지도자 그리고 이슬람 개혁주의자들은 식민지 수탈과 기독교 선교 그리고 이슬람에 대한 탄압에 저항하였다. 동남아 이슬람은 오랫동안 누려왔던 이슬람 무역 네트워크를 빼앗기고, 수출

농산물의 강제 재배와 불공정한 수매제도, 이슬람 종교 · 사회 · 교육 · 문화 · 이슬람법 시스템에 대한 서구 식민지 정부의 간섭과 억압 그리고 기독교 선교에 대해 저항하기 시작하였고, 서구 식민지 지배에 대한 저항의 중심 세력과 상징이 되었다.

무슬림은 서구 식민정부와 기독교를 구분하지 못한다. 네덜란드와 영국 그리고 프랑스는 기독교 국가였다. 네덜란드와 영국은 동인도회사를 통하여 간접 통치하다가 후에는 직접 식민지 통치하면서 기존의 이슬람 왕국과 지배계급을 인정하면서 지배하였고 이슬람은 서구 식민지 지배에 대한 저항의 중심 세력과 상징이 되었기 때문에 인도네시아와 말레이시아 그리고 브루나이에는 무슬림이 다수를 이루는 나라가 되었다. 스페인은 초기부터 정부가 필리핀을 직접 식민지 지배하였고 기독교 선교를 식민지 지배의 주요 목적이었기 때문에 대대적인 이슬람에 대한 공격과 억압, 끊임없는 주변화와 타자화 그리고 19세기 말 미국의 식민지 통치로 인하여 동남아 유일의 기독교 국가가 되었다. 아직도 필리핀 남부 민다나오와 술루 지역에서 무슬림 분리주의 운동이 계속되고 있으며 '방사 모로Bangsa Moro 분리 독립운동이 진행되고 있다.

미국의 아프가니스탄 전쟁과 이라크 전쟁, 그리고 팔레스타인 문제에 대한 노골적인 미국의 이스라엘 편들기와 2001년 9/11사태 후의 지구적인 "테러와의 전쟁"은 동남아 무슬림에게 서구와 기독교에 대한 반감과 적대감을 증폭시키고 있으며, 무슬림을 위험한 테러 집단으로 의심하고 주변화시키고 있고, 정부의 의심과 감시의 대상으로 만들고 있다. 무슬림은 미국과 서구를 기독교와 분리하여 생각하지 않고 있으며 과거에 자신들을 식민 지배했고 기독교 종교와 문화를 강요했던 역사와 과거를 잊지 않고 있다. 이러한 상황은 한국 선교에는 서구 선교와 다른 기회를 제공하고 있으며, 이전의 문화 제국주의적 교만함과 오리엔탈리즘에서 벗어나서 현지 종교와 문화를 존중하고 더불어 살아가면서 대화와 섬김을 통한 탈식민주의 선교가 요청된다. 서구 선교사가 갈 수 없고 무슬림 공동체 속에서 살아갈 수 없지만, 한국 선교사는 접근이 가능하고 선교 사역이 가능한 지역이 대부분이다.

B. 동남아 소수자 무슬림의 차별과 억압받음을 이해하고 평화와 화해 사역 참여하기

태국 남부의 소수자 무슬림은 여전히 절대다수의 불교국가인 태국 정부로부터 차별과 불평등 대접을 받고 있다. 전체 인구의 90% 이상이 불교도 국가인 태국은 인구의 80% 이상이 무슬림인 남부지역에 대하여 강력하고 무력을 동반한 통합 정책과 소수민족 동화정책을 시행해 왔다. 1970년대 후반부터 남부 이슬람 지역은 무력을 동반한 강력한 무장 분리주의 투쟁으로 맞섰다. 하지만 중앙정부가 남부지역 주민들의 말레이 정체성을 인식하고 주민 참여와 경제개발을 도모하는 새로운 통합 정책과 경제적 낙후성 문제를 해결하기 위한 경제 발전과 지원 사업을 시행하면서 중앙정부에 대한 분리주의 운동이 크게 완화되었다. 하지만 2001년부터 탁신 정부는 남부지역에 대한 중앙 통제를 강화하고 '마약과의 전쟁'을 선포하여 강력한 토벌 작전을 수행하면서 다수의 인권 문제가 발생하였으며, 이슬람 정체성을 약화시키기 위해, 이슬람 기숙학교인 뽄독*Pondok*을 폐지하고 태국어 및 문화를 강화하는 정책을 펴면서 다시 분리주의 운동이 격화되었다. 최근에도 태국 남부지역의 과격한 폭력 투쟁은 이어지고 있다.

필리핀 남부의 분리주의와 지역갈등은 오랜 역사를 가지고 있다. 스페인 식민 지배 기간에도 필리핀 남부지역 주민들은 스페인의 식민지 정복을 위한 지속적인 공격에도 불구하고 저항활동을 이어왔다. 그 후 미국의 식민지 지배 시기에도 지속적인 정복사 업과 기독교인 북부 지역 주민을 남부지역으로 이주시켜 인위적인 종교 인구 변화와 무슬림에 대한 차별 대우, 기독교 동화정책을 추진하여 남부지역의 무슬림 분리주의 운동을 격화시켰다.[69] 필리핀의 독립 이후에도 남부 민다나오 지역의 무슬림 땅을 강제적으로 빼앗아 외부인에게 분배하는 중앙정부의 이주 정책에 강력하게 저항하였다. 계속 이어지는 경제적 불평등과 차별은 필리핀 남부 이슬람의 분리주의 투쟁이 끝나지 않게 만들고 있다.

필리핀 정부와 무슬림 반군 세력 간의 입장 차가 현저하다. 기독교 국가인 필리핀 정부는 정교분리의 원칙과 영토주권의 원칙을 주장하며, 반군 세력은 이슬람을 근본으로 한 독립된 이슬람 정부를 주장하고 있다. 정부는 모로Moro 이슬람 정체성을 가지고 있는 무슬림을 다수 기독교 국민에 동화시키고 힘에 의한 굴복을 강요하기보다는 서로의 차이를 인정하고 존중과 공존의 환경을 조성해야 할 것이다. 협상 결과를 이행하는 데 필요한 다양한 인적 · 물적 지원을 제공하고 협상의 약속을 성실하게 지키는 정부의 역할이 중대하지만 동시에 기독교회도 서로를 이해하려는 종교적 대화와 화해의 노력을 통하여 평화를 이루는 자peace maker로서 선교적 역할을 감당해야 한다. 절대다수 종교와 문화 그리고 중앙정부의 지배와 통제를 목적으로 한 강압적 통합정책을 결코 무슬림 소수자의 분리주의 문제를 해결할 수 없다.

미얀마의 로힝야 무슬림 소수자의 학살과 박해의 근본 원인은 영국

69 위의 글, 168.

식민지 정부가 로힝야족을 전쟁에 동원하여 미얀마 사람들을 향하여 총을 들게 하였고 이에 대한 미얀마 사람들의 미움과 원한이 있으며, 로힝야족을 농업노동자로 방글라데시와 인도의 벵골지역 미얀마 국경에 있던 로힝야족을 들여왔었으나 외국인 불법 이민자로 여기기 때문에 로힝야족은 아직도 미얀마 국적이나 방글라데시 국적을 인정받지 못하고 무국적자 난민 상태로 비참하게 살아가고 있다.

기독교회는 이웃 종교를 인정하고 서로를 존중하고 함께 더불어 살아가는 이웃과 형제라는 선교적 이해가 중요하다. 무슬림들은 그리스도인들과 함께 더불어 살아가야 하는 우리의 이웃들이다. 세계는 하나가 되었고 우리는 서로 의존하며 살아가고 서로 깊이 연관을 맺으며 살고 있다. 공평과 정의 그리고 평화는 기독교회의 선교적 과제이다. 이를 위해 기독교회는 무슬림 공동체와 대화와 서로를 알아가기 그리고 평화와 정의를 이루어 가기 위한 과제를 위해 무슬림 공동체와 함께 구체적이고 실천적인 일을 계획하고 실천하는 것이 필요하다. 복음 전도는 평화와 화해의 구체적인 실천 가운데 성령의 도우심으로 이루어져야 한다. 한스 큉의 "종교의 평화 없이는 세계의 평화도 없다."[70]라는 외침과 명제는 동남아시아의 정치적 · 종교적 상황에 가장 맞는 절박하고도 중요한 외침이다. 오늘날 세계는 종교적 평화를 통한 세계 평화를 이루어야 하는 절박한 도전 앞에 직면해 있다.[71] 세계 평화를 위한 아주 막중한 책임이 세계 종교 특히 기독교와 이슬람에 맡겨져 있다. 한스 큉은 미래에는 분리시키고 적대적인 대결 구도를 만드는 종교가 아니라 조화와 상생과 협력을 추구하는 종교에 의해 세계는 결정될 것이라고 주장한다. 왜냐하면

70 Hans Küng, *Projekt Weltethos*, 안명옥 역, 『세계 윤리 구상』 (경북 왜관: 분도출판사, 1992), 15.

71 Hans Küng, *Projekt Weltethos*, 안명옥 역, 『세계 윤리 구상』, 17-18.

"인류는 항상 종교들이 이 지상에 평화를 실현하게 하기보다는 전쟁을 부추기는 것을, 화해를 추구하는 대신 광신을 재촉하는 것을, 그리고 대화를 실천하기보다는 우월성을 주장하는 것을 더 이상 용인하지 않을 것이기 때문이다."[72]

C. NGO와 공적개발원조(ODA) 사업을 통한 창의적 선교

동남아 이슬람 지역은 선교 사역할 수 있는 곳이 대부분이다. 인도네시아 아체주나 필리핀 남부 이슬람 분리주의 운동을 하는 특별한 지역을 제외하면 법적으로 선교사가거주할 수 있고 사역할 수 있다. 하지만 동남아 이슬람 지역에서 선교하려는 선교사는 NGO 이름으로 통전적 선교 활동을 하는 것이 훨씬 효과적이다. 선교사가 재단 형태의 NGO를 현지에서 설립하고 한국의 NGO와 협력하여, 선교사는 현지 사업 실행 기관을 운영할 수 있다. 선교사가 한국에서 재단을 설립하여 정부의 공적개발원조ODA 사업을 할 수도 있지만, 선교 현장에서 살고 활동하고 있는 선교사가 한국의 재단을 운영하기는 너무 벅차고 어려운 것이 현실이다. 실행 가능한 방법은 선교사가 현지에서 재단을 설립하고 한국의 NGO와 협력하여, 한국의 NGO가 ODA 사업을 한국국제협력단KOICA에 신청하여 사업을 승인받고, 선교사는 현지에 있는 NGO나 직접 세운 NGO 이름으로 여러 가지 지역 개발 사업을 수행할 수 있다. 인도네시아에서 아직도 샤리아를 실시하고 있는 아체에서 쓰나미 사태가 났을 때, 예장 통합 PCK 인도네시아 선교회는 인도네시아 교회협의회 산하 재난 대책재단 이름으로, 국내 및 국제 재난 NGO와 협력하여 1년 반 동안 초등

72 위의 책, 18.

학교 영양급식 사업, 클리닉 사업, 우물 및 화장실 사업 등을 실행하였다. 이러한 사역이 발전하여 인도네시아에서 선교가 어려운 아체지역에서 의료선교가 이어지고 있다. 베트남에서 사역하고 있는 통합 측 선교사는 소액 신용대출 사업을 통하여 사회주의 국가에서 공산주의 여성동맹에게 소액 대출사업을 넘겨주어 지속 가능한 사업이 되어 좋은 성과를 내고 있으며, 장애인 사역 및 여러 가지 사역 들을 베트남 정부의 도움을 받으면서 사역하고 있다. 필자는 인도네시아 수마트라 지역에 현지 재단을 설립하여 환경 피난민 영양급식 사업, 모자보건 교육사업, 보건 건강사업, 환경 피난민 정착촌 주택 건설과 중고등학생 기숙사 및 교육지원사업 등을 실행하고 있다. 이슬람 주민들이 대부분인 지역에서 활동하는데 어려움이 많이 있지만, 국가에서 인정하는 재단 이름으로 정식 허가를 받아서 합법적으로 활동하기 때문에 충분히 사역이 가능하다. 이제 한국교회의 지원으로만 지역개발사업이나 환경운동을 하기에는 한계가 있다. 이슬람 지역에서 지속 가능하고 자립가능한 사업을 하기 위해서는 공적개발원조나 기업이나 재단의 지원을 받는 것이 좋다.

D. 이슬람 지역에서 미션 학교를 통한 선교

서구식민주의가 오랫동안 진행되었던 동남아에는 선교사나 교회가 세운 미션 학교가 많이 있다. 미션 학교는 대부분 그 지역에서 역사가 오래되고 중심지에 있으며 지역사회에서 좋은 평가를 받는 학교들이다. 비록 종교가 다르지만 자녀 교육을 위해서 무슬림 부모는 자녀를 미션 학교에 보내는 경우들이 많다. 미션 학교 밖에는 공개적으로 복음을 전할 수 없지만 교내에서는 비교적 자유롭게 무슬림 학생들에게 복음을 전하고 기독교에 대한 좋은 경험과 인상을 줄 수 있다. 인도네시아의 정치인과 학자들 중에는 미션 학교 출신들이 많고 그리스도인 동문 친구들과 좋은 관계를 맺고 있기에 종교적 화해와 협력에도 도움이 된다. 태국과 필리핀에도 전통 있는 기독교 학교들이 많이 있어서 무슬림 지역의 선교에 효과적이다. 한국교회가 동남아 이슬람 지역에 기독교 학교, 기술교육 학교, 직업교육 학교를 세우면 이슬람 지역사회에 좋은 평가를 받게 되고 선교적으로 좋은 열매를 맺을 수 있다.

참고문헌

김동엽. “필리핀 무슬림 분리주의 운동의 발생과 전개.” 김형준, 홍석준 편. 『동남아의 이슬람화1』. 서울: 눌민, 2014.

소명국. 『동남아시아사』. 서울: 책과함께, 2020.

윤대역. “참파 왕국의 해양 교류와 이슬람.” 김형준, 홍석준 편. 『동남아의 이슬람화2』. 서울: 도서출판 눌민, 2017.

이규대. “탈식민주의 관점에서 본 인도네시아 이슬람 운동과 기독교 선교.” 박사논문: 연세대학교 연합신학대학원, 2014.

이동윤. “동남아 분리주의와 갈등관리의 정치적 동학: 태국과 필리핀의 사례 비교.” 『분쟁해결연구』. 제9권 제3호.

조태영. “필리핀의 이슬람화: 이슬람 교육의 발전과 마드라사(Madrash) 통합교육.” 『동남아시아연구』. 25권. 2015.

Esposito, John L., John O. Voll and Osman Baker eds. *Asian Islam in the 21st Century*. New York: Oxford University Press, 2008.

Küng, Hans. 안명옥 역. 『세계 윤리 구상』. 경북 왜관: 분도출판사, 1992.

Lapidus, I. M. *A History of Islamic Societies* Vol. 1, 2. 『이슬람의 세계사1,2』. 서울: 이산, 2008.

Meuleman, John H. “The History of Islam in Southeast Asia: Some Questions and Debates.” Nathan. *Islam in Southeast Asia*, eds. Nathan, K.S. and Mohammad Hashim Kamali. Singapore: ISEAS Publications, 2005.

Michael Mastura. *Muslim Filipino Experience*. Philippines: Ministry of Muslim Affairs, 1984.

Muhamad Zain Bin Musa. “Dynatics of Faith: Imam Musa in the Revival of Islamic Teaching in Cambodia” Omar Farouk and Hiroyuki Yamamoto ed. *Islam at the Margins: The Muslims for Indochina*. Center for Integrated Area Studies Discussion Paper No.3, 2008. Kyoto University.

Mujiburrahman. "Islam and Politics in Indonesia: The Political Thought of Abdurrahman Wahid." *Islam and Christian-Muslim Relations* 10, no. 3 . October 1999.

Mutalib, Hussin. *Islam in Southeast Asia*. Singapore: ISEA Publications, 2008.

Office of International Religious Freedom. *2022 Report on International*

Religious Freedom: Malaysia https://www.state.gov/reports/2022-report-on-international-religious-freedom/malaysia/ 2023년 9월 7일 접속.

Pew Research Center. *The Future of The Global Muslim Population*. 2023년 8월 접속.

Saw Swee-Hock and K. Kesavapany eds. *Malaysia: Recent Trends and Challenges*. Singapore: Institute of Southeast Asian Studies, 2006.

아시아-태평양 지역의 무슬림 선교

이 규 대

PCK 인도네시아 선교사

무슬림의 지역적 분포와 인구 현황을 구분하고 분석할 때 세계 종교에 관한 가장 광범위하고 전문적인 연구와 분석을 한 퓨 리서치센터Pew Research Center의 『세계 무슬림 인구의 미래: 2010-2031 전망』를 참조하면 도움이 된다.[1] 이 연구보고서는 세계 지역의 구분을 아시아-태평양, 중동-북아프리카, 사하라-이남 아프리카, 유럽, 북 · 중 · 남미로 하고 있다. 필자는 이러한 지역분류에 따라 아시아-태평양 지역의 이슬람과 기독교 인구 현황과 통계를 바탕으로 아시아-태평양 지역의 무슬림 선교를 분석하고 이슬람 선교 방향과 정책을 논하고자 한다.

I. 아시아-태평양 지역의 무슬림 현황과 통계 분석

아시아-태평양 지역은 동아시아의 중국에서부터 가장 서쪽으로 터키에 이르는 지역이며 중앙아시아의 북쪽 카자흐스탄에서부터 중동을 제외한 남아시아와 동남아시아 그리고 오스트레일리아를 포함한 61개 나라가 있는 넓은 지역이다.

퓨 리서치센터Pew Research Center의 자료에 의하면 전 세계 무슬림 인구가 2030년에는 22억 명2010년 16억 명으로 전 세계 인구의 26.4%까지 늘어날 것으로 전망하고 있다.[2] 하지만 이는 종교적, 지리적 확장이라기보다는 무슬림 인구의 연평균 증가율1.25%이 비무슬림0.7%보다 2배가량 높기 때문이다. 중국 인구의 2%가 무슬림이지만 중국 인구가 많기 때문에

1 Pew Research Center, *The Future of the Global Muslim Population: Projections for 2010-2030* (2022. 6.1), http://pewforum.org/The-Future-of-the-Global-Muslim-Population.aspx

2 위의 글, 13.

2030년에는 무슬림 인구 19위 나라가 될 전망이다.

전 세계 무슬림의 대다수가 아시아 태평양 지역에 살고 있으며 앞으로도 계속될 전망이다. 아시아-태평양 무슬림 인구는 2010년 전 세계 인구의 62.1% 약 10억 명을 차지하였다. 이슬람의 본산지이며 근거지인 중동-북아프리카 지역의 무슬림 인구는 전 세계 무슬림 인구의 19.9%2010년를 차지하고 있다. 이러한 사실은 중동-북아프리카 지역보다 아시아-태평양 지역의 무슬림 선교가 더 중요하고 아시아-태평양 지역에 많은 관심을 가져야 한다는 것을 말해주고 있다.

수니파 무슬림은 전 세계 무슬림의 87~90%를 차지하며 시아파 무슬림은 10~13%를 차지한다. 아시아-태평양 지역은 수니파 무슬림이 대다수이다. 인도네시아는 99%, 방글라데시는 99%, 파키스탄은 87%가 수니파 무슬림이다.

아시아 태평양 지역의 무슬림 다수 국가 인구 중에서 무슬림 인구가 90% 이상인 무슬림 절대다수의 나라는 아프가니스탄99.8%, 이란99.7%, 타지키스탄99%, 튀르키예98.6%, 아제르바이잔98.4%, 몰디브98.4%, 우즈베키스탄96.5%, 파키스탄96.4%, 투르크메니스탄93.3%, 방글라데시90.4%이며, 무슬림 인구가 80% 이상인 나라는 키르기스스탄88.8%, 인도네시아88.1%다. 인구 중 무슬림이 과반수 이상인 나라는 말레이시아61.4%, 카자흐스탄56.4%, 브루나이51.9%다. 인구 중 무슬림 인구가 소수지만 의미 있는 숫자가 있는 나라는 사이프러스22.7%, 싱가포르14.9%, 인도14.6%, 스리랑카8.5%, 피지6.3%, 태국5.8%, 필리핀5.1%, 몽골4.4%, 네팔4.2%이 있다. 무슬림이 인구 중 과반수 이상 다수가 있는 나라에 살고 있는 무슬림은 74.1%이며, 무슬림이 다수가 아닌 나라에서 살고 있는 무슬림은 26%

이며 그중에서 선진국에 살고 있는 무슬림의 수는 2.7%다.[3] 이러한 통계에서 주목해야 할 것은 전 세계 무슬림 인구 중 1/4 이상이 무슬림이 다수가 아닌 나라에서 살고 있으며, 이러한 나라들은 상대적으로 무슬림 사역이 자유롭고 종교적 자유가 보장되어 있는 곳이다. 또한 무슬림이 절대다수이지만 종교적 자유가 보장되어 있는 나라인 인도네시아를 주목할 필요가 있다.

아시아–태평양 지역에서 무슬림 인구가 다수이지만 오랜 기독교 역사가 있고 상당한 그리스도인이 살고 있는 나라 인도네시아가 있다. 인도네시아의 인구 중 10%가 그리스도인2천7백만 명이며, 북아프리카–중동의 그리스도인을 합한 수보다 인도네시아 그리스도인이 더 많다.[4] 동남아시아에는 과반수가 무슬림이지만 상당한 수의 그리스도인이 사는 나라는 브루나이9.4%, 말레이시아9.1%가 있으며, 중앙아시아에도 무슬림이 절대다수이지만 상당한 수의 그리스도인이 있는 나라 중 투르크메니스탄은 그리스도인이 6.3%나 된다. 우즈베키스탄은 그리스도인이 2.6% 존재한다. 키르기스스탄은 그리스도인이 12.3%나 되며, 카자흐스탄은 과반수 이상이 무슬림이지만 그리스도인이 26.2%나 살고 있다. 이러한 통계는 중동–북아프리카 지역의 무슬림과 상당한 차이가 있다. 다수가 무슬림인 나라이지만 여전히 상당한 그리스도인이 존재하고 선교가 가능한 지역이기에 한국교회는 이러한 지역에 선교사를 파송하는 데 힘써야 한다.

---

3 위의 글, 155-157.

4 Pew Research Center, *Global Christianity: A Report on the Size and Distribution of the World's Christian Population* (2022. 6. 1.), 75. http://pewforum.org/Cjristian/Global-Christianity.aspx

II. 성서적 무슬림 선교 방향

기독교 선교는 예수 그리스도의 말씀과 행함에 기초한다. 따라서 교회의 이슬람 선교를 위한 성서적 기초는 예수님의 선교 방식과 태도에서 찾을 수 있다. 예수님은 율법 밖의 사람들, 특히 이스라엘의 종교적 · 사회적 공동체에서 배제된 자들에게 특별한 관심을 가지셨다. 예수님은 버림받은 공적인 죄인들과 세리와 더불어 식탁의 교제 나누었고마 9:10, 눅 7:31,[5] 사회적 약자요 주변인인 가난한 자들에게 "행복할 것이요, 웃을 것임"을 약속하면서 유별난 사랑과 특별한 애정을 보이셨다눅 6:20-26. 특히 유대인에게 멸시받고 소외되었던 사마리아인들과 가부장적 사회인 유대에서 인간으로서 존엄성을 인정받지 못하던 여성들을 거리낌 없이 대하였고 그들에게 죄 사함과 구원을 선포하셨다눅 10:25-37, 7:36-50; 8:1-3, 요 4:27. 예수님의 선교 방식과 태도는 종교와 인종과 이념의 경계를 뛰어넘어 하나님의 자비와 사랑을 바탕으로 이뤄졌다.

중세 이후 기독교 선교 패러다임은 "사람을 강권하여 데려다가 내 집을 채우라"눅 14:23라는 말씀에 기초하여 타종교와 문화를 정복하는 '강제 개종 선교'가 수 세기 동안 선교 사상을 지배해 왔다. 물론 16세기 라스 카사스Las Casas는 눅 14:23을 "강요가 아닌 설득"을 의미한다고 보았지만, 20세기까지 이러한 선교 패러다임은 계속해서 사용되어왔다. 그 결과 기독교회의 공식적인 신자가 되지 않으면 구원이 없으며 교회에 들어와야만 영원한 축복이 있다는 선교 개념이 16세기 이후, 극단적으로

5 Donald Senior, Carroll Stuhmueller, *The Biblical foundations for mission*, 최성일 역, 『선교를 위한 성서적 기초』 (다산들방: 서울, 2003), 259.

비서구 세계에 대한 식민지화라는 상황으로 나타났다.

이러한 식민지 선교 패러다임에 대한 비판과 반성으로 1960년대에 하나님의 선교missio Dei 개념이 등장한다. 기독교 선교는 강요나 교회의 자기보존을 위한 투쟁이 아니며,[6] 세상을 향한 자기 비움과 겸손한 섬김으로부터 출발해야 한다고 보았다마 20:28. 세상을 향해 선교하는 교회는 예수 그리스도께서 못 박히신 십자가 밑에 서는 것이며 그리스도와 함께 죽음으로써, 다가오는 그리스도의 미래와 희망을 세상에 선포해야 한다는 것이다고후 5:14-15, 계 21:1-5.

여기서 우리는 기독교회가 타종교에 대한 올바른 선교적 방향과 태도를 위해, 복음주의와 에큐메니컬 선교신학적 입장을 가진 데이빗 보쉬의 견해를 살펴보려고 한다.[7] 그는 기독교 신앙이 근본적으로 '대화적'이라고 말한다. "그것은 자신의 입장을 희생하거나 다른 종교에 대한 편견 없는 접근을 의미하지 않는다. 타종교와 대화하려는 헌신은 우리가 진공 속으로 나아가지 않고, 우리 앞에 선행하여 그들의 문화들과 확신들의 상황 속에서 준비하신 하나님을 만날 것을 기대하며 간다는 믿음에서 출발해야만 가능하다."[8] 보쉬는 오늘날의 선교가 절대성에 대한 주장과 상대주의적 다원주의 사이를 넘어서는 창조적인 긴장이 필요하다고 말한다. 오늘날 거의 모든 그리스도인은 세상 어느 곳에서나 다른 종교인들과의 공존이 그들의 일상이요 삶의 일부분이라는 사실을 인정하며, 기독교 신앙은 본질적으로 대화적이어야만 한다는 것이다.

---

6 David J. Bosch, *Transforming Mission*, 김병길, 장훈태 역, 『변화하고 있는 선교』 (서울: 기독교문서선교회, 2000), 763.

7 위의 책, 711-720.

8 Eric Sharpe, "New Directions in the Theology of Mission," *The Evangelical Quarterly* vol 46, 8-24. David J Bosch, 김병길, 장훈태 역, 『변화하고 있는 선교』, 713에서 재인용.

오늘날 미국을 포함한 서구와 보수적인 근본주의 교회는 이슬람을 향해서 '우리의 선'과 '그들의 악'을 뚜렷하게 구분하는 경향이 있다. 미국은 인도주의적 문화를 대표하는 반면 무슬림은 폭력과 증오를 대변하며, 이슬람 문명이 서구 문명과 완전히 대립하는 것으로 본다. 이는 새뮤얼 헌팅턴이 주장하는 〈문명의 충돌〉이라는 통속적이고 환원적인 논리에 기초하고 있다.[9] 보수적인 기독교회들은 전 세계의 다양하고 혼종적인 이슬람 세계를"이슬람"이라는 하나의 단어로 정형화하여, 오늘날 전 세계 5대양 6대주에 걸쳐 살아가고 있는 19억의 무슬림들을 향해 서구 오리엔탈리즘의 관점으로 이슬람을 바라보고 이슬람포비아를 조장하고 확대 재생산하는 데 앞장서고 있다.

대화의 선교는 오로지 겸손의 태도 속에서만 실행될 수 있다. 기독교 신앙은 은혜의 종교이고 그 중심은 십자가에서 발견된다. 십자가의 약함과 겸손은 기독교 신앙의 본질로서 타종교인과 대화와 교제의 기초가 된다. 자기 자신의 신앙을 귀하게 여기는 동시에 타종교인의 신앙이 다른 축과 구조를 가진 세계임을 인정하며, 자신의 종교와는 전혀 다른 방향으로 접근하려는 태도를 가지는 것이다. 이러한 보쉬의 타종교에 대한 선교 신학적 입장은 오늘날 기독교회의 이슬람 선교에 효과적으로 적용할 수 있다.

교회는 길이요 진리요 생명이신 그리스도를 선포할 의무가 있다. 대화한다고 해서 선교의 본질을 간과하거나 잃어버려서는 안 된다. "세상 속에서 교회의 소명의 중심에는 십자가에서 못 박히시고 부활하신 주 예수 그리스도 안에서 시작된 하나님의 나라의 선포가 있다. 기독교인들

---

9 Edward W. Said, *Representations of the Intellectual*, 최유준 역, 『지식인의 표상』 (서울: 마티, 2012), 26.

은 모든 사람과 모든 민족에게 전해 줄 예수 그리스도 안에서의 하나님의 구원의 메시지를 소유하고 있다." W.C.C.의 ME 6 우리는 어떻게 선교적이면서도 대화로 나아가는 긴장을 유지할 수 있을까?

기독교회는 예수 그리스도 외에 다른 구원의 길을 지시할 수 없으며 동시에 하나님의 구원 능력에 한계를 둘 수 없다는 긴장을 해소해 나가야 할 소명이 있다. 지금 당장 기독교회가 타종교에 대한 선교적 모범 답안을 모두 가지고 있지 않다고 해도, 대화와 선교로의 참여를 모험으로 간주하고 모험을 할 준비를 갖추어야 한다. 그리고 성령께서 우리를 더 충만한 이해로 인도하심을 기대하며 인정해야 한다. 우리는 단지 부분적으로 아는 동시에 참으로 안다. 우리가 고백하는 신앙이 참되며 옳으며 선포되어야 한다고 믿는다. 그러기에 기독교회는 심판자와 변호인이 아닌 증인으로서 선포하며, 군인이 아닌 평화의 사절로서 부담 주는 판매원이 아닌 주님의 대사로서 우리의 신앙을 증언해야 한다. 이것이 이슬람을 향해 기독교회가 가져야 할 선교 신학적 입장이어야 한다.

현재 전 세계 무슬림 인구는 19억 명으로 전 세계 인구의 1/4에 해당하며, 이슬람은 기독교21억 8천 명, 2010 통계[10] 다음으로 세계 2대 종교가 되었다. 1990년 11억 명이었던 무슬림 인구가 2030년에는 22억 명26.4%까지 늘어날 것으로 예상하고 있다.[11] 지역적으로 보면, 아시아-태평양 지역에 62.1%, 중동-북아프리카 지역에 19.9%, 사하라 이남 아프리카 지역에 15%, 유럽에 2.7%, 북 · 중 · 남아메리카에 0.3% 거주하고 있다.

10 Pew Research Center's Forum on Religion & Public Life, "Global Christianity: A Report on the Size and Distribution of the World's Christian Population," Dec. 2011. https://www.academia.edu/2008769/Global_Christianity_A_Report_on_the_Size_and_Distribution_of_the_World_s_Christian_Population?from=cover_page

11 https://en.wikipedia.org/wiki/Islam_by_country and Pew Research Center, "The Future of the Global Muslim Population," Jan. 2011.

이러한 통계를 보면서 빠르게 성장하고 있는 무슬림 인구에 놀라움과 두려움을 가질 수 있지만, 통계를 좀 더 자세히 분석해 보면 이슬람의 성장과 확산에 대하여 막연하게 두려워할 필요는 없다. 왜냐하면[12] 무슬림 인구의 빠른 성장이 이슬람 종교의 전파로 인한 확산보다 생물학적 성장과 이민의 영향이 크기 때문이다. 현재까지 무슬림의 인구증가율은 비무슬림 인구증가율의 2배에 이른다무슬림 2.3%, 비 무슬림 1.2%, 1990-2000. 하지만 이러한 증가율은 향후 20~30년에 걸쳐서 점차 낮아질 것으로 보인다무슬림 1.4%, 비무슬림 0.6%, 2020-2030. 2000년을 기점으로 북미를 제외하고 사하라 이남, 중동-북아프리카, 유럽, 아시아-태평양 지역에서 무슬림 인구증가율이 계속 낮아지고 있는데 이는 무슬림 나라들의 출생률이 낮아지고 평균연령이 점차 올라가고 있기 때문이다.

아시아-태평양 지역 내 인구 중 무슬림의 비율은 2010년 기준 10억 5백5십만 명24.8%이며, 2030년에는 12억 9천5백6십만 명27.3%을 예상한다. 중동-북아프리카 지역 내 인구 중 무슬림의 비율은 2010년 기준 3억 2천1백9십만 명91.2%이며 2030년에는 4억 3천9백5십만 명91.4%을 예상한다. 사하라 이남 아프리카 무슬림 비율은 2010년 기준 2억 4천2백5십만 명29.6%, 2030년에는 3억 8천5백9십만 명31%을 예상한다. 유럽의 무슬림 비율은 2010년 기준 4천4백1십만 명6%이며 2030년에는 5천8백만 명8%을 예상한다. 여기서 주목할 부분은 지난 30년 동안 중동-북아프리카 무슬림의 비율이 거의 변하지 않았다는 점이다. 이는 생물학적 인구 성장 이외 증가 요인이 없음을 보여준다, 또한 유럽의 무슬림 증

12 Pew Research Center, “The Future of the Global Muslim Population: Projections for 2010-2030” (2022. 6.1), p. 13. http://pewforum.org/The-Future-of-the-Global-Muslim-Population.aspx

가는 주로 무슬림의 이주와 이주민의 출생률이 높은 요인 때문이다. 전체적인 통계를 볼 때 2030년 이후의 이슬람 인구 증가는 이주와 생물학적 요인에 의한 아주 완만한 증가가 예상되며, 개종에 의한 증가는 약화될 것으로 보인다. 따라서 한국교회에서 퍼지고 있는 "얼마 있지 않아서 유럽과 북미 그리고 아시아-태평양 지역이 이슬람화될 것"이라는 불안은 근거가 희박하다. 10여 년 전 한국에서도 "이슬람이 몰려온다", "한국도 엄청난 숫자의 무슬림이 생겨날 것이다"라며 이슬람포비아를 외쳤지만 1990년에 43,000명, 2010년에 75,000명이었으며, 2030년에 76,000명이 될 것이라고 예상하고 있다.[13] 따라서 향후 북미나 유럽 그리고 한국에 엄청난 수의 무슬림이 존재하게 될 것이라는 주장은 근거가 없으며 오히려 이슬람포비아를 조장하는 것이다.

III. 아시아-태평양 지역의 무슬림 현황과 통계 분석

분명한 사실은 근현대 시기에 이슬람은 나라나 지역을 넘어서 그리고 다른 인종으로 확산되지 않았다는 것이다. 반면 현재 세계 인구의 32%인 기독교 인구의 비율은 지난 백 년 동안 거의 유지되었으며, 기독교인의 인종적 · 지역적 확산이 광범위하게 이루어졌다는 사실이다. 물론 유럽 기독교인이 66.3%1910에서 25.9%로 격감하였지만 사하라 남부 아프리카 기독교인 비율은 17배나 증가하였고 아시아-태평양 기독교인 비율은 3배나 증가하였다. 남반부Global South 기독교인의 비율61%이 북반부Global North, 북미, 유럽, 호주, 뉴질랜드, 일본 기독교인39%보다 1.5배 이상이

13 Pew Research Center, "The Future of the Global Muslim Population," Jan. 2011, p. 159.

되었다.[14] 이러한 통계로 볼 때 남반부 기독교의 활력과 성장은 이슬람 선교의 교두보가 될 수 있다는 점을 주목해야 한다. 한국교회는 북반부 기독교의 쇠퇴와 선교 약화에 따른 미래의 선교를 걱정하지만, 남반부 기독교의 성장과 남반부 기독교의 무슬림 선교의 가능성과 역량을 주목하면서 이제는 남반부 기독교회와 협력하여 선교하는 시대로 나아가야 한다. 한국교회는 남반부 기독교의 선교역량을 강화하고 선교적 교회로 변화해 갈 수 있도록 돕는 일을 무슬림 선교의 가장 큰 과제로 삼아야 한다. 한국교회는 남반부 기독교 지역으로 한국 선교사들을 파송하여 남반부 기독교회를 선교의 전진기지로 삼고 그들과 동역하여 남반부 기독교의 선교동역화에 힘쓰는 것이 가장 효과적인 무슬림 선교가 될 것이다.

그동안 한국교회는 이슬람 선교를 위해 많은 이슬람 지역에 선교사를 파송하여왔다. 그중에서 합법적인 거주와 선교 활동이 가능하지 않은 곳에서 사역하는 선교사들은 자신의 신분을 숨기고 경제적 활동이나 NGO 사업을 통해 제한된 선교사역을 감당해 왔지만, 결실은 미미하였다. 따라서 이러한 지역의 선교를 지속함과 동시에 효과적인 이슬람 선교를 위해서는 종교의 자유가 보장되고 선교사가 합법적으로 활동할 수 있는 남반구 무슬림 지역을 주목할 필요가 있다. 열매 있는 무슬림 선교를 위해서는 중동-북아프리카 지역보다는 아시아-태평양 지역중앙아시아 포함이나 사하라 이남 아프리카가 이슬람 선교의 최적지다. 남반구 현지의 기독교회가 무슬림에게 이웃으로 다가가서 증언하도록 한국교회가 돕고 훈련하는 일을 감당해야 한다.

---

14 Pew Research Center, "Global Christianity: A Report on the Size and Distribution of the World's Christian Population," Dec. 2011, p. 13. http://pewforum.org/Christian/Global-Christianity-worlds-christian-population.aspx

한국교회의 이슬람 선교는 공존과 협력의 바탕 위에 대화와 섬김을 통해 지속되어야 한다. 무슬림에 대한 미움과 적대감 그리고 공포는 복음의 장애 요인이 된다. 무슬림이 우리와 함께 살아가야 할 세계의 이웃임을 인정하며, 무슬림이 믿는 신앙과 삶에 귀를 기울이고 관심을 가지고 다가가 친구가 되고 이웃이 되어야 한다. 그들과 함께 이 지구촌의 가난과 불의한 사회구조, 정의와 인권 그리고 환경문제들을 해결하기 위해 협력해야 한다. 이 땅에서 사랑과 정의와 평화가 자라고 꽃피우는 일을 위해 기독교인들과 무슬림들이 함께 일하게 될 때, 복음의 능력 속에서 서로의 확신과 소망을 증언하는 기회가 반드시 올 것이다. 바로 이것이 한국교회와 선교사가 가장 잘할 수 있는 사역이며 효과적인 이슬람 선교일 것이다.

아라비아반도에 부는 개혁의 바람과 무슬림 선교 정책 모색
: 사우디아라비아 비전2030의 도전과 기독교 선교

한 동 희

PCK 요르단 선교사

I. 서론

아라비아 사막Arabian Desert에 거센 바람이 불고 있다. 아라비아반도 Arabian Peninsula[1]의 사우디아라비아는 극단주의 조장 국가에서 벗어나 탈석유 이후 중동Middle East[2]의 지정학적 중심을 목표로 개혁을 진행하고 있다. 과거 사우디아라비아는 극단적 보수주의 이슬람[3]인 '와하비 사상' Wahhabism과 결탁해 왔고, 세계 최대의 원유 매장량에 의존해 경제를 발전시켰으며, 시아파의 중심국인 이란과 이슬람의 종주국을 자처하며 대립과 반목을 지속해 왔다. 최근에 발표된 '사우디 비전 2030'Saudi Vision 2030[4]은 사우디아라비아가 온건한 이슬람으로 개혁하고, 탈석유 경제 구

---

1 이 소고에서 '아라비아'(Arabia)는 '아라비아반도'(Arabian Peninsula) 지역을 지칭한다. '아랍'(Arab) 혹은 '아랍 부족'은 토착어가 아랍어인 사람들로 규정된다. 이슬람의 확장 이전에는 '아랍'이란 용어가 아라비아반도에 거주하는 셈족 계열의 유목민을 지칭했으나, 현대에는 아랍어를 사용하는 지역의 거주민들을 포괄하는 의미로 사용된다. *Encyclopaedia Britannica*, s.v. "Arab," accessed July 16, 2023, https://www.britannica.com/topic/Arab; Robert Bertram Serjeant, William L. Ochsenwald and George S. Rentz, "Arabia: Jazīrat Al- Arab ("Island of the Arabs")," in Encyclopaedia Britannica, accessed July 9, 2023, https://www.britannica.com/place/Arabia-peninsula-Asia.

2 '중동'(Middle East)이란 용어는 1850년대에 영국령 인도 사무소에서 유래되었고, 1902년 미 해군 사령관 앨프리드 세이어 머핸(Alfred Thayer Mahan)이 아라비아(Arabia)와 인도(India) 지역을 구분하기 위해 사용하면서 널리 알려졌다. 20세기 이후로, 중동은 터키, 사이프러스, 시리아, 레바논, 이라크, 이란, 이스라엘, 팔레스틴, 요르단, 이집트, 수단, 리비아와 함께 아라비아반도에 있는 사우디아라비아, 쿠웨이트, 예멘, 오만, 바레인, 카타르, 아랍에미리트를 포괄해 지칭하며, 북아프리카의 아랍 국가들인 튀니지, 알제리, 모로코를 포함하기도 한다. Clayton R. Koppes, "Captain Mahan, General Gordon, and the Origins of the Term 'Middle East'," *Middle East Studies* 12, no. 1 (January 1976): 95; Bernard Lewis, *The Middle East and the West* (New York: Harper Torchbooks, 1964), 9; *Encyclopaedia Britannica*, s.v. "Middle East," accessed July 9, 2023, https://www.britannica.com/place/Middle-East.

3 이 글에서 종교를 나타낼 때는 이슬람(*al- Islām*), 이슬람 종교를 따르는 종교인을 지칭할 때는 무슬림(*al-Muslim*)으로 구분해 사용한다.

4 이 소고에서 '사우디 비전 2030'(Saudi Vision 2030)은 '비전 2030'으로 축약해 사용한다. King

조 다각화를 실현하며, 무역의 허브Hub로서 새로운 지정학적 중심이 되는 혁신적 가치를 내포하고 있다.

아라비아반도의 보수적 환경에도 기독교 선교는 전통적인 인프라를 구축하며 진행해 왔다. 아라비아반도의 변화하는 지형에 마주하여 과거에 진행된 선교를 회고하고, 앞으로의 선교 정책을 모색하는 일은 아랍세계 선교의 미래를 위해 매우 중요하다. 최근에 사우디아라비아 '비전 2030'은 아라비아반도를 향한 선교 정책과 선교적 실천에 있어 중점 과제들을 제안하고 있다.

본 연구의 목적은 아라비아반도의 개혁에 직면하여 아랍 무슬림을 향한 기독교 선교 정책을 모색하는 것이다. 최근에 서구와 중동, 국내의 연구 기관들은 '비전 2030'과 관련하여 정치, 경제적인 분석과 전망을 제시했다.[5] 그러나, 사우디아라비아의 개혁적인 전환에 마주하여 선교적 대안을 숙고하는 연구는 시작 단계이다. 이 연구는 아라비아반

Salman bin Abdulaziz Al Saud and Mohammad bin Salman bin Abdulaziz Al Saud, *Vision 2030: Kingdom of Saudi Arabia* (Riyadh: Kingdom of Saudi Arabia, 2016); "Vision 2030 Projects," Vision 2030: Kingdom of Saudi Arabia, accessed July 29, 2023, https://www.vision2030.gov.sa/v2030/v2030-projects/.

5 Bina Hussein, "Political Trends, Demographics, Education, and Employment," in *Energy Secter Diversification: Meeting Demographic Challenges in the MENA Region* (Washington, D. C.: Atlantic Council, 2020), 4-10; Joseph A. Kéchichian, "Saudi Arabia and Its New Leadership in 2030," *Asan Institute for Policy Studies* 2019, no. 8 (September 2019): 1-13; Stephen Grand and Katherine Wolff, "How is Vision 2030 to be Implemented?," in *Assessing Saudi Vision 2030: A 2020 Review* (Washington, D. C.: Atlantic Council, 2020), 17-40; 남옥정, "무함마드 빈 살만의 사우디 비전 2030의 명암, 리더십의 한계와 위기전망," 『GCC국가연구소 연간정책보고서 06: 걸프 3개국 비전 2030의 현안 및 쟁점』 (용인: 단국대학교 GCC국가연구소, 2018), 1-20; 송상현, "사우디아라비아의 경제 다각화를 위한 노력과 '사우디 비전 2030'," 『GCC국가연구소 연간정책보고서 06: 걸프 3개국 비전 2030의 현안 및 쟁점』 (용인: 단국대학교 GCC국가연구소, 2018), 21-44; 엄익란, "사우디 비전 2030과 여성," 『GCC국가연구소 연간정책보고서 06: 걸프 3개국 비전 2030의 현안 및 쟁점』 (용인: 단국대학교 GCC국가연구소, 2018), 45-66을 보라.

도에 존속하던 근본주의 이슬람의 역사적인 변화와 그 원인이 된 탈석유 경제 다각화 속에서 선교적 함의를 도출하고 선교 정책을 제시하려고 한다. 또한, 세계 물류의 중심을 목표로 건설하는 첨단 도시를 아랍 세계 선교의 중심으로 활용하는 선교 전략도 제언할 것이다. 이를 위해서, 아라비아반도의 선교 지형을 분석하고, 이슬람의 역사를 따라 와하비 사상의 확산을 심도 있게 다룰 것이다. 과거에 와하비 추종자들이 이슬람의 유산을 파괴했던 행적들과 최근에 사우디 여성들의 확장되는 사회 활동 사례들은 극단주의 이슬람의 변화를 이해하는 데 도움을 줄 것이다. 이 연구는 아라비아반도에서 진행된 선교 역사를 돌아보고, 선교 신학이 함축하고 있는 내용을 고찰함으로써 실제적인 무슬림 선교 정책을 제시할 것이다.

II. 아라비아반도의 선교 지형 분석

A. 아라비아반도의 지정학

아라비아반도는 세계에서 가장 큰 반도로서, 중동의 중심에 위치한다. 아라비아반도는 서아시아와 북동 아프리카를 연결하며, 남서쪽으로 홍해Red Sea와 아덴만Gulf of Aden, 남동쪽으로 아라비아해Arabian Sea, 동쪽으로 오만만Gulf of Oman과 페르시아만Persian Gulf에 둘러싸여 있다. 아라비아반도의 범위 안에는 크기순으로 사우디아라비아, 예멘, 오만, 아랍에미리트United Arab Emirates, 쿠웨이트, 카타르, 바레인 등의 아랍 국가들과 북쪽에 위치한 요르단과 이라크의 남부 지역도 포함된다. 아라비아반도의 면적은 약 3백1십만 제곱킬로미터이나, 아라비아 사막이 75%로서 대부분을 차지한다.[6] 대륙과 바다를 연결하는 아라비아반도는 교류의 중심이었고, 거친 사막 환경은 극복의 대상이었다.

아라비아반도의 사막에서 발견된 석유는 유목민이던 아랍 부족들의 삶에 경제적 부를 가져왔다. 1932년 바레인을 시작으로, 사우디아라비아를 비롯한 모든 국가들에서 석유가 발견되었고, 아라비아반도는 세계 최대의 원유 매장량을 보유하게 되었다.[7] 에너지 자원인 원유는 가공되어 수출되었고, 석유 제품 생산과 공업 원료로 사용되었다. 1960년에 막대한 부의 원천인 석유 정책을 의논하기 위해 석유 수출국 기구OPEC가 결성되었다.[8] 1980년에 사우디아라비아 정부는 세계에서 가장 큰 정유회사인 '아람코'Aramco, Arabian-America Oil Company를 국유화했고, 현재 '사우디 아람코'Saudi Aramco는 애플 회사Apple Inc.에 버금가는 전 세계에서 가장 가치가 높은 기업이 되었다.[9] 석유는 아라비아반도 국가들의 경제

---

6 Robert Bertram Serjeant et al., "Arabia: Jazīrat Al- Arab."; William L. Ochsenwald, Donald August Holm and Lewis Owen, "Arabian Desert," in *Encyclopaedia Britannica*, accessed July 9, 2023, https://www.britannica.com/place/Arabian-Desert.

7 석유 수출국 기구(OPEC, Organization of the Petroleum Exporting Countries)는 2021년 통계에서 베네수엘라(30.347억 배럴), 사우디아라비아(26.719억 배럴), 이란(20.860억 배럴), 이라크(14.502억 배럴), 아랍에미리트(11.100억 배럴), 쿠웨이트(10.150억 배럴) 순으로 원유 매장량을 추정한다. 2023년 현재 회원국은 13개 국가이고, 아라비아 반도에서는 사우디아라비아, 쿠웨이트, 아랍에미리트가 포함된다. OPEC, "OPEC share of world Crude Oil Reserves, 2021," *OPEC Annual Statistical Bulletin 2022*, accessed July 15, 2023, https://www.opec.org/opec_web/en/data_graphs/330.htm.

8 석유는 이란(1908년), 바레인(1932년), 사우디아라비아(1938년), 쿠웨이트(1940년), 카타르(1940년), 아부다비(1960년), 오만(1964년), 남예멘(1983년), 북예멘(1984년) 순으로 발견되었다. George S. Rentz and Basheer K. Nijim, "Economy of Arabia," in *Encyclopaedia Britannica*, July 15, 2023, https://www.britannica.com/place/Arabia-peninsula-Asia/Economy.

9 "Our history: Driven by the curiosity to explore," Aramco, accessed July 15, 2023, https://www.aramco.com/en/who-we-are/overview/our-history.

발전에 원동력이 되었고, 메카 순례객에 의존하던 사우디아라비아는 석유 패권을 쥐고 발전을 도모하게 되었다.

아라비아반도의 사우디아라비아는 서아시아 대륙의 이란과 정치적, 종교적으로 대립과 반목을 지속해 왔다. 1929년에 사우디아라비아의 전신인 네지드-헤자즈 왕국Kingdom of Hejaz and Nejd, 1926-1932은 이란의 팔라비 왕조Pahlavi Dynasty, 1925-1979와 수교를 맺어 우호적 관계를 형성했다. 하지만, 1979년에 이란 혁명Iranian Revolution이 발발했고, 루홀라 호메이니Rūḥallāh Khomeynī, 1979-1989 재위[10]는 이란의 최고 지도자*rahbar*, 라흐바르로서, 신정제 이슬람 공화국을 설립하여 양국 관계에 갈등의 골이 깊어졌다. 호메이니는 사우디 왕가를 폭군으로 묘사했고,[11] 사우디아라비아는 이란-이라크 전쟁Iran-Iraq War, 1980-1988에서 미국과 함께 이라크를 지원했다. 2011년 '아랍의 봄'Arab Spring[12] 이후, 사우디아라비아는 예멘 정부를 지지했고, 이란은 시아파 후티*Ḥūthī* 반군을 도우며 서로 반목을 지속했다. 2016년에 사우디아라비아는 정부에 비판적인 시아파 성직자를 처형한 후 이란과의 국교를 단절했으나, 2023년 3월에 중국의 중재

---

10 루홀라 호메이니(Rūḥallāh Khomeynī, 1902-1989)는 시아파인 열두 이맘파(Twelver Shī ism 또는 *imāmiyyah*)로서, 고위 성직자의 존칭인 '아야톨라'(*āyatollāh*, 신의 징표) 혹은 이슬람 지도자인 '이맘'(*imām*, 이끄는 자)으로 불렸다. 그는 신정제 이슬람 공화국에서 '라흐바르'(*rahbar*, 최고 지도자)로 호칭되었고, 정치와 종교 문제에 최종 권위를 가진 국가 원수이자 최고 지도자였다. Hamid Algar, "KHOMEINI," in *Encyclopaedia Iranica Online*, vol. XVI, fascicle 5-6 (New York: Columbia University, 2020), 542-590, accessed July 12, 2023, https://referenceworks.brillonline.com/entries/encyclopaedia-iranica-online/khomeini-COM_12401을 참고하라.

11 Mansour Farhan, "It's complicated: Why Iran and Saudi Arabia don't get along," *Middle East Eye*, September 27, 2016, accessed July 12, 2023, https://www.middleeasteye.net/big-story/its-complicated-why-iran-and-saudi-arabia-dont-get-along.

12 2011년 이후, 시민 혁명으로 인한 아랍 세계 장기 집권 세력들의 몰락을 일컬어 '아랍의 봄'(Arab Spring) 혹은 '자스민 혁명'(Jasmine Revolution)이라 부른다. 이로 인해, 튀니지, 이집트, 리비아, 예멘의 대통령이 차례로 하야했다.

로 양국의 관계는 다시 복원되었다. 사우디 국왕인 살만 빈 압둘아지즈 알 사우드Salmān bin ʿAbd al-ʿAzīz ʾĀl Suʿūd, 2015-현재 명목상 통치는 이란 대통령, 에브라힘 라이시Ebrahim Raisi, 2021-현재 명목상 통치를 리야드Riyadh로 초청했고, 이란 외무부도 사우디 국왕을 이란으로 초대해 서로의 방문을 앞두고 있다.[13] 사우디아라비아는 이란과의 역학 구도 속에서 이슬람 순니파의 종주국으로서 아라비아반도와 주변 국가들에 정치적, 종교적 영향력을 행사해 왔다.

B. 아라비아반도의 종교 이해

이슬람 이전[14]에 아라비아반도는 다양한 신들과 종교들이 어우러진 다신교 문화의 사회였다. 고대로부터 아랍 부족 고유의 토착 신들이 지역 성소에서 석상의 형태로 숭배되었다. 메카Mecca의 카바*Kaʿbah*에서는 순례와 희생제에 따른 종교의식이 실천되었다. 로마 제국 이후, 아라비아반도의 남부는 단성론Monophysitism 기독교, 반도의 북부는 네스토리우스교Nestorianism를 일부 받아들였고, 영지주의Gnosticism 기독교[15]도 스며들었다. 디아스포라로 흩어진 유대인들의 영향으로 일부 아랍 부족들은

13 사우디아라비아의 실권 통치자는 왕세자이자 총리인 무함마드 빈 살만(Muḥammad bin Salmān ʾĀl Suʿūd, 2017-현재 왕세자)이고, 이란의 실권을 가진 최고 지도자는 알리 하메네이(Ali Khamenei, 1989-현재 최고지도자)이므로 사우디 국왕과 이란 대통령은 명목상 통치자로 볼 수 있다. United States Institute of Peace, "Timeline of Iran-Saudi Relations," *The Iran Primer*, June 6, 2023, accessed July 11, 2023, https://iranprimer.usip.org/blog/2016/jan/06/timeline-iran-saudi-relations.

14 '이슬람 이전' 시기는 610년 이슬람 발흥 이전 시기로서, '무지의 시대'(Age of Ignorance)라는 뜻을 지닌 '자힐리야'(*jāhilīyah*) 시대로 불린다.

15 구레네 시몬의 십자가 죽음을 기록한 바실리데스의 복음서(Gospel of Basilides, 117-138), 그리스도의 가현설을 주장한 도케티즘(Docetism) 등 영지주의 기독교는 '그리스도의 십자가 죽음'을 부정하는데, 이와 유사한 내용이 꾸란(Qurʾān) 4:157-158에도 기록되어 있다.

유대교를 받아들였다. 더욱이, 사산조 페르시아Sasanian Empire, 224-651의 조로아스터교Zoroastrianism와 마니교Manichaeism도 반도의 동부와 메카에서 부분적으로 숭배되었다.[16] 이슬람 이전 아라비아반도의 부족들은 토착 신들을 위한 제의를 중시했고, 여러 유일신교를 따라 종교의식을 행했다.

이슬람의 발흥은 아라비아반도의 종교와 사회에 유일신 신정 체제를 확립시켰다. 630년 메카에 무혈 입성한 '무함마드'Muḥammad, 선지자[17]는 카바 신전의 우상들을 부숴 버렸고, 유일신 '알라'*Allāh* 외에 다른 신은 존재하지 않는다고 선포했다. 무함마드 사후, 최고 권위자인 정통 칼리프들Rashidun Caliphate[18]은 아라비아반도를 중심으로 이란고원에서 북아프리카까지 이슬람을 확장시켰다. '성서의 백성'(*'Ahl al-Kitāb*, 아흘 알-키탑

---

16 무함마드(Muhammad, 570-632)가 속했던 메카의 꾸라이쉬(*Quraysh*) 부족은 화살을 던져 점을 치는 '후발'(*Hubal*) 신을 섬겼다. 토착 신들 중에는 꾸란 53:19-23에 '알라의 딸들'(the daughters of *Allāh*)로 기록된 알-라트(*al-Lāt*), 알-우짜(*al-'Uzzā*), 마나트(*Manāt*)가 대표적이다. 카바 신전 주위에는 360도 방향으로 360개의 신상을 섬겼다고 전해진다. 근래에는 '알라'(*Allāh*)가 여러 토착 신들 중에 최고 신이었다는 주장이 제기되었다. 단성론(Monophysitism)은 '그리스도의 신성과 인성이 연합되어 한 본성을 나타낸다'는 주장으로 콘스탄티노플의 유티케스(Eutyches, 380-456 추정)로부터 유래했다. 이는 '그리스도의 신성과 인성은 분리되지 않고 조화를 이룬다'는 칼케돈 신조(Chalcedonian Creed, 451)와 다른 개념이다. 네스토리우스교(Nestorianism)는 네스토리우스(Nestorius, 386-451 추정)가 설립했고, '그리스도의 신성과 인성이 두 개의 성격으로 분리 구별된다'고 보았다. 조로아스터교(Zoroastrianism)는 기원전 640년 정도에 형성된 페르시아의 토착 종교로, 선악 이원론을 가진 유일신교이며, 마즈다교(Mazdaism) 혹은 배화교로도 불린다. 마니교(Manichaeism)는 예언자 마니(Mani, 216-274)가 창시했고, 6권의 경전을 통해 영적인 빛의 세계와 물질적인 어둠 세계의 투쟁에 의한 우주론을 가르쳤다. Jacques Ryckmans, "Arabian religion," in *Encyclopaedia Britannica*, accessed July 12, 2023, https://www.britannica.com/topic/Arabian-religion/Sanctuaries-cultic-objects-and-religious-practices-and-institutions을 참고하라.

17 이 소고에서 '무함마드'(Muḥammad)는 이슬람의 창시자를 가리키며, 이후 선지자(Prophet) 혹은 예언자라는 수식어를 제하고 사용한다.

18 정통 칼리프들(Rashidun Caliphate)은 통치 순으로 아부 바크르(Abū Bakr, 632-634 재위), 우마르 이븐 알-카탑('Umar ibn al-Khaṭṭāb, 634-644 재위), 우스만 이븐 아판(Uthman ibn Affan, 644-656 재위), 알리 이븐 아비 딸립('Alī ibn Abī Ṭālib, 656-661 재위)을 지칭한다.

인 기독교인과 유대인들, 그리고 소수 종파는 '딤미'*dhimmī*로 분류되어 '지즈야'*jizyah*라는 세금을 내고 보호를 받았다.[19] 우마이야 왕조Umayyad Caliphate, 661-750 초기부터 오스만 제국Ottoman Empire, 1299-1922 말기와 근대에 이르기까지 아라비아반도에는 이슬람 중심의 종교 사회가 형성되었다. 그 결과로써, 아라비아반도 인구의 대다수는 무슬림이고, 기독교인의 비율은 매우 낮다. 현재 총인구수는 9천4백1십만 명 정도로 집계되며, 통계에 의한 무슬림 비율은 93.64%, 모든 교파의 기독교인 비율은 2.93%로 나타난다. 아라비아반도는 지구상에서 이슬람 비율이 가장 높은 지역 중 하나로 분류된다. 아라비아반도 내 아랍 국가들의 인구와 종교 분포는 다음과 같다.[20]

19 Fazlur Rahman, Muhsin S. Mahdi, and Annemarie Shimmel, "Islam," in *Encyclopaedia Britannica*, accessed July 14, 2023, https://www.britannica.com/topic/Islam.

20 이 통계는 World Population Review에서 UN의 기대치를 반영한 인구 수, CIA 통계에서 제시한 종교 분포, 패트릭 존스톤의 자료에서 개신교의 비율을 인용했다. 2023년 추정치로 아라비아 반도의 총인구 수는 94,106,260명, 통계에 따른 무슬림 추정치는 88,122,130명으로 전체 인구의 93.64%를 차지한다. 모든 교파를 포함하는 기독교인 추정치는 2,755,561명으로 전체 인구의 2.93%로 집계된다. World Population Review, "2023 World Population by Country," accessed July 9, 2023, https://worldpopulationreview.com/; CIA, *The World Factbook*, July 6, 2023, accessed July 9, 2023, https://www.cia.gov/the-world-factbook/; Patrick Johnstone, *The Future of the Global Church: History, Trends and Possibilities* (Downers Grove: IVP Books, 2014), 165.

	국가명 (크기순)	인구(명) (2023년 추정)	종교 분포와 이슬람, 기독교 비율(%)	개신교 비율 (%)
아라비아 반도의 국가들	사우디 아라비아	36,959,778	이슬람 (순니 85~90%, 시아 10~12%), 그 외 (동방 정교회 등) (2020년 추정).	0.82%
	예멘	34,467,937	이슬람 99.1% (순니 65%, 시아 35%), 그 외 0.9% (유대교 등) (2020년 추정).	0.01%
	오만	4,646,044	이슬람 85.9%, 기독교 6.4%, 힌두교 5.7%, 그 외 2% (2020년 추정).	0.35%
	아랍 에미레이트	9,518,682	이슬람 76%, 기독교 9%, 그 외 15% (힌두교 등) (2005년 추정).	0.72%
	쿠웨이트	4,311,089	이슬람 74.6%, 기독교 18.2%, 그 외 7.2% (2013년 추정).	0.45%
	카타르	2,716,919	이슬람 65.2%, 기독교 13.7%, 힌두교 15.9%, 불교 3.8%, 그 외 (2020년 추정).	N/A
	바레인	1,485,811	이슬람 73.7%, 기독교 9.3%, 유대교 0.1%, 그 외 16.9% (2017년 추정).	N/A

〈표 1〉 아라비아반도 국가들의 인구와 종교 분포

III. 아라비아반도의 이슬람과 와하비 사상

A. 이슬람의 기원과 사상의 발전

아라비아반도에서 이슬람이 탄생했다. 전승에 의하면, 610년 라마단*Ramaḍān* 월에 히라*Hirā'* 동굴에서 무함마드에게 계시가 임했다. 무함마드가 유일신 '알라'의 창조와 심판을 설파하면서, 친인척들, 빈곤 계층, 억압받는 자들이 점차 무슬림으로 개종했다. 무함마드는 집단 예배와 같은 새로운 종교의식과 선행을 권면했고, 우상 숭배를 비판했다. 메카의 꾸라이쉬 가문이 반발하자, 622년에 무함마드는 추종자들과 함께 메디나

Medina[21]로 이주하는 '헤지라'al-Hijrah, 알-히즈라를 단행했다. '헤지라'가 일어난 연도는 이슬람 '히즈리'hijri 달력의 원년이 되었다. 무함마드는 공동체 협약인 '메디나 헌장'Constitution of Medina을 체결했고, 이로 인해 이슬람에 '움마'ummah 공동체 개념이 생겨났다.[22] 제3대 정통 칼리프인 우스만 이븐 아판Uthman ibn Affan, 644-656 재위의 시기에 꾸란al-Qur'ān, 알-꾸란이 경전화되면서 이슬람의 토대가 마련되었다. 무함마드 사후 2백 년간 주요한 6개의 하디스Ḥadīth, 언행록[23]가 수집되었다. 메카와 메디나에서 발흥한 이슬람은 경전과 '순나'sunnah[24]에 기초하여 여러 사상으로 분화되었다.[25]

이슬람 사상은 네 개의 주요한 '샤리아'sharī'ah[26] 법학파madhhab, 마드

21 이슬람 이전에 '메디나'(Medina)는 '야스립'(*Yathrib*)으로 불렸다.

22 '메디나 헌장'(Constitution of Medina)은 무함마드를 따라 메카에서 이주한 '무하지룬'(*al-Muhājirūn*)과 메디나 부족들인 '안사르'(*al-Anṣār*), 유대인 아랍 부족들, 여타 부족들 간의 평화 공존과 보호 협정이다. 이 협약은 혈연보다 신뢰 관계를 중요시했고, 개인의 책임을 강조했다. '메디나 헌장' 이후, '움마' 공동체는 종교 간의 결속 관계로 새롭게 정의되었고, 이슬람은 부족 사회를 넘어 더 큰 무슬림 공동체로의 기틀을 마련했다. *Encyclopaedia Britannica*, s.v. "Constitution of Medina," accessed July 17, 2023, https://www.britannica.com/topic/Constitution-of-Medina.

23 하디스(*Ḥadīth*)는 무함마드의 언행 또는 전승을 수집한 전집으로서, 그 중 주요한 6개는 이맘 부카리(Muḥammad ibn Ismā'īl al-Bukhārī, 810-870)가 수집한 '사히흐 알-부카리'(*Ṣaḥīḥ of al-Bukhārī*), 무슬림 이븐 알-하자지(Muslim ibn al-Ḥajjāj, 815-875)가 모은 '사히흐 무슬림'(*Ṣaḥīḥ Muslim*), 알-나사이(Al-Nasā'ī, 829-915)가 수집한 '알-수난 알-수그라'(*al-Sunan al-Ṣughrā*), 아부 다우드(Abū Dāwūd al-Sijistānī, 817-889)가 모은 '수난 아비 다우드'(*Sunan Abī Dāwūd*), 이맘 알-티르미디(Al-Tirmidhī, 884 사망)가 수집한 '수난 알-티르미디'(*Sunan al-Tirmidhī*), 이브 마자(Ibn Mājah, 824-887)가 모은 '수난 이븐 마자'(*Sunan Ibn Mājah*)이다. 시아파 하디스는 별도로 존재한다. Asma Sayeed, "Hadith," in *Encyclopaedia Britannica*, accessed August 3, 2023, https://www.britannica.com/topic/Hadith.

24 무함마드의 전승(traditions)과 관례(practices)를 이슬람에서는 '순나'(*sunnah*)라고 부른다.

25 J. Jomier, "ISLĀM," in *The Encyclopaedia of Islam: New Edition*, vol. IV, eds. E. Van Donzel et al. (Leiden: E. J. Brill, 1997), 171-177을 참고하라.

26 '샤리아' 법은 무슬림의 삶을 지배하는 규범과 율법 체계로서, 주로 '꾸란'과 무함마드의 언행록인 '하디스'에서 유래했다. '샤리아' 법을 인간의 이해와 관례로 해석하는 '피끄흐'(*fiqh*)에 따라 법학파들이 나누어진다. N. Calder, "SHARĪ A," in *The Encyclopaedia of Islam: New Edition*, vol. IX, eds. C. E. Bosworth et al. (Leiden: E. J. Brill, 1997), 321-326을 참고하라.

합[27]를 형성했고,[28] 그중에 한발리*Ḥanbalī* 학파는 전통적 보수주의 성향을 띠고 아라비아반도로 확장해 나갔다. '아부 하니파'Abū Ḥanīfa, 697-767로부터 시작된 하나피*Ḥanafī* 학파는 꾸란과 하디스가 명시하지 않은 논점에 처음으로 '끼야스'*qiyās*, 유추를 도입해 공식화했다.[29] '말릭 이븐 아나스'Mālik bin 'Anas, 711-795가 창시한 말리키*Mālikī* 학파는 알리'Alī ibn Abī Ṭālib를 제외한 정통 칼리프들의 전승을 인정했고, 메디나 거주민들의 합의*ijmā'*, 이즈마를 법 해석의 정당한 출처로 보았다.[30] '무함마드 이븐 이드리스 알-샤피이'Muḥammad ibn 'Idrīs al-Shāfi'ī, 767-820가 설립한 샤피이*Shāfi'ī* 학파는 지방 전승을 신뢰하지 않았고, 하나피 학파와 말리키 학파가 인정했던 법학자의 의견들은 정치적 이용 가능성 때문에 수용하지 않았다.[31] '아흐마드 이븐 한발'Aḥmad ibn Ḥanbal al-Dhuhlī, 780-855을 따라 제자들이 설립한 한발리*Ḥanbalī* 학파는 '사변 신학'*kalām*, 칼람과 수피 사상*al-Ṣūfiyyah*[32]

---

27 2005년에 '암만 메시지'(The Amman Message)는 무슬림에 대해 정의를 내리며 8개의 이슬람 법학파를 인정했다. 8개 학파에는 순니파 '하나피'(*Ḥanafī*) 학파, 순니파 '말리키'(*Mālikī*) 학파, 순니파 '샤피이'(*Shāfi'ī*) 학파, 순니파 '한발리'(*Ḥanbalī*) 학파 외에도 시아파 '자파리'(*Ja'farī*) 학파, 시아파 '자이디'(*al-Zaydiyyah*) 학파, '자히리'(*al-Ẓāhirīyyah*) 학파, '이바디'(*al-'Ibāḍiyyah*) 학파가 속한다. "The Amman Message," The Amman Message, accessed August 3, 2023, https://ammanmessage.com/the-amman-message-full/.

28 손주영, "이슬람법과 법학파의 형성에 관한 연구," 『한국이슬람학회논총』 15 (2005/1): 49-80; 임병필, "8개 이슬람 법학파의 특성과 이크틸라프 원칙," 『아랍어와 아랍문학』 19 (2015/4): 172-202; 정승현, "샤리아와 순니 4대 법학파에 대한 선교학적 고찰," 『선교와 신학』 44 (2018): 419-447을 참고하라.

29 Christie S. Warren, "The Hanafi School," *Oxford Bibliographies*, accessed August 3, 2023, https://www.oxfordbibliographies.com/display/document/obo-9780195390155/obo-9780195390155-0082.xml.

30 N. Cottart, "MĀLIKIYYA," in *The Encyclopaedia of Islam: New Edition*, vol. VI, eds. C. E. Bosworth et al. (Leiden: E. J. Brill, 1991), 278-283.

31 E. Chaumont, "AL-SHĀFI'IYYA," in *The Encyclopaedia of Islam: New Edition*, vol. IX, eds. C. E. Bosworth et al. (Leiden: E. J. Brill, 1997), 185-189.

32 수피파(*al-Ṣūfiyyah*)는 이슬람에서 신비주의를 추구하며, 신과 합일이 되는 경지를 최상의 가치로

을 적대시했다. 한발리 학파는 꾸란과 순나만을 법 해석의 출처로 인정하는 엄격한 교리를 갖는다. 한발리 학파는 가장 보수적 성향을 가지고 사우디아라비아와 카타르 지역으로 퍼져 나갔다.[33] 18세기에 한발리 학파는 아라비아반도의 '나즈드'*Najd* 지방에서 보수적인 개혁 운동을 경험하며 '와하비 사상'으로 성장했다.

B. 아라비아반도와 와하비 사상의 확산

1. 와하비 사상의 전개

아라비아반도에서 발생한 와하비 운동Wahabi Movement은 이슬람 원리주의 개혁 사상을 확장시켰다. 한발리*Ḥanbalī* 학파였던 '무함마드 이븐 압둘 와합'Muḥammad ibn ʿAbd al-Wahhāb, 1703-1792[34]은 '우야이나'*ʿUyaynah*에서 엄격한 이슬람 법체계에 입각한 복고적인 종교 개혁 사상을 설파하기 시작했다. 그의 주요 사상은 중세에 동일 학파였던 이븐 타이미야Ibn Taymiyyah, 1263-1328의 저술로부터 강하게 영향을 받았다.[35] 이븐 압둘 와

여긴다.

33 H. Laoust, "ḤANĀBILA," in *The Encyclopaedia of Islam: New Edition*, vol. III, eds. B. Lewis et al. (Leiden: E. J. Brill, 1986), 158-162.

34 '무함마드 이븐 압둘 와합'은 '이븐 압둘 와합'(Ibn ʿAbd al-Wahhāb)으로 널리 알려졌다. 이후로는 '이븐 압둘 와합'(Ibn ʿAbd al-Wahhāb)으로 표기한다.

35 이븐 타이미야는 민간 관습이던 성인 숭배와 묘지 방문을 '쉬르크'(*shirk*, 다신교 혹은 우상 숭배)라고 비판했다. 그는 이슬람 법원칙 중에 '이즈티하드'(*ijtihād*, 독립적 추론)의 중요성을 강조했고, '타끌리드'(*taqlīd*, 전통을 따름)는 배제했다. 그는 법학자들의 '합의'(*ijmāʿ*, 이즈마) 대신에 무함마드의 '동료들의 합의'(*ṣaḥāba*, 사하바)를 사용하도록 했다. 이븐 타이미야는 '사변 신학'(*kalām*, 칼람)을 배격했으며, 수피파(Sufism)가 '비드아'(*bidʿah*, 이교적 개정)에 노출되었다고 보았다. Shaykh al-Islam Taqi ad-Din Ibn Taymiyyah, *Ibn Taymiyyah Expounds on Islam: Selected Writings of Shaykh al-Islam Taqi ad-Din Ibn Taymiyyah on Islamic Faith, Life, and Society*, ed. and trans. Muhammad ʿAbdul-Haqq Ansari (Independently Published: IslamFuture, 2000), 201-218; H. Laoust, "IBN TAYMIYYA," in *The Encyclopaedia of Islam:*

합은 이슬람의 회복과 정화를 주장하며 이슬람교의 주요 교리인 '타우히드'*tawḥīd*, 유일신관를 가르쳤고, 무함마드의 전례에 없는 통속적인 종교 신념과 관습들은 '비드아'*bid'ah*, 이교적 개정와 '쉬르크'*shirk*, 다신교 혹은 우상 숭배라고 비판했다.[36] 그는 꾸란과 순나에 근거한 이슬람의 근본 사상을 옹호했고, '나즈드'*Najd* 지역에 널리 유행하던 성인 숭배와 묘역 성지 순례를 반대했다.[37]

이븐 압둘 와합은 그의 저술서, '키탑 알-타우히드'*Kitāb al-Tawḥīd*에서 폐지해야 할 관습들의 개혁을 주장했다. 그는 꾸란과 하디스의 구절을 근거로 다신교 숭배shirk, 쉬르크뿐만 아니라 반지와 매듭 장식 착용, 주문과 부적 행위, 나무와 우상을 통한 기원, 우상 희생 제사, 우상에 대한 맹세와 도움 간청 등도 모두 '쉬르크'*shirk*로 보았다. 그는 성인의 우상화, 성인 묘지 예배, 성인 묘역 모스크 사원화, 마술*sihr*, 시히르, 점쟁이, 마술 치료, 전조 신앙Omens, 점성술*al-Tanjīm*, 알-탄짐, 달의 위상에 따른 강우 기원 등을 비난했으며, 세속적인 행동, 학자와 통치자의 신격화, 조상 이름의 맹세, '알라', 꾸란, 무함마드의 희화화, '알라'를 향한 악한 생각, 신

New Edition, vol. III, eds. B. Lewis et al. (Leiden: E. J. Brill, 1986), 951-955.

36 '비드아'(*bid'ah*)는 본디 혁신 또는 쇄신이라는 뜻을 가지며, 이슬람에서는 무함마드의 전통과 관례인 '순나'(*sunnah*)에 근거하지 않은 이교적 관습을 가리킨다. '쉬르크'(*shirk*)는 원래 동반자를 삼는다는 뜻으로 '알라'와 함께 다른 신을 섬기는 다신교와 우상 숭배를 지칭한다. J. Robson, "BID A," in *The Encyclopaedia of Islam: New Edition*, vol. I, eds. H. A. R. Gibb et al. (Leiden: E. J. Brill, 1986), 1199; D. Gimaret, "SHIRK," in *The Encyclopaedia of Islam: New Edition*, vol. IX, eds. C. E. Bosworth et al. (Leiden: E. J. Brill, 1997), 484-486.

37 '우야이나'(*'Uyaynah*)는 아라비아 반도의 중부, '나즈드'(*Najd*) 지역에 위치한 오아시스 마을로 리야드(Riyadh)의 북서쪽에 위치한다. 16세기부터 18세기까지 이 마을은 '울라마'(*'ulamā'*, 종교 학자들)가 모여 들면서 번영했다. H. Laoust, "IBN 'ABD AL-WAHHĀB," in *The Encyclopaedia of Islam: New Edition*, vol. III, eds. B. Lewis et al. (Leiden: E. J. Brill, 1986), 677-679; William L. Ochsenwald, Joshua Teitelbaum and Harry St. John Bridger Philby, "Saudi Arabia: The Wahhābī movement," in *Encyclopaedia Britannica*, accessed July 21, 2023, https://www.britannica.com/place/Saudi-Arabia.

의 명령qadar, 까다르 거부, 미술가의 그림 등을 비판했다.[38] 이븐 압둘 와합은 우상 숭배와 성인의 신격화를 배제하고, 마술 행위의 근절을 통해 이슬람의 개혁을 추구했으나, 지역 한발리 학파 관료들의 반발로 인해 다른 지역으로 이주하게 되었다.

아라비아반도에 와하비 사상을 기초로 사우디아라비아 왕국The Kingdom of Saudi Arabia이 형성되었다. 이븐 압둘 와합은 '알-디리야'*Al-Dir'iyyah*[39]의 통치자 무함마드 빈 사우드Muḥammad bin Su'ūd Āl Muqrin, 1727-1765 재위[40]의 보호를 받았고, 1744년에 종교와 정치 협정인 '상호 충성 서약'*bay'ah*, 바이아을 맺었다. 이 서약으로 이븐 압둘 와합은 종교 문제를 책임지게 되었고, 이븐 사우드는 정치와 군사 문제를 맡아 사우디 왕국[41] 통치의 기반을 마련했다. 사우디 왕가Āl Su'ūd, 알 사우드와 이븐 압둘 와합이 속한 '알 앗-셰이크'Āl ash-Shaykh 가문, 그리고 와하비 사상 추종자들은 권력을 배분하고 상호 지원하는 협정을 지속했으며, 와하비 사상은 왕국 확장에 이념적인 동력을 제공했다. 사우디 왕국 통치의 확대에 따라서 와하비 사상은 아라비아반도의 중부에서 시작해 메카와 메디나가 있는 서부로 확산되었다. 1802년에 1만 2천 명의 와하비 추종자들은 시

---

38 Sheikh-ul-Islam Muhammad bin Abdul-Wahhab, *Kitab At-Tauhid*, trans. Dar-us-Salam (Riyadh: Dar-us-Salam Publications, 1996), 32-33, 43-45, 46-48, 49-51, 52-53, 57-62, 78-81, 82-85, 86-87, 96-100, 101-103, 104-105, 106-109, 110, 111-113, 128-129, 130-132, 141, 148-150, 168-170, 171-173, 174-175.

39 '알-디리야'(*Al-Dir'iyyah*)는 '우야이나'(*'Uyaynah*)에서 남동쪽으로 25킬로미터 거리이고, 리야드(Riyadh)의 외곽에 위치한다. 이 도시는 사우디 왕가의 고향이고, 첫번째 사우디 왕국(The First Saudi State)인 디리야 토후국(Emirate of Diriyah, 1727-1818)의 수도였다. *Encyclopaedia Britannica*, s.v. "Al-Dir'īyah," accessed July 24, 2023, https://www.britannica.com/place/Al-Diriyah.

40 '무함마드 빈 사우드'는 '이븐 사우드'(Ibn Su'ūd)라는 이름으로도 불렸다.

41 이 소고에서 사용되는 '사우디 왕국'이란 명칭은 1932년에 통일 왕국으로 등장한 '사우디아라비아 왕국'(The Kingdom of Saudi Arabia) 이전의 국가들을 가리킨다.

아파 성지 카르발라*Karbalā'*의 '후세인 이븐 알리'Abū 'Abd Allāh al-Ḥusayn ibn 'Alī ibn Abī Ṭālib, 626-680 묘역을 침탈해 돔 지붕을 파괴하고, 시아파 무슬림 5천 명을 살상했다.[42] 1818년 오스만 제국Ottoman Empire, 1299-1922과 1891년 라시드 왕국Rashidi Dynasty, 1836-1921[43]의 침략으로 사우디 왕국은 두 차례 사라질 위기를 겪었으나, 1932년에 통일된 사우디아라비아 왕국은 와하비 사상을 중심으로 아라비아반도의 이슬람 교리 형성에 영향을 끼쳤다.[44]

성지를 점거한 사우디 왕국은 와하비 사상을 극단적으로 해석하고 표출했다. 사우디 왕국인 '디리야 토후국'Emirate of Diriyah, 1727-1818[45]은 메카와 메디나를 점령한 후에 묘지와 묘역의 유적들을 파괴했다. 1803년 이후, 메카에서 와하비 추종자들은 무함마드 친척들의 묘역인 '마끄바라 알-마알라'*Maqbarah al-Ma'lāh*, 고귀한 묘지[46]를 황폐화시켰고, 무함마드, 아부 바크르Abū Bakr, 제1대 정통 칼리프, 알리 이븐 아비 딸립'Alī ibn Abī Ṭālib, 제4

---

42 *Encyclopaedia Britannica*, s.v. "Karbala," accessed July 26, 2023, https://www.britannica.com/place/Karbala.

43 라시드 왕국(Rashidi Dynasty, 1836-1921)은 아라비아 반도 북서부의 하일(*Ḥā'il*)을 중심으로 번영했고, 아라비아 반도 중부의 권력 공백을 틈타 두번째 사우디 왕국(The Second Saudi State)인 네지드 토후국 (Emirate of Nejd, 1824-1891)을 무너뜨렸다. William L. Ochsenwald et al., "Saudi Arabia: The Rashīdīs."

44 Elizabeth M. Sirriyeh, "MUḤAMMAD B. SU'ŪD," in *The Encyclopaedia of Islam: New Edition*, vol. VII, eds. C. E. Bosworth et al. (Leiden: E. J. Brill, 1993), 410; William L. Ochsenwald et al., "Saudi Arabia."

45 '디리야 토후국'(Emirate of Diriyah, 1727-1818)은 첫번째 사우디 왕국(The First Saudi State)이다.

46 이 묘역은 무함마드의 삼촌인 '아부 딸립'('Abū Ṭālib ibn 'Abd al-Muṭṭalib, 578-619), 무함마드의 조부이던 '압둘 무딸립'('Abd al-Muṭṭalib, 497-578), 무함마드의 부인이던 '카디자'(Khadīja bint Khuwaylid, 555-619), 무함마드의 고조부이던 '압드 마나프'('Abd Manāf al-Mughīrah ibn Quṣayy, 430 출생), 무함마드와 카디자의 아들이던 '까심'(Qāsim ibn Muḥammad, 598-601) 등이 매장된 무함마드 가문의 공동 묘지이다.

대 정통 칼리프, 카디자Khadīja bint Khuwaylid, 무함마드 첫째 부인의 출생지에 세워진 돔들Domes을 헐었다. 이들은 이라크, 이란, 시리아, 이집트에서 오는 메카 순례를 제한했고, 순례 시에 악기 소지를 금했으며, 울라마*'ulamā'*, 종교 학자들와 암마*'āmma*, 세속인들에게 이븐 압둘 와합의 저작들을 배포해 와하비 사상을 공부하도록 감독했다. 이븐 압둘 와합의 맏아들, '압둘라 이븐 무함마드 알 앗-셰이크''Abd Allāh bin Muḥammad Āl ash-Shaykh, 1773-1818 종교 지도자는 메카 점령 시에 '메시지'*risālah*, 리살라를 통해 흡연과 대마*ḥashish*, 하시시) 금지, 무덤 위에 돔과 참배 건축물 파괴, 이맘을 따른 집합적 '살라'*salāh*, 기도 요구, 와하비 기도 순서 강제, '쉬르크'*shirk*로 이끄는 서적 근절, '아흘 알-바이트'*Ahl al-Bayt*, 무함마드 가문의 특별 지위 폐기와 '카파아'*kafā'ah*, 동등 신분 결혼 폐지, '비드아'*bid'ah*, 이교적 개정에 속하는 이슬람 묵주*subḥa*, 수브하 공개 사용 금지, '아잔'*adhān*, 아단 낭송 장소에서 고성 금지 등을 공표했다.[47] 1806년에 와하비 추종자들은 메디나의 무함마드 묘지에 속한 귀중품을 탈취했고, 무함마드 묘지의 돔 지붕을 파괴하려 시도했다.[48] 그들은 무함마드의 가족과 동료들의 묘역인 '바끼 알-가르까드'*Baqī' al-Gharqad*, 가시나무 들판를 허물었다. 와하비 추종자들은 무함마드 부인들의 묘지, 무함마드의 딸들인 '자이납'Zaīnab bint Muḥammad, 598-629, '루까야'Ruqayya bint Muḥammad, 601-624, '움 쿨숨'Umm Kulthūm bint Muḥammad, 603-630, '파티마'Fāṭima bint Muḥammad, 605-632의 묘지들,[49] 무함

47 Esther Peskes and C. Holes, "WAHHĀBIYYAH," in *The Encyclopaedia of Islam: New Edition*, vol. XI, eds. P. J. Bearman et al. (Leiden: E. J. Brill, 2002), 42.

48 Esther Peskes and C. Holes, "WAHHĀBIYYAH," 42.

49 무함마드의 첫째 부인 '카디자'(Khadīja bint Khuwaylid, 555-619)의 무덤은 메카에 있고, 무함마드의 딸인 '파티마'(Fāṭima bint Muḥammad, 605-632) 무덤의 위치는 메디나의 '선지자 모스크'(*al-Masjid an-Nabawī*) 인근으로 추정되기도 한다.

마드의 아들 '이브라힘'Ibrāhīm ibn Muḥammad, 630-632의 묘지, 제3대 정통 칼리프인 '우스만 이븐 아판'Uthman ibn Affan, 644-656 재위의 묘지, 제4대 정통 칼리프 알리와 파티마의 맏아들인 '핫산'Al-Ḥasan ibn ʿAlī, 625-670의 묘지, 무함마드의 유모와 친인척들, 절친한 가족의 무덤 위에 세워진 돔과 건축물들을 조직적으로 평탄화시켰다.[50]

사우디 왕국은 두번째로 성지를 점거하며 와하비 사상을 재차 실천에 옮겼다. 1925년에 '네지드 술탄국'Sultanate of Nejd, 1921-1926[51]은 메카와 메디나를 통치하던 '헤자즈 왕국'Hashemite Kingdom of Hejaz, 1916-1925을 점령했다. '압둘 아지즈 알 사우드'ʿAbd al-ʿAzīz bin ʿAbd al-Raḥman Āl Suʿūd, 1902-1932 아미르, 술탄, 왕, 1932-1953 왕 재위[52]는 '까디'*qāḍī*, 법관 '압둘라 이븐 불라이히드'ʿAbd Allāh ibn Bulayhid의 인가를 받아 묘역의 철거를 진행했다. 메카에서 '이크완'*al-ʾIkhwān*, 형제들[53] 와하비 추종자들은 무함마드 가문의 묘역인 '마끄바라 알-마알라'*Maqbarah al-Maʿlāh*와 무함마드의 출생지를 다시 황폐화시켰다. 메디나에서 그들은 '바끼 알-가르까드'*Baqīʿ al-Gharqad* 묘역의 돔과 이슬람 유적들을 한 번 더 파괴했다. 이번에는 우후드 전투Battle of Uḥud, 625[54]의 순교자인 '함자 이븐 압둘 무딸립'Ḥamza ibn ʿAbd al-Muṭṭalib,

---

50 A. J. Wensinck and A. S. Bazmee Ansari, "BAḲIʿ Al-GHARḲAD," in *The Encyclopaedia of Islam: New Edition*, vol. I, eds. H. A. R. Gibb et al. (Leiden: E. J. Brill, 1986), 957-958.

51 '네지드 술탄국'(Sultanate of Nejd, 1921-1926)은 세번째 사우디 왕국(The Third Saudi State)이다.

52 '압둘 아지즈 알 사우드'는 '이븐 사우드'(Ibn Suʿūd)라는 호칭으로도 알려졌다.

53 '이크완'(*al-ʾIkhwān*)은 1902년에 사우디 왕조에서 베두인들을 규합해 만든 와하비 사상의 군대이다.

54 우후드 전투(Battle of Uḥud, 625)는 메카의 꾸라이쉬 부족이 바드르 전투(Battle of Badr, 624)의 패배 이후에 전략을 세워, 무함마드의 무슬림 군대에 역전해 승리한 전투이다. C. F. Robinson, "UḤUD," in *The Encyclopaedia of Islam: New Edition*, vol. X, eds. P. J. Bearman et al. (Leiden: E. J. Brill, 2000), 782-783.

568-625의 묘지, 무함마드의 딸인 파티마Fāṭima bint Muḥammad, 605-632 모스크, '두 개의 첨탑 모스크'Manartain Mosque, 무함마드의 앞니를 기리는 '꿉바 알-사나야'*Qubbah al-Thanāyā* 돔 건축물을 집중적으로 헐었다. 메디나시에서 와하비 추종자들은 무함마드의 부친 '압둘라 이븐 압둘 무딸립''Abd Allāh ibn 'Abd al-Muṭṭalib, 546-570의 묘지, 무함마드의 이집트 부인 '마리야'Māriyyah al-Qibṭiyyah, 637 사망와 무함마드의 아들 '이브라힘'Ibrāhīm ibn Muḥammad, 630-632의 생가를 붕괴시켰다. 도시 외곽에서 그들은 무함마드의 모친 '아미나''Āmina bint Wahb, 549-577의 묘지도 파괴했다.[55] 1979년에 '이크완'의 리더였던 '주하이만 알-우타이비'Juhaymān al-'Utaybī는 마흐디*al-Mahdī*[56] 사상으로 무장된 2백여 명의 추종자들과 함께 메카의 그랜드 모스크*al-Masjid al-Ḥarām*를 2주간 점거했고, 근본주의 이슬람으로의 회귀를 주장했다. 이 사건 이후, 사우디 왕은 사우디아라비아 전체에 이슬람법을 강화했으며, 울라마*'ulamā'*, 종교 학자들)와 전통주의자, 경찰들은 큰 권한을 가지고 엄격하게 종교 규범을 적용했다.[57] 우상 숭배, 무덤 참배, 성인의 신격화를 금지하는 와하비 사상은 이슬람 선조들의 묘역 건축물과 묘지 모스크를 종교 규범에 위반되는 것으로 판단했다. 사우디아라비아의 '학술연구와 법 해석 상임위원회'Permanent Committee for Scholarly Research and Issuing Fatwas는 과도한 숭배 행위를 '쉬르크'*shirk*로 보았고, 묘

---

55 W. Ende, "WAHHĀBIYYAH: The 20th Century," in *The Encyclopaedia of Islam: New Edition*, vol. XI, eds. P. J. Bearman et al. (Leiden: E. J. Brill, 2002), 45-47; A. J. Wensinck and A. S. Bazmee Ansari, "BAḲĪ' Al-GHAR AD," 957-958.

56 이슬람 종말론에서 무함마드의 후손인 마흐디(*al-Mahdī*)는 말세에 나타나 세상의 악과 불의를 물리치고, 무슬림들이 세상을 통치하도록 인도한다.

57 BBC, "Mecca 1979: The mosque siege that changed the course of Saudi history," December 27, 2019, accessed July 26, 2023, https://www.bbc.com/news/stories-50852379.

지 방문과 관련된 종교 기념물의 해체를 명했다.[58] 근래에도 와하비 사상의 사우디아라비아는 1978년에 무함마드의 부친 '압둘라 이븐 압둘 무딸립''Abd Allāh ibn 'Abd al-Muṭṭalib, 546-570의 묘지를 헐고, 1998년에 무함마드의 모친 '아미나'Āmina bint Wahb, 549-577의 묘지를 붕괴시키면서, 메카와 메디나의 묘역 건축물과 모스크들을 지속적으로 파괴해 왔다.

2. 와하비 사상에 대한 사우디아라비아의 변화

최근에 사우디아라비아의 이슬람 사상에 대한 태도는 극적으로 변화하고 있다. 2017년부터 실질적 통치 권한을 가진 '무함마드 빈 살만' Muḥammad bin Salmān 'Āl Su'ūd, 2017-현재 왕세자은 이슬람에 대한 입장을 공개적으로 밝히며 개혁을 도모하고 있다. 그는 리야드에서 열린 '미래 투자 이니셔티브'Future Investment Initiative[59] 회의에서 "파괴적 사상을 가진 극단주의 잔존 세력을 뿌리 뽑고, 세계와 모든 종교에 개방된 온건한 이슬람으로 돌아가길 원한다"라고 밝혔다.[60] 그는 '더 가디언'The Guardian과의 인터뷰에서 "사우디아라비아가 지난 30년간 극단적 보수주의 국가였

---

58 "2022 Report on International Religious Freedom for Saudi Arabia," U.S. Embassy & Consulates in Saudi Arabia, May 30, 2023, accessed July 26, 2023, https://sa.usembassy.gov/2022-report-on-international-religious-freedom-for-saudi-arabia/을 참고하라.

59 2017년에 사우디아라비아 국부 펀드인 '공공투자기금'(Public Invest Fund, PIF)은 '사우디 비전 2030'(Saudi Vision 2030)의 경제와 사회 개혁 실현을 위해 '미래 투자 이니셔티브'(Future Investment Initiative)를 공표했다. 이 단체는 환경(Environment), 사회(Social), 경영(Governance)을 지도 원리로 삼아 인류에 긍정적인 영향을 끼치는 것을 목표로 한다. "ESG at FII Institute," Future Investment Initiative(FII) Institute, accessed July 26, 2023, https://fii-institute.org/esg/; Amro Elserty, "Saudi Arabia Launches Future Investment Initiative," Forbes Middle East, September 18, 2017, accessed July 26, 2023 https://www.forbesmiddleeast.com/industry/business/saudi-arabia-launches-future-investment-initiative.

60 BBC, "Crown prince says Saudis want return to moderate Islam," October 25, 2017, accessed July 26, 2023, https://www.bbc.com/news/world-middle-east-41747476.

다"고 인정하고, "1979년 이란 혁명에 대한 반동으로 사우디아라비아를 지배했던 엄격한 교리들을 비난"했다.[61] 사실, 사우디아라비아에서 최상위 종교 권위를 가진 '압둘 아지즈 알 앗-셰이크'Abd al-'Azīz ibn 'Abd Āllah Āl ash-Sheikh, 1999-현재 그랜드 무프티[62]는 2007년에 무함마드 묘지의 '녹색 돔'*al-Qubbah al-Khaḍrā'*을 철거하려 했으며,[63] 2012년에도 "아라비아반도의 모든 교회들은 파멸되어야 한다"라고 '파트와'*fatwā*, 종교적 견해를 피력했다.[64] 이러한 맥락에서, 2016년에 개최된 '그로즈니 순니 이슬람 국제 컨퍼런스'2016 International Conference on Sunni Islam in Grozny는 와하비 운동을 '아흘 알-순나와 알-자마아'*Ahl al-Sunnah wa al-Jamā'ah*[65]에서 배제했고, 극단주의 세력으로 분류했다.[66] 하지만, 2018년에 '무함마드 빈 살만'은 타임

---

61 Martin Chulov, "I will return Saudi Arabia to moderate Islam, says crown prince," *The Guardian*, October 24, 2017, accessed July 26, 2023, https://www.theguardian.com/world/2017/oct/24/i-will-return-saudi-arabia-moderate-islam-crown-prince.

62 '무프티'(*muftī*)는 이슬람 법에 '파트와'(*fatwā*, 종교적 견해)를 개진할 자격이 있는 법학자를 말한다. 그랜드 무프티는 사우디아라비아 '선임 학자 위원회'(Council of Senior Scholars)와 '학술연구와 법해석 상임위원회'(Permanent Committee for Scholarly Research and Issuing Fatwas)의 최고 수장이다.

63 Jerome Taylor, "Mecca for the rich: Islam's holiest site 'turning into Vegas'," *Independent*, September 24, 2011, accessed July 27, 2023, https://www.independent.co.uk/news/world/middle-east/mecca-for-the-rich-islam-s-holiest-site-turning-into-vegas-2360114.html.

64 Elizabeth Broomhall, "Destroy all churches in Gulf, says Saudi Grand Mufti," *Arabian Business*, March 15, 2012, accessed July 27, 2023, https://www.arabianbusiness.com/gcc/destroy-all-churches-in-gulf-says-saudi-grand-mufti-450002.

65 '아흘 알-순나와 알-자마아'(*Ahl al-Sunnah wa al-Jamā'ah*)는 무함마드와 동료들의 전통을 따르는 순나 공동체를 의미한다.

66 Abbas Kadhim, "The Sunni Conference in Grozny: A Muslim Intra-Sectarian Struggle for Legitimacy," *Huffpost*, September 9, 2016, accessed July 28, 2023 https://www.huffpost.com/entry/the-sunni-conference-at-grozny-muslim-intra-sectarian_b_57d2fa63e4b0f831f7071c1a.

지TIME와의 인터뷰[67]에서 '와하비주의자'Wahhabist의 존재를 부정하며, 극단주의자들이 사우디인들을 몰아넣기 위해 만든 용어라고 치부했다. 오히려, 그는 "사우디아라비아에 순니파와 시아파가 꾸란과 무함마드의 관례를 따라 정상적으로 살아가고 있다"라고 강조했다. 그는 내각, 장관회의, 국회에도 시아파 정치인들이 활동하며, 아람코Aramco의 최고경영자CEO와 킹 압둘라 과학기술대학교King Abdullah University of Science and Technology, KAUST의 총장도 시아파임을 덧붙여 설명했다. '무함마드 빈 살만'은 와하비 사상을 부정하고 개혁 의지를 드러냈으며, 사우디아라비아 사회의 다양성과 공존을 부각시키고 있다.

'무함마드 빈 살만'은 사우디 여성들의 제한된 활동 범위를 확장시켜 여성 인권의 신장을 도모하고 있다. 2017년에 그는 왕실 칙령을 통해 그동안 금지됐던 여성의 운전을 허가했고,[68] 2019년에 '남성 후견인 제도' Guardianship Laws를 약화시켜 여성들이 남성의 허가 없이 여행하고, 여권Passport 신청과 결혼, 이혼, 자녀의 출생 등록뿐만 아니라 가족 공문서도 발급받도록 했다.[69] 2017년에 '무함마드 빈 살만'은 처음으로 여성 가수의 단독 콘서트와 여성들의 스포츠 경기장 입장을 허가했다.[70] 그는 무

67 TIME, "Crown Prince Mohammad bin Salman Talks to TIME about the Middle East, Saudi Arabia's Plan and President Trump," April 5, 2018, accessed July 28, 2023, https://time.com/5228006/mohammed-bin-salman-interview-transcript-full/.

68 Martin Chulov, "Saudi Arabia to allow women to obtain driving licenses," *The Guardian*, September 26, 2017, accessed July 28, 2023, https://www.theguardian.com/world/2017/sep/26/saudi-arabias-king-issues-order-allowing-women-to-drive.

69 Emma Graham-Harrision and Agencies, "Saudi Arabia allows women to travel without male guardian's approval," *The Guardian*, August 2, 2019, accessed July 28, 2023, https://www.theguardian.com/world/2019/aug/01/saudi-women-can-now-travel-without-a-male-guardian-reports-say.

70 Lydia Smith, "Saudi Arabia hosts first-ever concert by female performer," *Independent*, December 9, 2017, accessed July 28, 2023, https://www.independent.co.uk/news/

함마드와 그의 부인 카디자를 예로 들며, 여성들의 스포츠 참가와 비즈니스 활동을 독려하고 있다.[71] 와하비 사상의 보수적인 해석에 갇혀 있던 사우디 여성들은 변화된 법령을 따라 사회, 문화, 경제 활동에 참여하기 시작했다.

사우디아라비아의 실질적 수장인 '무함마드 빈 살만'은 개혁의 미명 하에 정치, 종교, 사회의 핵심 인사들을 다루고 있다. 2017년에 그는 사우디 왕자들, 정부 장관들, 기업 총수들, 학자들과 언론인 등 4백여 명을 리츠-칼튼Ritz-Carlton 호텔에 구류했고, 이들의 부정부패를 문제 삼아 87명으로부터 1천70억 달러를 압류한 후 석방했다. 이 사건 이후, '무함마드 빈 살만'은 부패 방지 위원회Anti-Corruption Committee를 발족했고, 국가의 재정을 확충했으며, 왕권을 공고히 하게 되었다.[72] '무함마드 빈 살만'은 사우디 정부에 비판적인 인사들을 지속적으로 처단해 왔다. 2017년 이후로 수십 명의 이맘들이 무슬림 형제단Muslim Brotherhood[73]과의 연루, 사우디 왕가와 이스라엘의 관계를 비판하는 서적 출판, 엔터테인먼트 관청General Entertainment Authority을 향한 비난 설교 등의 이유로 투옥되었다.[74] 2018년에 사우디아라비아의 통치자에 대해 비판적이던 언론인 '자

world/middle-east/saudi-arabia-first-female-performer-concert-hiba-tawaji-womens-rights-middle-east-a8099646.html; BBC, "Saudi Arabia to allow women into sports stadiums," October 29, 2017, July 28, 2023, https://www.bbc.com/news/world-middle-east-41798481.

71 TIME, "Crown Prince Mohammad bin Salman Talks to TIME."

72 Martin Chulov, "'Night of the beating': details emerge of Riyadh Ritz-Carlton purge," *The Guardian*, November 19, 2020, accessed July 28, 2023, https://www.theguardian.com/world/2020/nov/19/saudi-accounts-emerge-of-ritz-carlton-night-of-the-beating.

73 무슬림 형제단(Muslim Brotherhood)은 1928년에 이집트의 이슬람 학자 '하산 알-반나'(Ḥassan al-Bannā)가 세운 보수적인 순니파 이슬람 단체로서, 중동의 몇 나라들은 테러 단체로 규정하고 있다.

74 Aljazeera, "Saudi 'detains' Mecca imam who 'challenged mixed gatherings'," August

말 까슈끄지'Jamāl 'Aḥmad Khāshuqjī는 이스탄불 주재 사우디아라비아 영사관에서 심문을 받고 암살되었다.[75] 이 사건으로 유수한 언론사들과 기업의 수장들은 사우디 정부와 거리를 두며 '미래 투자 이니셔티브'Future Investment Initiative 회의에 참석을 철회했다. '무함마드 빈 살만'은 와하비 사상의 종교에 예속된 사우디 정부의 상태를 직시하고, 극단적인 종교 세력과 유력한 단체들과의 갈등을 감수하면서 왕권 구축을 통해 개혁과 쇄신이 극대화되도록 힘쓰고 있다.

IV. 사우디아라비아의 개혁 비전과 선교적 분석

최근에 사우디아라비아는 역사상 전례 없던 규모로 혁신을 진행하고 있다. 사우디아라비아의 수장인 '무함마드 빈 살만'은 '사우디 비전 2030'를 발표하며, 경제, 사회, 문화에 다각화된 변화를 모색하고 있다. '비전 2030'은 과거 극단적 보수주의를 지향하던 와하비 사상의 토대를 넘어, 국민의 대다수인 젊은 층이 갈망하는 개혁을 실현하고자 한다. 이 프로젝트는 활기찬 사회Vibrant Society, 번영하는 경제Thriving Economy, 진취적인 국가Ambitious Nation를 중심 주제로 설정했고,[76] 새로운 미래라는 뜻인 '네옴'NEOM 시티의 건설과 재생 에너지 프로젝트Renewable Energy

22, 2018, accessed July 28, 2023, https://www.aljazeera.com/news/2018/8/22/saudi-detains-mecca-imam-who-challenged-mixed-gatherings.

75 Borzoi Daragahi, "Jamal Khashoggi: New details surrounding journalist's death emerge as Turkey begins trial without Saudi suspects," *Independent*, July 3, 2020, accessed July 28, 2023, https://www.independent.co.uk/news/world/middle-east/jamal-khashoggi-death-saudi-arabia-trial-istanbul-journalis-a9600291.html.

76 King Salman and Mohammad bin Salman, *Vision 2030: Kingdom of Saudi Arabia*, 14-76.

Project 구현을 중점 목표로 물류, 신산업, 관광, 스포츠, 엔터테인먼트 분야 개발을 위한 다양한 프로젝트를 포함한다.[77] '비전 2030'의 핵심 프로젝트는 에너지, 도시, 관광, 문화, 주거, 건강의 범주로 구분되며, 탈석유 산업 다각화의 기반을 마련하고자 주요 도시들의 성장과 더불어 홍해Red Sea 관광지 개발, 메카 순례 프로그램 향상, 고대 유적지 보호와 개발 등을 구체적으로 추진하고 있다.[78]

'비전 2030'은 아라비아반도와 중동의 지형을 재편하는 사우디아라비아의 명운이 달린 사업이다. 혁신의 정점에 있는 네옴 시티는 미래의 신기술을 적용해 사우디아라비아의 북서부에 친환경 직선 도시 '더 라인' The Line, 팔각형의 해상 첨단산업단지 '옥사곤'Oxagon, 산악관광단지 '트로제나'Trojena를 조성하는 계획이다.[79] 홍해 프로젝트Red Sea Project는 홍해 연안과 섬들에 최고급 휴양지를 개발하고 신경제지구New Economic Zone를 설정하여 국내외 관광객을 유치하려는 초대형 사업이며,[80] 키디야 프로젝트Qiddiya Project는 리야드에 테마파크를 중심으로 스포츠, 문화, 예술 단지를 조성하여 서비스 산업 육성과 국민의 삶의 질을 향상시키려는 거대한 사업이다.[81] 사우디아라비아는 '비전 2030'을 통해 중동의 경제, 관광, 문화의 중심을 홍해의 네옴 시티와 리야드로 옮기려고 구상

---

77 "What is NEOM?," NEOM, accessed July 29, 2023, https://www.neom.com/en-us.

78 "Vision 2030 Projects," Vision 2030: Kingdom of Saudi Arabia.

79 "What is NEOM?," NEOM.

80 Jennifer Bell, "Inside Saudi's Red Sea Project: First look as mega tourism destination gears to open," *AlArabiya News*, May 3, 2023, accessed July 29, 2023, https://english.alarabiya.net/News/saudi-arabia/2023/05/03/Inside-Saudi-s-Red-Sea-Project-First-look-as-mega-tourism-destination-gears-to-open.

81 Ruba Al-Rashed, "Qiddiya- a global tourism destination is in the making: Year in Review," *Arab News*, January 6, 2022, accessed July 29, 2023, https://www.arabnews.com/node/1999036/business-economy.

하고 있다. 1869년에 수에즈 운하Suez Canal가 개통되면서 물류의 흐름이 뒤바뀐 것처럼, 사우디아라비아는 홍해에 새로운 경제 구조를 구축하여 내부 갈등과 국가의 생존 문제를 해결하고 중동의 중심 국가로 더욱 변모해 나가길 기대하고 있다.

A. 사우디아라비아의 비전 2030의 핵심 가치 고찰

사우디아라비아의 강점을 반영한 '비전 2030'은 세 개의 중심축을 가지고 개혁을 도모한다. 첫 번째는 아랍과 이슬람 세계의 심장부에 위치한 사우디아라비아의 지위를 확고히 하고, 두 번째는 경제 구조 다각화를 통한 세계적인 강력한 투자국으로의 변화를 도모하며, 세 번째는 세 개의 대륙이 만나는 지정학적인 이점을 극대화시켜 세계로 향한 무역의 중심과 관문이 되는 세계적 허브Hub로의 전환을 기대하고 있다.[82] 이 개혁안은 극단주의 조장 국가로 낙인된 사우디아라비아의 이슬람에 대한 태도를 전환시키고, 전 세계 투자 유치를 목표로 경제, 사회, 문화가 개방된 국가라는 사우디아라비아의 이미지Image를 제고하며, 미래의 신기술이 적용된 초거대 인프라 구축을 통해 중동 경제와 무역의 중심축을 이동시키는 비전을 포함한다. '비전 2030'에 나타난 이슬람에 대한 입장 변화, 경제와 문화의 개혁, 지정학적 중심축의 이동은 아라비아반도 선교에 대한 시사점을 제시하고 있다.

1. 이슬람의 중심: 온건한 이슬람을 향하여

사우디아라비아 '비전 2030'은 메카 순례와 이슬람 유산을 핵심 가

82 King Salman and Mohammad bin Salman, *Vision 2030: Kingdom of Saudi Arabia*, 6.

치로 삼는다. 사우디아라비아는 성지와 카바 신전이 존재하는 이슬람의 중심 국가라는 토대 위에서 개혁안을 제시한다.[83] 성지의 수호자를 자처하는 사우디아라비아는 메카 순례를 개선하기 위해 운송 수단과 비자 발급의 인프라를 확충해 나가고,[84] 이를 통해 '오므라'ʿumrah, 소순례 순례객이 3천만 명에 이르는 것을 목표로 한다.[85] '비전 2030'은 이슬람 유산의 보존과 연구를 추진한다. 사우디아라비아는 선지자 무함마드, 이슬람의 발생지인 메카, 이슬람 공동체가 형성된 메디나 등의 이슬람 유산에 자부심을 갖고, 세계 최대의 이슬람 박물관과 더불어 세계적 수준의 이슬람 도서관과 연구소 건립을 목표로 하고 있다.[86] 더 나아가서, 사우디아라비아는 역사적 유적지를 보전하고, 유네스코UNESCO에 두 배 이상의 사우디 문화유산 등록을 추진하고 있다.[87]

결과적으로, 사우디아라비아 '비전 2030'은 와하비 사상을 개혁하고 온건한 이슬람으로 돌아가려고 한다. 법학을 전공한 '무함마드 빈 살만'은 와하비 사상을 부정하고, 4대 법학파가 균형을 이룬 이슬람을 추구한다.[88] 사우디아라비아는 과거 와하비 추종자들이 각국 무슬림들의 메카 순례를 금지하고, 메카와 메디나의 묘지 유적들과 모스크를 파괴[89]했던 과오를 돌이키려고 한다. 극단주의자들은 무함마드와 그의 친인척들

---

83 King Salman and Mohammad bin Salman, *Vision 2030*, 6.

84 King Salman and Mohammad bin Salman, *Vision 2030*, 17, 21.

85 King Salman and Mohammad bin Salman, *Vision 2030*, 19, 21.

86 King Salman and Mohammad bin Salman, *Vision 2030*, 21.

87 King Salman and Mohammad bin Salman, *Vision 2030*, 17, 19.

88 TIME, "Crown Prince Mohammad bin Salman Talks to TIME about the Middle East, Saudi Arabia's Plan and President Trump."

89 W. Ende, "WAHHĀBIYYAH: The 20th Century," 42, 45-47; A. J. Wensinck and A. S. Bazmee Ansari, "BAḲIʿ Al-GHARḲAD," 957-958.

이 포함된 묘역과 출생지를 파괴했지만, 사우디아라비아는 세계적 수준으로 이슬람 유적을 보존하고 연구하며, 최대 이슬람 박물관에 유물들을 전시하고 보전할 계획이다. 사우디아라비아는 무함마드와 성지의 유산을 강점으로 삼아 이슬람의 중추적 역할을 모색하고 있다.

2. 경제와 문화의 중심: 경제와 문화 다각화를 향하여

사우디아라비아 '비전 2030'은 경제 다각화, 교육 혁신, 정부 개혁, 문화 활동 증대를 핵심 가치로 삼는다. 사우디아라비아는 경제 구조 다각화를 통해 탈석유 산업에 기반한 고용 창출과 경제 활성화를 목표로 제시한다.[90] 사우디아라비아는 공공투자기금PIF을 7조 리얄이 넘는 세계 최대의 국부 펀드로 육성하고, 비석유 산업의 수출을 50%까지 늘려, 세계 경제순위 15위의 국가로 도약하려고 한다.[91] 천연자원을 활용한 재생 에너지 사업은 중점적으로 연구되어 산업 다각화에 기여하게 될 것이다.[92] 사우디아라비아는 구조 개혁을 통해 실업률을 줄이고, 직업 창출을 통해 여성의 고용 비율을 30%로 끌어 올릴 계획이다.[93]

'비전 2030'은 교육의 질적 향상과 의료 서비스 강화를 추구한다. 사우디아라비아는 학부모들의 교육 과정 참여를 독려하며, 사립 및 비영리 부문과의 협력을 통해 혁신적 교육 프로그램을 제공하려고 한다.[94] 사우디아라비아는 청년과 여성들의 직업 창출을 목표로 교육과 훈련에

---

90 King Salman and Mohammad bin Salman, *Vision 2030*, 6, 42-43.

91 King Salman and Mohammad bin Salman, *Vision 2030*, 7, 42, 61, 47.

92 King Salman and Mohammad bin Salman, *Vision 2030*, 44, 49.

93 King Salman and Mohammad bin Salman, *Vision 2030*, 39.

94 King Salman and Mohammad bin Salman, *Vision 2030*, 33.

투자하고, 대학 졸업생의 과반수인 여성의 능력을 개발하고 있다.[95] 사우디아라비아는 엄격한 기준에 맞춘 현대적 교육 과정을 준비하여, 사우디 대학 5개 이상이 세계 200위권 순위에 들도록 목표로 한다.[96] 또한, 사우디아라비아는 병원과 보건소의 수용 능력 확대, 감염병의 예방과 치료, 의료 보험 인프라 구축을 통해 건강 돌봄 시스템의 향상을 도모한다.[97]

'비전 2030'은 효율적인 정부 구축, 비영리 활동의 증대, 문화생활의 향상을 추진한다. 사우디아라비아는 정부의 개혁을 통한 국가 경영의 개선과 디지털 인프라 개발로 효율적인 전자 정부 구축을 목표로 한다.[98] 정부 서비스의 민영화는 비즈니스와 투자 환경을 개선하고, 정부의 직무 수행을 감독하는 공공 기관 설립은 국가 경영의 효율성을 높일 것이다.[99] 사우디아라비아는 사회 복지 사업을 강화하고, 비영리 기관의 프로그램을 지원하며, 자선 사업에 1백만 명의 자원봉사자를 육성해 나가고 있다.[100] 게다가, 사우디아라비아는 건강한 삶을 위해 스포츠와 여가 활동을 지원하고 있다.[101] 사우디아라비아는 문화 활동과 엔터테인먼트의 질적 향상을 위해 재정을 지원하고, 문화 클럽의 네트워크 조직과 함께 취미와 여가 활동을 강화해 나가고 있다.[102]

---

95 King Salman and Mohammad bin Salman, *Vision 2030*, 36-37.

96 King Salman and Mohammad bin Salman, *Vision 2030*, 40.

97 King Salman and Mohammad bin Salman, *Vision 2030*, 29.

98 King Salman and Mohammad bin Salman, *Vision 2030*, 67, 71.

99 King Salman and Mohammad bin Salman, *Vision 2030*, 13, 64.

100 King Salman and Mohammad bin Salman, *Vision 2030*, 73, 75.

101 King Salman and Mohammad bin Salman, *Vision 2030*, 22.

102 King Salman and Mohammad bin Salman, *Vision 2030*, 27.

결론적으로, 사우디아라비아 '비전 2030'은 경제와 문화 다각화를 통해 보수적인 형태의 와하비 사상을 탈피하고 있다. 사우디아라비아는 와하비 사상을 강요했던 교육, 종교에 예속되었던 보수적인 정부 체제, 문화생활을 우상 숭배로 치부했던 과오를 넘어 개혁으로 나아가고 있다. 과거에 와하비 추종자들은 메카를 점거하며 이븐 압둘 와합의 사상 교육을 강요했다. 이들은 메카 순례 시에 악기 소지를 금지시켰으며, 와하비 신앙에 방해되는 서적을 없애고, 반지 착용과 미술가의 그림을 '쉬르크' *shirk*, 다신교 혹은 우상 숭배로 여겼다. 1979년에 극단주의자들이 메카의 그랜드 모스크를 점거한 후로는 여성들의 사회 활동이 극히 제한되었다. 사우디아라비아 '비전 2030'은 학부모의 교육 참여로 다양한 의견을 수렴하며, 높은 수준의 교육 시스템을 구축한다. '비전 2030'은 소외되었던 여성의 능력을 개발하고 교육과 훈련을 통해 직장에 고용되도록 독려한다. 더욱이, '비전 2030'은 국가가 문화 클럽의 조직과 지식 교류를 지원하고, 스포츠, 음악, 미술 등의 취미 활동을 장려한다. 사우디아라비아는 와하비 사상을 개혁해 교육과 문화 활동이 증대된 사회로 혁신해 나가고 있다. 극단주의 사상에 대한 개혁과 혁신은 투자로 이어져 선순환을 이루고, 사우디아라비아는 경제와 문화의 중심으로 발돋움하게 되는 것이다.

3. 무역과 지정학적 중심: 새로운 무역의 허브(Hub)를 향하여

사우디아라비아 '비전 2030'은 무역의 허브와 물류 인프라 구축을 핵심 가치로 삼는다. 사우디아라비아는 국제 무역과 교통의 허브로서 지정학적 중심 국가를 목표로 제시한다.[103] 사우디아라비아는 아시

103 King Salman and Mohammad bin Salman, *Vision 2030*, 6, 83.

아, 아프리카, 유럽을 잇는 지형을 활용하여 물류의 인프라를 건설하고 있다.[104] 새로운 항만과 철도, 도로와 공항은 국내외 기간 산업을 연결하고, 항공과 해상 교통의 역량 증대는 새로운 무역로를 열어나갈 것이다.[105] 사우디아라비아는 현대 무역과 전자 상거래를 확장하여, 물류 성과 지수를 세계 25위로 격상시킬 계획이다.[106]

결론적으로, 사우디아라비아 '비전 2030'은 새로운 무역의 허브를 목표로 지정학적 요충지에 인프라 구축을 추진한다. 무역 허브의 핵심에 자리한 네옴NEOM의 옥사곤Oxagon은 팔각형의 해상 첨단산업단지로서, 세계 무역의 새로운 중심으로 홍해의 해상 무역로를 담당하게 된다.[107] 이 사업은 과거 두바이에 거점을 둔 금융과 물류의 본부들을 첨단 도시와 해상 산업단지로 옮기고 무역의 중심축을 홍해로 이동시켜 사우디아라비아가 물류의 허브가 되도록 이끈다. 이집트와 사우디아라비아를 잇는 킹 살만 대교King Salman Bridge도 양국 간에 무역과 메카 순례를 도울 것이다. 사우디아라비아는 홍해 연안의 거점 도시를 혁신적으로 개발하여 세 대륙을 잇는 무역과 지정학적 중심의 국가로 도약하려고 한다.

---

104 King Salman and Mohammad bin Salman, *Vision 2030*, 6, 58.

105 King Salman and Mohammad bin Salman, *Vision 2030*, 58.

106 King Salman and Mohammad bin Salman, *Vision 2030*, 57, 61.

107 "OXAGON," NEOM, accessed August 1, 2023, https://www.neom.com/en-us/regions/oxagon; SPA: Saudi Press Agency, "HRH Crown Prince Announces Establishment of OXAGON, Largest Floating Industrial Complex in the World," November 16, 2021, accessed August 1, 2023, https://sp.spa.gov.sa/viewfullstory.php?lang=en&newsid=2304728.

B. 사우디아라비아 비전 2030과 선교적 함의

1. 아랍 세계 선교의 중심을 향한 선교적 함의

사우디아라비아는 이슬람의 중심으로서 메카 순례와 이슬람의 유산을 중요시한다. 메카 순례가 이뤄지는 아라비아반도는 아랍 세계 기독교 선교의 중심으로서, 남겨진 이슬람 유산의 이해를 통해 기독교 선교의 기틀을 마련할 수 있다.

아라비아반도의 메카와 메디나는 이슬람이 발생한 성지이기에 아랍 세계를 향한 기독교 선교의 중심에 위치한다. 아라비아반도에서 이슬람이 기원하고 사상이 발전했으며, 근본주의 법 해석을 따르는 한발리 학파는 극단적 보수주의인 와하비 사상으로 성장했다. 최근에 사우디아라비아는 와하비 사상의 개혁과 더불어 세계와 모든 종교에 열린 온건한 이슬람으로의 회복을 선언했다. 성지의 수호자이자 이슬람의 종주국인 사우디아라비아의 이슬람에 대한 전환적 태도는 인근 이슬람 국가들의 온건화에 영향을 줄 것이다. 아랍 세계 선교의 중심인 아라비아반도는 온건한 이슬람에 대응하는 기독교 선교를 요청하고 있다.

아라비아반도에 남겨진 이슬람 유산에 관한 연구는 이슬람을 향한 기독교 선교의 토대를 구축한다. 과거 와하비 추종자들은 초기 무슬림들의 유적을 파괴했지만, 사우디아라비아는 이슬람 유산을 보존하고 연구하며, 역사 유적을 세계문화유산으로 등록해 보전하려고 한다. 또한, 이슬람의 발생지, 움마 공동체의 형성지에 자부심을 갖고, 세계적 수준의 연구 시설 운영을 계획 중이다. 이슬람 역사에 관한 연구와 함께 타종교와 공존했던 과거의 유산들은 아라비아반도를 향한 기독교 선교의 밑거름으로 작용할 것이다.

2. 선교 구조 다각화를 위한 선교적 함의

중동에서 사우디아라비아는 경제와 문화의 중심국을 목표로 경제 다각화, 교육 혁신, 정부 개혁, 문화 활동 증대를 비전으로 삼는다. 다변화된 사회 안에서 기독교 선교는 교육과 의료 분야에 봉사하며, 다양한 연구로 축적된 문화 선교를 적용해 선교 구조의 다각화를 추구할 수 있다.

사우디아라비아가 추진하는 교육 혁신과 의료 개혁은 기독교 선교 구조를 다각화한다. 과거에 와하비 사상은 획일화된 교육을 진행했지만, 사우디아라비아는 교육과 훈련에 투자하고, 사립 및 비영리 부문과 협력하여 세계적 수준의 혁신된 교육을 제공하려고 한다. 또한, 의료 시설과 서비스의 확충을 통해 건강 시스템을 향상시키려고 한다. 사우디아라비아는 와하비 사상을 넘어 교육과 의료 분야에 기독교적 가치를 지닌 새로운 선교 구조를 요청하고 있다.

사우디아라비아가 육성하는 비영리 활동과 문화생활은 다양한 기독교 선교의 토대를 형성한다. 사우디아라비아는 사회 복지와 자선 사업을 지원하고, 비영리 기관과 자원봉사자를 육성하고 있다. 과거 와하비 사상 체계에서 음악과 미술 활동은 제약되었고, 여성들의 운전과 스포츠 활동은 금지되었다. 사우디아라비아는 스포츠와 엔터테인먼트에 재정을 지원하며, 국가적으로 문화 클럽을 조직하여 여가 활동을 장려하고 있다. 사우디아라비아는 보수적인 사회 분위기를 쇄신해 비영리 활동, 문화생활, 자선 사업, 여성 인권 분야에 다변화된 기독교 선교의 기틀을 제공하고 있다.

3. 선교의 지정학적 중심을 향한 선교적 함의

사우디아라비아는 새로운 무역의 허브로서 지정학적 중심으로 도약하고자 한다. 아라비아반도의 홍해 연안은 기독교인들이 모이고 흩어지며,[108] 아랍 세계를 향한 기독교 선교의 새로운 메카로서 발전할 수 있다.

대륙과 해양을 연결하는 지정학적 중심에 위치한 첨단 산업 도시는 기독교 선교가 수렴되고 전파되는 허브의 역할을 감당할 것이다. 사우디아라비아의 홍해 연안은 아시아와 아프리카를 잇고 유럽으로 향하는 관문으로서 중동 기독교 선교의 새로운 중심으로 발전할 것이다. 세계와 모든 종교에 개방된 첨단 도시와 해상 단지는 인근 아랍 국가와 이주 노동자들의 기독교를 수렴하고 인정하여 기독교 선교의 새로운 메카로서 기능할 것을 기대한다.

V. 아라비아반도의 개혁에 직면한 무슬림 선교 정책 모색

A. 아라비아반도의 기독교 선교 회고

과거의 아라비아반도에서 기독교 선교는 다양한 형태의 기본 인프라를 구축하며 진행되었다. 근대에 중동 지역에 사역했던 대표적인 선교사들은 아라비아반도의 각 지역에서 성경 배포 등의 기독교 문서 사역을 진행했고, 고아원, 학교, 병원, 교회 등의 선교 기반 시설을 구축했다. 1811년에 성공회 선교사 헨리 마틴Henry Martyn, 1781-1812은 페르시아로 항해하던 중에 오만 지역의 무스카트Muscat에 들렸고, 신약 성경의 아

108 Johannes Christiaan Hoekendijk, *The Church Inside Out* (London: Westminster Press, 1966)을 참고하라. 한국어로는 J. C. 호켄다이크, 이계준 역, 『흩어지는 교회』 (서울: 대한기독교서회, 1979)로 번역되었다.

랍어 번역을 준비했다.[109] 당시에 와하비 사상은 아라비아반도에서 최대로 확장하고 있었다. 1885년에 스코틀랜드 선교사 이온 키스-팔코너 Ion Keith-Falconer, 1856-1887는 예멘 아덴Aden의 '크래이터'Crater City 마을에서 성경을 읽고 배포했으며, 고아원을 설립했다.[110] '이슬람을 향한 사도'로 불리는 미국 선교사 새뮤얼 즈웨머Samuel Marinus Zwemer, 1867-1952는 제다Jeddah와 예멘을 방문한 후, 1892년에 바레인Bahrain에 도착했다. 성경 서점과 진료소를 운영했던 새뮤얼 즈웨머는 1899년에 아메리칸 미션 스쿨American Mission School을 시작했고, 1903년에 메이슨 기념 병원Mason Memorial Hospital을 세웠다.[111] 1894년에 미국 개혁 교회The Reformed Church of America는 아라비안 선교회Arabian Mission를 인수하고, 그의 사역을 병원, 학교, 교회를 포함한 거대한 전초 기지로 발전시켰다.[112] 1900년에 새뮤얼 즈웨머는 '아라비아, 이슬람의 요람'Arabia, the Cradle of Islam[113]을 집필하고 많은 저작물을 남겼으며, 1911년에 그가 창간한 저널, '무슬림 세계'The Moslem World는 35년간 간행되었다. 1889년에서 1938년 사이

---

109 헨리 마틴은 페르시아 부셰르(Bushehr)로 가는 항해 중에 무스카트에 몇 일간 머물렀다(1811년 4월 11일 서신). Henry Martyn, *Journal and Letters of the Rev. Henry Martyn, B. D.*, ed. S. Wilberforce (New York: M. W. Dodd, 1851), 428, 443.

110 이온 키스-팔코너는 아랍어 공부 후, 마을로 들어가 사람들과 대화를 나눴으며, 공원에서 누가복음을 읽으며 전도했다. James Robson, *Keith-Falconer of Arabia* (New York: George H. Doran Company, 1900s, n. d.), 83, 96.

111 Samuel M. Zwemer and James Cantine, *The Golden Milestone: Reminiscences of Pioneer Days Fifty Years Ago in Arabia* (New York: Fleming H. Revell Company, 1938), 106, 108, 113, 116, 134-136; J. Christy Wilson, Jr., "The Apostle to Islam: The Legacy of Samuel Zwemer," *International Journal of Frontier Missions* 13, no. 4 (October-December 1996): 164.

112 J. Christy Wilson, Jr., "The Apostle to Islam: The Legacy of Samuel Zwemer," 165.

113 Samuel M. Zwemer, F. R. G. S., *Arabia, the Cradle of Islam* (Edinburgh: Oliphant Anderson and Ferrier, 1961).

의 아라비아반도에는 80명이 넘는 장단기 선교사들이 주요 도시에서 선교 사역을 전개했다.[114] 1976년에 더들리 우드베리Dudley Woodberry, 1934-현재는 리야드에서 7백여 명 교인의 예배를 인도했고, 사우디아라비아 각지에는 지교회가 설립되었다. 사우디 정부가 교회를 폐쇄하자, 그는 사우디 정부에 공문을 보내 허가를 받았고, 가정 교회 네트워크는 지속되었다.[115] 근대의 기독교 선교는 대영 제국의 식민지와 미국의 기독교 확장에 따른 제국주의 선교[116]의 모습을 보였다. 이슬람의 터전 위에 기독교 체계를 세우는 목적으로 무슬림들과 관계의 단절을 초래했고, 무슬림 개종자들이 거부되는 결과를 낳았다. 한편으로, 당시에 허가받은 기독교 시설들은 현재에도 인정받아 기독교 종교 단지, 학교와 병원 단지, 종교 간의 학술 교류 등의 형태로 약진해 왔다.

B. 아라비아반도의 선교에 대한 신학적 숙고

최근에 개정된 PCK 선교신학[117]은 아라비아반도의 이슬람을 향해 선교의 방향을 제언한다. PCK 선교신학은 "I. 총론"을 제시하고, "II. 우리의 선교신학"을 설명한다. 특히, "I. 총론"에서는 이슬람의 발흥에 대응하는 논의를 인정하면서, 초기 선교의 통전적 유산을 이어받아 변화하는 선교 현장을 파악하고, 미래 지향적인 선교신학을 제시한다고 밝

---

114 Samuel M. Zwemer and James Cantine, *The Golden Milestone*, 140.

115 J. Dudley Woodberry, "My Pilgrimage in Mission," *International Bulletin of Missionary Research* 26, no. 1 (January 2002): 24-28.

116 Sam Schlorff, *Missiological Models in Ministry to Muslims* (Upper Darby, PA: Middle East Resources, 2006)을 참고하라.

117 세계선교부 총회선교신학 개정연구위원회, "총회선교신학(개정안)," 『대한예수교장로회 제103회 총회 회의록』 (서울: 한국장로교출판사, 2019), 308-312.

힌다. "II. 우리의 선교신학"은 1. 삼위일체 하나님의 선교, 2. 선교와 하나님의 말씀인 성경, 3. 삼위일체 하나님과 통전적 선교, 4. 선교와 복음 전도, 5. 선교와 교회, 6. 선교와 사회, 7. 선교와 문화, 8. 선교와 타종교, 9. 선교와 동반자적 협력 등의 각 주제를 따라 선교에 대해 정의를 내리고, 선교의 행위를 규정한다.

PCK 선교신학[118]은 아라비아반도의 이슬람 사상에 대하여 기독교 선교의 실천적 방향을 제시한다. 첫째, "1. 삼위일체 하나님의 선교"에서 아랍 세계 구원의 선교는 삼위일체 하나님이 행한다고 선언한다. 이 선언은 이슬람의 타우히드*tawḥīd*, 유일신관 교리를 향해 삼위의 결속 관계에 내재된 상호 사랑, 존중, 섬김, 친교의 방식으로 선교를 수행하라고 주문한다. 이는 극단적 파괴주의 사상의 아랍인들에게 화해와 치유를 통한 회복의 선교를 요청하고 있다. 둘째, "2. 선교와 하나님의 말씀인 성경"에서 이슬람을 향한 선교는 성경을 따라 참여한다고 고백한다. 이 고백은 성경이 변질*taḥrīf*, 타흐리프 되었다고 주장하는 이슬람을 향해 변증적인 선교를 요청한다. 이는 꾸란 읽기가 일상화된 와하비 추종자들을 향해 꾸란 속의 성경 인물과 성경 내러티브Narative를 매개로 한 선교를 촉구한다. 셋째, "3. 삼위일체 하나님과 통전적 선교"에서 아라비아반도의 선교는 지역 토착적인 사회봉사와 친교를 통해 구체화된다고 제언한다. 넷째, "4. 선교와 복음 전도"에서 기독교가 금지된 이슬람 국가에서도 복음 전도는 가장 긴급하고 우선적으로 수행되어야 하는 과제라고 선포한다. 이 선포는 와하비 추종자들을 향해 우정 전도를 포함한 창의적인 선교를 요구하고 있다. 다섯째, "5. 선교와 교회"와 "6. 선교와 사회"에서 다양한 기독교 교파의 협력과 변혁적인 제자도를 수행함으로 사회 변

118 세계선교부 총회선교신학 개정연구위원회, "총회선교신학(개정안)," 308-312.

혁을 도모하라고 명령한다. 이 명령은 인접 국가의 아랍 교회들과 함께 하는 선교를 내포하며, 공개적 신앙 고백이 어려운 상황에서도 공적 제자도와 선교적 삶의 실천을 통한 변혁을 도모하라고 제언한다. 여섯째, "7. 선교와 문화"와 "8. 선교와 타종교"에서 다양한 문화권의 신학 전통을 수용하고, 와하비 추종자들과의 대화와 협력에 적극 참여하라고 권면한다. 이 권면은 중동에서 발생한 여러 교파의 정교회와 가톨릭 신학이 이슬람 통치하에서도 유지했던 생명력을 포용하고, 보수적 이슬람과의 만남을 화해와 평화의 선교로 인도한다. 일곱째, "9. 선교와 동반자적 협력"에서 기독교 단체들과 상호 협력과 나눔으로 동반자적 선교를 수행하라고 촉구한다.

PCK 선교신학은 근본주의 이슬람 사상의 현장에서 실천 가능한 항목들을 내포하고 있다. 이 선교신학은 아라비아반도의 상황을 직접 고려하지 않지만, 이슬람의 발흥을 인지하고 선교의 행위를 규정한다. 이에 따르면, PCK 선교신학은 아라비아반도의 근본주의 이슬람에 대하여 상호 존중과 화해의 정신으로 우정 전도와 변증의 선교가 실천되기를 기대한다. 또한, 보수적인 이슬람 사회에서 변혁적 제자도와 선교적 삶을 실천하고, 종교간의 대화를 통해 평화를 도모하라고 제언한다.

C. 아라비아반도를 향한 선교 정책과 선교적 실천

최근에 사우디아라비아가 발표한 '비전 2030'은 아라비아반도를 향한 기독교 선교의 지형을 변화시키고 있다. 아랍 세계 선교에서 이슬람의 유산 연구는 기독교 선교의 기반이라는 인식과 함께, 다변화된 아랍 사회 속에서 선교 구조의 다각화 실현과 아랍 세계 선교의 새로운 허브

Hub를 향한 실천적인 준비를 요구하고 있다. 이러한 변화에 직면하여 선교 정책 측면에서 아라비아반도의 선교를 위해 다뤄야 할 중점 과제를 다음과 같이 제안한다.

1. 이슬람 연구 허브(Hub) 구축: "세계와 모든 종교에 열린 온건한 이슬람"[119]을 향하여

메카 순례와 이슬람의 유산이 존재하는 아라비아반도의 선교를 위해 이슬람 종교 연구를 위한 시스템을 구축해야 한다. 이 연구 인프라는 이슬람 신학, 이슬람 법학, 이슬람 역사를 아우르는 이슬람 종합 연구 플랫폼Platform으로서 선교 신학, 교회사, 성서학 등의 학제 간 교차 연구를 포함하며, 이슬람 종교를 광범위하게 분석하고 조사함으로 기독교 선교의 로드맵을 제시할 것이다. 와하비 사상의 형성 배경과 최근 '비전 2030'의 개혁적 전환에 대한 이해는 "온건한 이슬람"으로 향하는 사우디아라비아 선교에 변곡점을 제시할 것이다. 선교사들은 축적된 연구 결과를 공급받고 서로 공유함으로 이슬람 종교 이해에 기반한 선교를 실천할 수 있다. 이 연구 인프라는 중동 지역의 이슬람을 넘어서서 세계 각국의 이슬람을 연구하는 허브Hub의 역할도 감당하게 될 것이다.

2. 선교 다각화 네트워크 확장: 이슬람권 선교 구조의 다각화를 향하여

경제와 문화 중심국을 목표로 하는 보수적 이슬람 국가를 향해 기독교 선교 구조를 다각화하고 네트워크를 확장해 나가야 한다. 이 네트워크는 문화 선교, 의료 선교, 비영리사업을 포함해 경직된 이슬람 사회에

---

119 이 소제목은 2017년 '무함마드 빈 살만'이 '미래 투자 이니셔티브' 회의에서 나눈 담화에서 인용했다. BBC, "Crown prince says Saudis want return to moderate Islam."

기독교적 가치를 전달하는 매개체의 역할을 감당할 것이다. 과거 예술과 취미 생활이 제한되고, 여성의 사회 활동이 한정되었던 와하비 사상의 이슬람 사회에서 아랍인들의 향상된 문화 활동을 선도하는 문화 선교, 건강 돌봄에 대한 필요를 채우는 의료 선교는 기독교 선교 활동의 문을 여는 촉매의 역할을 하리라 기대한다. 과거 아라비아반도에서 의료 선교 활동은 현대에 아랍인들을 위한 의료 선교 단지의 형성과 발전으로 이어졌다. 선교 병원은 영리 추구의 목적을 넘어 선교 구조의 네트워크에 참여함으로 기독교 선교의 조직화된 시너지 효과(Synergistic Effect)도 기대할 수 있다. 이에 더하여, 최근 '비전 2030'을 통해 사회 복지와 자원봉사자를 육성하는 사우디아라비아에서 기독교 비영리사업은 소외된 계층에 선교를 실천함으로 기독교 선교 구조를 더욱 다각화하고 확장해 나갈 수 있을 것이다.

3. 특화된 교육 선교 지원 강화: 기독교적 가치의 교육을 위하여

교육 혁신을 추진하는 획일화된 이슬람 교육을 향해 특화된 기독교 교육 지원을 강화해 나가야 한다. 이 교육 지원은 특정한 사상에 치우쳤던 이슬람에 대하여 교육 개발과 협력을 통해 혁신으로 나아가는 밑거름이 될 것이다. 이미 '비전 2030'은 교육과 훈련에 투자하고, 비영리 부문과 협력하여 높은 수준의 교육 개혁을 도모하고 있다. 이에 선교를 통해 축적되어 온 특화된 교육 콘텐츠를 활용하여 기독교 교육의 가치를 제공해 나갈 수 있다. 와하비의 도덕적 원리에서 벗어나 세속적인 삶을 추구하는 아랍 젊은 계층에게 4차 산업혁명으로 도약한 교육 선교를 실천함으로써 변화되어 가는 이슬람 사회에서 기독교의 위상을 제고하고 선교의 기틀을 마련할 수 있다.

4. 지정학적 중심의 선교 중앙화: 모이고 흩어지는 선교의 메카를 향하여

지정학적 중심으로 도약하는 미래 첨단 도시를 기독교 선교의 새로운 메카로 활용해 나가야 한다. '비전 2030'의 핵심 사업인 네옴(NEOM) 시티는 홍해 북부에서 새로운 세계 무역의 허브로 발전해 나갈 것이다. 경제의 발전은 제3세계 이주노동자들에게 직장을 제공하고, 그중에 기독교인들은 두바이 모델을 따라 여러 모양의 메가 처치(Megachurch)를 형성하리라 기대한다. "세계와 모든 종교에 개방된 이슬람"[120]을 표방하는 새로운 중심 도시에는 교회와 기독교 센터가 설립되고, 인프라를 활용한 선교 동원과 훈련, 회심자 교육이 진행될 것이다. 선교 중앙화를 이끄는 중동의 새로운 메카에서 모이고 흩어지는 선교가 실천되리라 기대한다.

5. 아랍 교회의 협력과 연합: 기독교 유산의 전파를 위하여

아라비아반도에 인접한 아랍 교회들은 협력과 연합을 통해 개방을 시작한 이슬람 사회에 기독교 유산을 전파해야 한다. 과거 와하비 사상하에서도 사우디아라비아는 공적 예배와 가정교회를 허락한 사실이 있다. 아라비아반도 인근에 깊은 역사를 지닌 레반트 지역의 교회와 북아프리카 지역의 교회들은 이슬람 사회의 경험을 바탕으로 아랍 교회의 전통을 전수할 수 있을 것이다. 인접 국가 교회들의 협력은 드러나지 않은 가정교회들과 함께 아라비아반도에 아랍 교회를 세워나갈 수 있을 것이다.

---

120 BBC, "Crown prince says Saudis want return to moderate Islam."

6. 종교 간의 대화와 우정 전도 확대: 상호 존중하는 화해의 선교를 향하여

아라비아반도의 근본주의 이슬람을 향하여 서로 존중하고 화해하며, 우정 전도와 종교 간의 대화를 실천해 나가야 한다. 아랍인들은 기독교의 역사와 존재를 인식하고 있으므로, 중동에서 내부자 운동은 타 지역 내부자 운동과는 다른 방향성을 가진다. 보수적인 이슬람 사회에서 상호 섬김으로 우정과 친교의 관계를 통해서 선교를 실천하고 복음을 전할 수 있다. 과거 선교의 유산에서 발전한 오만의 알-아마나 센터Al Amana Centre,[121] 요르단의 하산Al-Ḥassan bin Ṭalāl, 1947-현재 왕자가 설립한 '종교 간의 연구를 위한 왕립 연구소'The Royal Institute for Inter-Faith Studies[122] 등은 종교 간의 대화를 진행하고 있다. 사우디아라비아 '비전 2030'에서 추구하는 개방된 온건한 이슬람을 향해 우정 전도와 대화로 나아갈 때 화해의 선교를 감당할 수 있을 것이다.

VI. 결론

근본주의 이슬람 사상의 현장에서도 무슬림을 향한 선교적 노력은 지속되어 왔다. 선교 초기에 기독교 문서 사역과 선교 기반 시설 구축은 현대에 종교와 교육, 의료 단지의 형태로 발전했고, 종교 간의 대화와 학술 교류라는 유산을 남겼다. 와하비 추종자들이 통제하는 보수적인 사

121 "Safe Spaces. Sacred Trust," Al Amana Centre: Building Trust and Peace, accessed August 10, 2023, https://alamanacentre.org/homepage/.

122 The Royal Institute for Inter-Faith Studies (RIIFS), accessed August 10, 2023, https://riifs.org/en/.

회에서도 성경 배포, 전도, 가정교회의 형태로 전통적인 선교가 진행되었다.

아라비아반도를 향한 무슬림 선교 정책에 최근 사우디아라비아의 개혁을 반영해야 하는 필요는 본 연구에서 명백하게 나타난다. 사우디아라비아 '비전 2030'은 무함마드와 성지의 유산을 바탕으로 이슬람의 중심 국가임을 표명하고 있지만, 동시에 "모든 종교에 개방된 이슬람"을 추구한다고 선언한다. '비전 2030'은 탈석유 산업에 기초한 고용 창출과 경제 활성화를 통해 중동에서 경제와 문화의 중심국이 되기 위한 목표를 설정한다. 또한, '비전 2030'은 무역의 중심축을 이동시켜 새로운 물류의 허브로서 지정학적 중심 국가로의 도약을 천명한다. 아라비아반도의 혁신적 변환에 직면하여 기독교 선교 정책은 다음과 같이 전환해 나가야 한다. 첫째, 이슬람의 유산이 현존하는 아라비아반도를 향해 이슬람 종교의 연구를 위한 허브Hub를 구축해 나가야 한다. 둘째, 경제 활성화를 추구하는 보수적 사회를 향해 다각화된 네트워크 선교 구조로 각 분야에 기독교적 가치를 실현해 나가야 한다. 셋째, 경직된 이슬람 교육을 향해 특화된 교육 콘텐츠를 지원함으로 기독교 교육 선교를 실천해 나가야 한다. 넷째, 지정학적 중심을 지향하는 새로운 첨단 도시에 기독교 인프라를 구축해 새로운 선교의 메카로 활용해 나가야 한다. 다섯째, 아랍 교회들은 연합과 협력을 통해 개방을 시작한 사우디아라비아에 기독교 유산을 전파해 나가야 한다. 여섯째, 보수주의 이슬람을 향하여 우정 전도와 더불어 종교 간의 대화를 실천함으로 복음을 전해야 한다.

과거에 사우디아라비아는 "아라비아반도의 모든 교회들은 파멸되어야 한다."[123]는 와하비 법학자의 나라였고, 모스크 돔 지붕을 파괴하

123 2023년 3월에 사우디아라비아의 그랜디 무프티 '압둘 아지즈 알 앗-셰이크'는 쿠웨이트 국회

며 시아파 무슬림을 살해하던 와하비 추종자들의 나라였다. 그러나, 최근에는 극단적 보수주의로부터 "세계와 모든 종교에 개방된 온건한 이슬람"[124]으로의 발걸음을 시작했다. 근본주의 이슬람의 개혁에 마주하여 선교적 분석을 통해 도출된 선교 정책과 선교적 실천은 아라비아반도의 복음화를 촉진해 나갈 것이다.

위원의 쿠웨이트 내 "교회 추방" 발언에 대해 종교적 견해를 개진했다. Elizabeth Broomhall, "Destroy all churches in Gulf, says Saudi Grand Mufti."

124 BBC, "Crown prince says Saudis want return to moderate Islam."

참고문헌

<서양과 아랍 문헌>

Al Amana Centre. "Safe Spaces. Sacred Trust." Al Amana Centre: Building Trust and Peace. Accessed August 10, 2023. https://alamanacentre.org/homepage/.

Aramco. "Our history: Driven by the curiosity to explore." Accessed July 15, 2023. https://www.aramco.com/en/who-we-are/overview/our-history.

CIA. *The World Factbook*. July 6, 2023. Accessed July 9, 2023. https://www.cia.gov/the-world-factbook/.

Future Investment Initiative(FII) Institute. "ESG at FII Institute." Accessed July 26, 2023. https://fii-institute.org/esg/.

Grand, Stephen and Katherine Wolff. "How is Vision 2030 to be Implemented?" In *Assessing Saudi Vision 2030: A 2020 Review*, 17-40. Washington, D. C.: Atlantic Council, 2020.

Hoekendijk, Johannes Christiaan. *The Church Inside Out*. London: Westminster Press, 1966.

Hussein, Bina. "Political Trends, Demographics, Education, and Employment." In *Energy Secter Diversification: Meeting Demographic Challenges in the MENA Region*, 4-10. Washington, D. C.: Atlantic Council, 2020.

Ibn Taymiyyah, Shaykh al-Islam Taqi ad-Din. *Ibn Taymiyyah Expounds on Islam: Selected Writings of Shaykh al-Islam Taqi ad-Din Ibn Taymiyyah on Islamic Faith, Life, and Society*. Edited and translated by Muhammad Abdul-Haqq Ansari. Independently Published: IslamFuture, 2000.

Johnstone, Patrick. *The Future of the Global Church: History, Trends and Possibilities*. Downers Grove: IVP Books, 2014.

Kingdom of Saudi Arabia. "Vision 2030 Projects." Vision 2030: Kingdom of Saudi Arabia. Accessed July 29, 2023. https://www.vision2030.gov.sa/v2030/v2030-projects/.

Lewis, Bernard. *The Middle East and the West*. New York: Harper Torchbooks, 1964.

Martyn, Henry. *Journal and Letters of the Rev. Henry Martyn. B. D.*. Edited by S. Wilberforce. New York: M. W. Dodd, 1851.

Muhammad bin Abdul-Wahhab, Sheikh-ul-Islam. *Kitab At-Tauhid*. Translated by Dar-us-Salam. Riyadh: Dar-us-Salam Publications, 1996.

NEOM. "OXAGON." Accessed August 1, 2023. https://www.neom.com/en-us/regions/oxagon.

NEOM. "What is NEOM?." Accessed July 29, 2023. https://www.neom.com/en-us.

OPEC. "OPEC share of world Crude Oil Reserves, 2021." *OPEC Annual Statistical Bulletin 2022*. Accessed July 15, 2023. https://www.opec.org/opec_web/en/data_graphs/330.htm.

Robson, James. *Keith-Falconer of Arabia*. New York: George H. Doran Company, 1900s. n. d.

Salman bin Abdulaziz Al Saud, King and Mohammad bin Salman bin Abdulaziz Al Saud. *Vision 2030: Kingdom of Saudi Arabia*. Riyadh: Kingdom of Saudi Arabia, 2016.

Schlorff, Sam. *Missiological Models in Ministry to Muslims*. Upper Darby, PA: Middle East Resources, 2006.

SPA: Saudi Press Agency. "HRH Crown Prince Announces Establishment of OXAGON, Largest Floating Industrial Complex in the World." November 16, 2021. Accessed August 1, 2023. https://sp.spa.gov.sa/viewfullstory.php?lang=en&newsid=2304728.

The Amman Message. "The Amman Message." Accessed August 3, 2023. https://ammanmessage.com/the-amman-message-full/.

The Royal Institute for Inter-Faith Studies (RIIFS). Accessed August 10, 2023. https://riifs.org/en/.

United States Institute of Peace. "Timeline of Iran-Saudi Relations." *The Iran Primer*. June 6, 2023. Accessed July 11, 2023. https://iranprimer.usip.org/blog/2016/jan/06/timeline-iran-saudi-relations.

U.S. Embassy & Consulates in Saudi Arabia. "2022 Report on International Religious Freedom for Saudi Arabia." May 30, 2023. Accessed July 26, 2023. https://sa.usembassy.gov/2022-report-on-international-religious-freedom-for-saudi-arabia/.

World Population Review. "2023 World Population by Country." Accessed July 9, 2023. https://worldpopulationreview.com/.

Zwemer, Samuel M., F. R. G. S.. *Arabia, the Cradle of Islam*. Edinburgh: Oliphant Anderson and Ferrier, 1961.

Zwemer, Samuel M. and James Cantine. *The Golden Milestone: Reminiscences of Pioneer Days Fifty Years Ago in Arabia*. New York: Fleming H. Revell Company,

1938.

<동양 문헌>

남옥정. “무함마드 빈 살만의 사우디 비전 2030의 명암, 리더십의 한계와 위기전망.” 『GCC 국가연구소 연간정책보고서 06: 걸프 3개국 비전 2030의 현아 및 쟁점』. 용인: 단국대학교 GCC국가연구소, 2018.

송상현. “사우디아라비아의 경제 다각화를 위한 노력과 ‘사우디 비전 2030’.” 『GCC국가연구소 연간정책보고서 06: 걸프 3개국 비전 2030의 현아 및 쟁점』. 용인: 단국대학교 GCC 국가연구소, 2018.

엄익란. “사우디 비전 2030과 여성.” 『GCC국가연구소 연간정책보고서 06: 걸프 3개국 비전 2030의 현안 및 쟁점』. 용인: 단국대학교 GCC국가연구소, 2018.

총회. 『대한예수교장로회 제103회 총회 회의록』. 서울: 한국장로교출판사, 2019.

<학술 논문>

Kéchichian, Joseph A. “Saudi Arabia and Its New Leadership in 2030.” *Asan Institute for Policy Studies* 2019, no. 8 (September 2019): 1-13.

Koppes, Clayton R. “Captain Mahan, General Gordon, and the Origins of the Term ‘Middle East’.” *Middle East Studies* 12, no. 1 (January 1976): 95-98.

Wilson, J. Christy, Jr.. “The Apostle to Islam: The Legacy of Samuel Zwemer.” *International Journal of Frontier Missions* 13, no. 4 (October-December 1996): 163-168.

Woodberry, J. Dudley. “My Pilgrimage in Mission.” *International Bulletin of Missionary Research* 26, no. 1 (January 2002): 24-28.

손주영. “이슬람법과 법학파의 형성에 관한 연구.” 『한국이슬람학회논총』 15 (2005/1): 49-80.

임병필. “8개 이슬람 법학파의 특성과 이크틸라프 원칙.” 『아랍어와 아랍문학』 19 (2015/4): 172-202.

정승현. “샤리아와 순니 4대 법학파에 대한 선교학적 고찰.” 『선교와 신학』 44 (2018): 419-447.

호주 이슬람과 무슬림 현황 및 디아스포라 선교

현 한 나

장로회신학대학교 교수, 선교신학

I. 서론

이 논문은 호주 사회 내 증가하는 최근 이슬람의 동향과 무슬림 이주민의 증가 현상을 중심으로 다문화 사회 내 정착하는 무슬림 커뮤니티 형성에 대비한 다음 세대 선교의 중요성 문제를 다룬다. 호주 사회에 무슬림들이 정착하게 된 역사적 배경과 무슬림 커뮤니티의 분포 및 이주 역사를 먼저 살펴본 후에, 디아스포라 선교적 접근 가능성을 살펴보고, 이슬람에 대한 편견 및 배척과 배타적 태도에 대한 방안들을 모색하였다. 이슬람 움마 공동체가 새로운 서구 국가에 정착하고 정체성을 형성하면서 세대별 무슬림의 호스트 국가에 대한 인식의 차이점을 발견할 수 있는데 이것은 다음 세대의 믿음 체계와 신앙교육이 무슬림 선교에 있어서 중요한 이유이다. 서구에 널리 퍼져있는 테러리즘과 이슬람에 대한 경계적 태도가 국가정책뿐 아니라 민간인들의 일상생활과 관계 형성에도 영향을 미칠 수 있음에 대해서 기독교인의 인식이 필요하다. 따라서 이 논문은 이주민으로 다문화 사회 깊숙이 이웃으로 정착하고 있는 무슬림들에 대한 지역 교회의 선교적 자세와 시각을 디아스포라 선교와 접목하였다.[1] 또한 지역 무슬림과 2~3세대에게 교회가 제공하는 교육이나 다문화 축제나 파티, 평화와 화해 교육을 통한 대안들을 통해 선교적 교회로서 지역 사회를 섬기는 방법들을 이야기했다. 마지막으로 무슬림 선교를 위한 환대적 자세와 직접 만나고 대화하는 일상의 실천을 강조했다. 이 글을 통해 호주 사회 내 이슬람과 무슬림의 경향에 대한 선교

1 Jan A Ali, *Islam and Muslims in Australia* (Melbourne: Melbourne University Pressing, 2020), 21-26.

적 분석 및 한인 디아스포라의 지역 사회 선교적 필요성에 대한 과제가 무슬림 이주민들을 향한 선교적 관심으로 이어져 국내 무슬림 선교를 위한 기여와 건설적 제안이 되리라 믿는다. 이슬람 선교로의 방향성 전환은 지역 사회의 필요에 대한 교회의 응답이며 21세기 가장 필요한 디아스포라 선교의 실천 과제이다.

II. 호주 이슬람의 역사와 무슬림의 현황

A. 호주 사회 무슬림의 증가 및 분포 지역 특성

호주 내 무슬림은 넓은 지역에 걸쳐 퍼져 거주하기보다 지역별로 이슬람 공동체와 무슬림 분포도가 높은 도시와 거주지역을 중심으로 발전되어 이주민 정착이 지속적으로 증가해 온 양상을 보이고 있다. 호주 전체 도시와 주를 살펴보면 이러한 상황을 정확하게 이해할 수 있는데 2011년과 2016년의 통계에도 80% 이상의 무슬림들이 빅토리아주와 뉴사우스웨일즈주를 중심으로 거주하고 있다.[2] 전체 호주 인구 대비 무슬림의 인구는 2010년대 2%를 넘어서 2020년대 이후 호주 전체 인구의 3%를 넘어섰고 급속히 증가하는 추세이다.

호주는 시드니NSW주, 멜버른VIC주, 브리즈번QLD주, 캔버라ACT준주, 수도 위치, 퍼스WA주, 에들레이드SA주, 골드코스트QLD주, 호바트TAS주, 다윈NT준

2 Commonwealth of Australia, 2011, *Census of Population and Housing: Reflecting a Nation:Stories from the 2011 Census*, Catalogue No. 2071.0, Australian Bureau of Statistics, Canberra, 2012-13; Commonwealth of Australia, 2017.

주로 이루어져 있는데 이 가운데 호주 최대의 무슬림 인구가 뉴사우스웨일즈NSW주에 거주하고 있으며 90년도에는 50% 이상이 시드니에 23%가량이 멜번 시를 중심으로 빅토리아주VIC주에 거주한다고 통계가 나왔으며, 시드니 시내에만 적어도 호주 무슬림의 44.3% 이상이 거주하고 있으며 중심에서 반경 50km 안팎에 무슬림 인구의 50% 이상이 모여 살고 있다고도 보도된다.[3]

서부 시드니를 중심으로 지역 사회 자치구로는 2016년 기준으로 뱅스타운-캔터버리Bankstown-Cantebury에 가장 많은 71,892명, 다음으로 컴벌랜드Cumberland지역에 47,290명, 리버풀Liverpool에 24,551명, 블랙타운Blacktown 22,645명 등 페어필드Fairfield, 캠벨타운Campbelltown, 파라마타Parramatta와 같은 다양한 서부 교외 지역에도 무슬림들이 대거 거주한다.[4] 멜버른 시내에는 흄Hume 32,490명과 캐시Casey 22,200명, 윈드함Wyndham과 몰랜드Moreland 지역을 중심으로 2만 명 단위로 거주하며, 브리즈번에는 무슬림들이 주로 로간Logan 지역을 중심으로 남쪽에 분포되어있고 퍼스에서는 주로 톤리에Thornlie 큰 외곽 교외와 미라부카Mirrabooka 및 비취보로Beechboro 주변 및 보스니아인 커뮤니티를 중심으로 거주하고 있다.[5]

1991년 인구 조사에서 2016년 인구 조사까지 전체 호주 인구는 평

3 Riaz Hassan, *Australian Muslims: A Demographic, Social and Economic Profile of Muslims in Australia*. International Centre for Muslim and non-Muslim Understanding, Adelaide, 2015.

4 Australian Bureau of Statistics, Census 2016.

5 Jeff Diamant, *The Countries with the 10 Largest Christian Populations and the 10 Largest Muslim Populations*, Pew Research Centre, 1 April 2019. https://www.pewresearch.org/facttank/2019/04/01/the-countries-with-the-10-largest-christian-populations-and-the-10-largestmuslim-populations/

균 1.7%, 즉 341,910명이 증가했다. 무슬림 인구가 2,704명에서 22,311명으로 증가한 것은 1947년과 1971년 사이이다. 그 후 20세기의 마지막 분기와 21세기의 첫 10년 동안 가파른 증가를 보이기도 했다. 1991년에는 148,096명의 무슬림이 있었고[6], 1996년에는 200,902명1.1%[7], 2001년에는 281,578명1.5%, 2006년에는 340,392명1.7%, 2011년 전체 인구 가운데 2.2% 차지했던 479,300명의 인구가 2016년 2.6%를 차지하면서 604,200명을 기록하였고[8], 가장 최근 2021년 조사에 의하면 813,392명으로 전체 인구의 3.2%[9]로서 호주에서 기독교Christianity, 43.9%, 무종교No religion, 38.9%, 이슬람Islam, 3.2%, 힌두교Hinduism, 2.7%, 불교Buddhism, 2.4% 순으로 보면 기독교 다음으로 두 번째로 규모가 큰 종교가 되었다. 무엇보다 2000년대 초보다 2011년에 들어오면서 두 배 이상이나 증가한 아보리진오스트레일리아 원주민 무슬림 인구와 호주에서 태어난 2~3세대 무슬림의 점진적인 증가는 호주 전체 인구에 이슬람의 영향력이 커질 수 있는 중요한 요인이 되고 있다.

비록 높은 출산율도 기여했지만, 호주 무슬림 인구의 꾸준한 증가는 주로 이주에서 기인했다고 평가된다. 20세기 들어 처음 오스만 제국에서 독립한 알바니아인들이 1920년대와 30년대에 소수가 호주에 도착한

---

6 Commonwealth of Australia, *1991 Census of Population and Housing*, Catalogue No. 2722.0, Australian Bureau of Statistics, Canberra, 1991.

7 Commonwealth of Australia, *1996 Census of Population and Housing*, Catalogue No. 2901.0, Australian Bureau of Statistics, Canberra, 1997.

8 Commonwealth of Australia, *2016 Census of Population and Housing: Reflecting Australia: Stories from the 2016 Census*, Catalogue No. 2071.0, Australian Bureau of Statistics, Canberra, 2017.

9 "Australian Bureau of Statistics : 2021 Census of Population and Housing : General Community Profile" (XLSX). Abs.gov.au. Retrieved 2 July 2022.

이후[10], 2차 세계대전 말1945년부터 호주는 본격적으로 이민을 통한 인력을 수용하기 시작했다. 호주는 산업적 발전을 위해 재정 구조 확대와 천연자원을 개발하여 정치력과 경제력을 높여 높은 자본주의 사회로 나아가고자 했는데 이를 달성하기 위한 국가적 산업 동력의 약화를 보충해줄 적절한 노동 자원이 필요했고, 이민의 문이 확대되었다. 1955년에 호주로 이주한 인도양의 코코스또는 킬링섬에서 온 말레이 무슬림들을 제외하고[11], 튀르키예 지역의 키프로스인들은 1950년대부터 도착하기 시작하여 60년대까지 도착했던 초기 무슬림들이었다. 이후 1968년과 1972년 사이에 더 많은 튀르키예 계통의 이민자와 레바논의 무슬림들이 그 뒤를 이었다.[12] 이들은 1970년 초까지 호주에서 가장 큰 이슬람교도 공동체를 구성했고, 1975년의 레바논 내전이 발발한 이후에 계속해서 증가했다.[13] 1950년부터 1975년까지 기간은 무슬림 이주민 인구가 급속히 증가한 시기이다.

B. 호주의 다문화주의와 이슬람 및 테러에 대한 태도

호주의 무슬림들은 기본적으로 이슬람의 본질과 가르침을 따른다는

10 Anthony Johns & Abdullah Saeed, 'Muslims in Australia: The building of a community', in Yvonne Haddad & Jane Smith (eds), *Muslim Minorities in the West: Visible and Invisible* (Walnut Creek, CA.: AltaMira Press, 2002), 195-216.

11 Garry Trompf (ed.), *Cargo Cults and Millenarian Movements: Transoceanic Comparisons of New Religious Movements (Religion and Society)* (Berlin & New York: Mouton de Gruyter, 1990).

12 Michael Humphrey, 'An Australian Islam? Religion in the multicultural city', in Saeed & Akbarzadeh (eds), 33-52.

13 Wafia Omar & Kirsty Allen, *The Muslims in Australia* (Canberra, Australian Government Publishing Service, 1997).

측면에서 같은 종교적 정체성을 공유하기에 집단적 동질성을 갖지만, 개인적인 믿음 수행의 정도 차이가 있으므로 개인의 신앙 수행과 가족 배경 및 교육 환경과 신앙교육 정도 등에 따라 무슬림 개인에 대한 접근이 동일할 수가 없다. 그리고 무슬림들이 겉으로 믿음을 실천하든, 세속적 무슬림으로 이슬람의 관습이나 매년 찾아오는 절기들만 지키든, 결국 이슬람이라는 공동의 가치체계나 신앙적 세계관이 영향을 미치고 있으므로 드러나는 모습으로 그들의 신앙관이나 가치관을 쉽게 판단하거나 간과할 수는 없는 측면이 있다.

그러나 호주는 다양한 종교적, 문화적인 배경을 허용하는 대신에 1970년대 이전까지 유색인종들의 커뮤니티를 백인사회와 구별하여 무시해왔고, 이러한 환경 속에서 이슬람 커뮤니티가 정착을 이루었다. 국가별로는 튀르키예, 레바논, 인도네시아, 말레이시아, 이란, 피지, 알바니아, 수단, 소말리아, 이집트, 팔레스타인 영토, 이라크, 아프가니스탄, 파키스탄, 방글라데시 출신의 무슬림들이 있다. 무슬림들은 고유한 개인의 신앙적 정체성뿐 아니라 공동체가 집합적 형태로 움마를 형성하기 때문에 호주 세속 사회-비이슬람 문화가 지배적인 환경 가운데 무슬림들이 마지널리티가 되는 경우가 많다.

따라서 종교적 정체성을 짙게 드러내면서 그들만의 이슬람의 독특한 생활양식과 사고방식을 갖고 호주 사회에서 일상적 생활을 이어가는 것은 쉽지 않다. 호주에 정착한 많은 무슬림들은 이민 1세대들로서 자신의 본국에서 가져온 문화와 종교적 정체성이 여전히 습관화되어있어 호주 사회 내의 다른 가치관과 충돌되거나 우선적으로 요구되는 호스트 국가의 정체성과 갈등 상황들을 일으키게 된다.[14] 호주가 주창하는 세속주의 문화 다원주의는 다양성을 수용하지만 실제로는 문화적 자율성이 완전히 보장되는데 한계를 갖는다. 무슬림들은 이슬람식의 문화적 정체성을 공식적인 자리에서 드러내거나 자신들의 공적 신앙생활을 인정받는 것에 어려움들을 갖고 있는데 이것이 기도 생활 및 복장 등 여러 가지 생활면에서 무슬림의 갈등을 심화시킨다.[15]

이슬람식 가치관과 서구식 사고관의 충돌의 대표적인 사례는 시드니 크로눌라Cronulla 사건이다. 21세기 들어서 2000년대와 2010년대에 경우 호주 무슬림들과 일반 대중 사이 긴장이 고조되었는데 레바논 남성들의 집단이 비무슬림 여성들을 성폭행한 사건이 있었다. 2005년의 여성들이 비키니 차림으로 해안에 있는 것을 성적인 난해함으로 해석하고 레바논에서 온 남성들이 호주 여성들에게 사적인 침해와 공적인 장소에서 성추행하게 되었고, 이것은 그 지역의 이슬람에 대한 긴장이 심하게 고조되어 반이슬람 시위와 폭력을 동반한 폭동으로 이어졌다. 이 사건은 대량 체포와 형사 기소를 초래했다.[16] 2012년에는 반이슬람적인 내용의 영화 예고편인 무슬림의 순진함Innocence of Muslims에 반대하는 시위가 시드니 시내에서 큰 폭동으로 이어져서 이것이 큰 소란 거리가 되었다. 그뿐 아니라 2014년 12월 15일부터 16일까지 시드니 인질 사태의 여파로 이슬람을 반대하는 반이슬람 정서가 확대되고, 시드니의 이슬람 사원에

14 Michael Humphrey, 'Muslim communities in Australia', in Abdullah Said & Shahram Akbarzadeh (eds), *Muslim Communities in Australia*, UNSW Press, Sydney, 2001, 37.

15 Ali, Jan A, 2020. 9.

16 "Cultural Diversity in Australia". Australian Bureau of Statistics. 21 June 2012. Retrieved 30 September 2014.

대한 위협들도 가해졌다.[17]

호주의 무슬림들은 하나의 종교 집단이나 단체를 대표하는 종교적 정체성을 갖고 있기도 하지만 동시에 평범한 이주민들이기도 하다.[18] 그러나 이슬람이 테러에 가담하고 있다는 정보와 이러한 극단적 사례들이 호주에서 보도되면서 무슬림 공동체는 정착하는 과정에서 편견으로 어려움을 겪는다. 2001년 9월 11일 사건 이후 무슬림에 대한 감시가 강화되었으며 대테러에 대한 법안이 무슬림들을 '타인화'하는 경향이 증가한 것이다.[19] 종종 이슬람 공포증 곧 이슬라모포비아Islamophobia라고 불리는 반이슬람적 인종주의는 이슬람에 대한 부정적인 인식을 특징으로 갖는다.[20] 이것은 피부색을 기반한 적대감이나 차별과 달리 이슬람이란 사회적 정체성에 대한 인식과 연결된 일종의 "새로운 인종차별"로 학계에서 인식되고 있으며 반이슬람적 담론은 타인으로 인식되는 비이슬람이 지배적인 국가에서 차별적 태도로 무슬림을 대하는 사회적 문제를 초래한다.

이슬라모포비아 대신 "반이슬람 인종차별"이라는 표현을 사용되면서, 유서프와 칼라펠Yousuf and Calafell은 이것 또한 인종차별의 한 형태라고 주장한다. "백인 우월주의를 통해 무슬림에 대한 구조적 폭력이 어떻

---

17 "Sydney siege: Police respond to anti-Muslim sentiment in wake of Lindt cafe shootout". ABC News. Retrieved 17 December 2014.

18 Rachel Woodlock, "Being an Aussie Mossie: Muslim and Australian Identity among Australian-Born Muslims," *Islam and Christian-Muslim Relations* Vol. 22(4) (2011): 391-407.

19 Sue Kenny, 'Risk society and the Islamic Other', in Shahram Akbarzadeh & Fethi Mansouri (eds), *Islam and Political Violence: Muslim Diaspora and Radicalism in the West* (London: IB Tauris, 2007), 87-106.

20 *Australia*, Middle East Research and Information Section (Sydney, NSW Anti-Discrimination Board, 1985), 25-35.

게 기능하는지 정확하게 묘사하고 있다." 무슬림에 대한 배제적 태도가 구조적 원인이 되어서 사회에서 그들의 역할에 대해서 차별이 가해지고 이러한 배척이란 도구는 사회에 기능적 역할을 하여 구조적 차별을 만든다. 무슬림의 지속적인 소외를 가능하게 하는 백인 우월주의, 정착민에 대한 식민주의적 태도는 백호주의가 남아 있는 호주 사회에서 구조적 차별을 낳고, 반이슬람 사상이 인종차별적인 부분과도 연관성을 갖는 부분에 대해서 학자들은 같은 목소리를 내고 있다.[21]

이슬람에 대한 배타적 태도는 시리아 내전과 지하드 용병 문제로 심화되었다. 아랍혁명 이후 시리아 내전이 일어나면서 테러 단체들이 세계적으로 네트워크를 맺고 극성을 피우며 호주 사회에도 영향을 가했다. 2014년부터 호주 사회는 테러에 대한 제재를 강화했는데 여러 테러 조직과 제마 이슬라미아Jemaah Islamiyah를 비롯한 세계의 위험한 테러 단체들의 호주 활성화를 막으려 힘썼다. 이슬람 국가ISIL로 인해 2014년부터 테러와 지하드 수행을 위한 용병 동원이 호주 내에 보도되면서 법적 조치들과 강한 제재들이 있었다.[22] 249명의 지하드 용의자가 테러에 가담하는 것을 막았다고 지역에 보도되고 44명의 호주인들이 테러로 시리아에서 살해되었다는 기사가 났다. 지하드주의자들이 시리아로 출국하는 것을 막는 임무를 맡아 국경의 대테러 활동이 진행되면서 토니 아봇Tony

21 Ashleigh L. Haw, "Tarred with the Same Brush": Racist and Anti-racist Constructions of Muslim Asylum Seekers in Australia," *Journal of Muslim Minority Affairs* Vol.42, 2022(1), 57.

22 Harris-Hogan, Shandon, "The Australian Neojihadist network: Origins, evolution and structure." Dynamics of Asymmetric Conflict, Volume 5, Issue 1. Global Terrorism Research Centre. Monash University. Victoria: Australia. (2012): 18-30. "Australian National Security - Islamic State". Australian Government. Archived from the original on 8 July 2017. Retrieved 26 July 2014;

Abbott총리는 시리아 전쟁에 가담하거나 테러를 한 자들이 이후 다시 호주에 입국하는 절차를 거쳐 오게 되면 모두 기소가 된다고 선포하면서 2015년 3월 말까지 100개 이상의 여권이 취소되고 거절되었다. 시리아에서 테러에 활동한 이들을 호주로 재입국하지 못하게 막아 호주는 이슬람의 테러 전쟁에서 여전히 보안 문제를 두고 무슬림을 집단적인 범죄에 연루될 수 있다는 측면에서 경계하는 입장을 줄곧 유지해가고 있다.[23]

III. 호주 초기 무슬림 공동체와 이주민 세대별 특징

A. 호주 초기의 무슬림 유입과 원주민들과의 교류

20세기 이후 급격히 늘어난 무슬림 인구수 때문에 최근 호주 내 무슬림 이민자가 증가한 것으로 보지만 실제 호주 무슬림은 이주 역사의 과정에서 수 세기에 걸쳐서 정착 활동을 해 왔고, 이러한 기원은 16세기부터로 보는 관점이 최근 학계의 동향이다. 영국 식민지 시대 이전 인도네시아 군도와 접촉을 가진 것은 호주 역사에서 역사의 한 부분으로 오랫동안 호주 역사에 간략히 '마카산스'Macassan Muslim라고 언급되어 기록되었다. 초기 인도네시아 방문객들은 흔적 없이 사라진 단지 방문객으로 호주 아보리진의 역사에서 오랫동안 취급되었다. 인도네시아 무슬림은 트레팡trepang, 말린 생선, 진주 등의 다양한 해산물을 잡아 요리 및 약재로 사용

23 Lloyd, Peter (21 June 2014). "Australian militants Abu Yahya ash Shami and Abu Nour al-Iraqi identified in ISIS recruitment video". ABC News. Retrieved 26 July 2014;. Crawford, Carly (10 May 2015). "Islamic State sets sights on exanding to Canberra". Herald Sun. Retrieved 11 May 2015.

하여 거래했는데 이러한 아보리진과의 무역 영향의 잔재가 남아 일부 북부 원주민 민족 문화적 전통에도 명백히 남아 있다.[24] 고고학자 존 물바니John Mulvaney나 인류학자 이안 맥킨토시Ian McIntosh도 마카산 어부들이 원주민 토착 공동체에 여러 흔적을 남겨서 혼인에 관한 관습, 지역 예술 관행과 의식 등 여러 영향력을 주었다고 주장했는데 원주민들과 마카산 어부들의 교역이 빈번했기 때문이다.[25] 마카산 어부들이 여러 토착 공동체 곧 아보리진의 일상생활에 역사적 자취들을 남겼다고 기록했는데, 혼외자의 관습이나 인도네시아 예술과 생활 의식이 호주 원주민들에 의해 받아들여져 남았기 때문이다.[26]

호주에서는 '아프간인Ghans', '마카사스인', '말레이시아인'들의 역사에 관한 관심과 연구가 최근 10년 사이에 높아졌다. 무엇보다 그들이 가진 공동의 종교적 정체성이 '테러와의 전쟁'에 필요한 이슬람과의 평화적 공존에 대한 역사적 내러티브를 구성한다는 면에서 새롭게 호주 이민 역사에서 주제로서 등장하면서 이주민과 다문화 사회를 위한 유용한 역사적 기록으로 재구성되었다. 다문화적 정책이 시작되면서 타종교에 대한 새로운 이해와 인식이 높아지자 호주의 주요 문화 기관들에 남아 있던 역사적 자료가 재발견되고 호주 이주 역사의 자료로 초기 이슬람 영향력

24 Nahid Afrose Kabir, *Muslims in Australia: immigration, race relations and cultural history*. (Routledge, 2004).; Ganter, Regina, "Histories with traction: Macassan contact in the framework of Muslim Australian history" in *Macassan History and Heritage: Journeys, Encounters and Influences*, Marshall Clark and Sally K. May eds. (Canberra, ANU Press. 2015), 55-56.

25 John Mulvaney & Johan Kamminga, *Prehistory of Australia* (Washington DC: Smithsonian Institution Press, 1999.; Ian McIntosh, 'Islam and Australia's Aborigines? Perspective from north-east Arnhem Land', *Journal of Religious History*, 20(1), 1996, 53-77.

26 Regina Ganter, 'Muslim Australians: The deep histories of contact', *Journal of Australian Studies*, 32(4), 2008, 482-5.

의 흔적들이 새롭게 활용하기 시작했다.

1970년대까지의 호주 이민은 본질적으로 선택적 이민정책을 통해 백인 단일문화 국가 정체성을 유지하는 것이었다. 그러나 1901년 이민 제한법에 기원을 둔 '백호주의정책'은 1972년에 공식적으로 폐기되고 다민족에게 이민이 확대되었다.[27] 이민과 정착 정책에서 지배적인 대세는 다문화주의로 대체되었다. 호주는 다문화와 다종교를 수용하는 사회이고 무슬림들은 호주에서 역사의 오랜 세월을 갖고 있지만, 주류 사회에 무슬림을 포함시키는 것은 쉽지 않은 과제이다. 무슬림은 여전히 '타인들'로 분류되거나 배제되는 경우가 많아 여러 사회적 이슈로 다루어진다.[28] 20세기 호주의 백호주의 포기와 이민 사회의 다문화 정책 시행으로 인해 마카산을 중심으로 한 초기 무슬림의 원주민과의 공존 역사와 이를 장려하는 호주 정부의 방향성은 무슬림 이주에 대한 긍정적 평가와 역사적 기여점을 반영하기 시작했다. 그러나 대부분의 경우, 이러한 역사 내용들은 일반적으로 받아들여지지만, 실제 구체적인 날짜와 첫 접촉의 문제들을 토론하는 데 있어서 합의가 전문가들 사이에서도 얻기 어렵고, 마카산 접촉 지대의 원주민들이 얼마나 오랫동안 이슬람 문화적 영향에 노출되었는지 잘 밝혀지지 않는다는 어려움이 있었다.

호주에서 1988년 이후 여러 이주 행사를 통해서 새롭게 역사를 성찰하고, 재평가하기 위한 토대들을 마련했고, 역사학계는 '평소와 같은 역사'를 쓰지 않고 일상생활과 하층에서부터 문화적 다양성이 기념되는 상

27 Peta Stephenson, *Islam Dreaming: Indigenous Muslims in Australia* (Sydney, UNSW Press, 2010).

28 Jan Ali, 'Australian Muslims as radicalized "Other" and their experiences of social exclusion', in Abe Ata & Jan Ali eds., *Islam in the West: Perceptions and Reactions* (New Delhi: Oxford University Press, 2018), 108-28.

향식 접근을 하였다. 호주의 아프간 이주민에 대한 일련의 책과 영화를 포함하여 아시아인들을 호주 역사에서 다시 평가하는 계기들이 이루어졌다. 이러한 움직임은 호주 기관들은 새로운 이민자 물결과 민족적 긴장의 새로운 징후에 대응하면서 그러한 역사에 더 관심을 갖기 시작한 것이다.[29] 그리고 1992년에 빅토리아 박물관은 호주의 무슬림들의 수필집을 후원했고, 이 에세이 모음집에서 호주에 있는 무슬림의 3분의 1이 호주에서 태어났다는 점이 밝혀지면서 호주 정부 또한 이 에세이 출판 이후 무슬림들의 호주 지역별 인구 구성을 1994년에 조사하기 시작했다. 2008년에는 호주 국립 박물관이 호주 여행 전시회를 통해 마카산의 호주와의 교역 내용을 추가하여 2011년 빅토리아 박물관에서 전시회와 책을 제작하여 호주 이민에 있어서 무슬림의 초기 역사 자료를 추가로 밝혔다. 이를 계기로 호주가 영국에서 독립되는 시기 이전에도 단기간 무슬림들이 그레이트 남부 지역 호주 땅에 찾아왔다는 주장이 확실시되었고, 20세기 이후 처음 호주에 무슬림들이 유입되었다는 주장을 반박할 수 있게 되었다.

지금까지 밝혀진 원주민과 접촉했던 무슬림들은 마카산과 아프간인들로 크게 연구되고 있다. 호주의 초기 방문객들 중 일부는 동인도네시아 군도에서 온 무슬림들이다. 그들은 일찍이 16세기와 17세기에 호주 본토에 접촉했다. 호주의 주요 기관들은 호주의 이슬람 역사의 시작을 20세기가 아닌 16세기로 보고 인정하기 시작했고, 많은 기관들이 이러한 관점에서 마카산 역사를 포함하기 시작했다. 2006년 동남아시아의

---

29 Mario Peucker, Joshua Roose & Shahram Akbarzadeh, 'Muslim active citizenship in Australia: Socioeconomic challenges and the emergence of a Muslim elite', Australian *Journal of Political Science*, 49(2), 2014, 282-99.

이슬람 예술에 관한 호주 국립 갤러리의 초승달 전시회는 북부의 마카산 상인들에 관한 내용을 포함시켰다. '마카산'의 역사는 이처럼 이슬람 사회의 정치적 결집성을 갖게 되었다. 호주의 이슬람 단체들은 이미 영국의 식민지 시대 이전부터 아보리진들이 평화롭게 인도네시아에서 온 무슬림들 마카산 족과 공존했었다는 증거를 갖고 사실로 내세워 역사에 대한 재기억과 의미적 재구성에 목소리를 높이고 있다. 백인과 흑인 및 여러 소수 민족과 다양한 피부색의 인종들이 공존하는 호주의 조화로운 다문화적 이미지를 고양시킬 수 있다는 주장이다. 백호주의로 점철되었던 18세기 이전에 이미 원주민들은 아시아와 태평양에서 온 무슬림들과 공존하면서 그들의 역사에 참여하는 정신을 유지했었다는 증거가 되는 것이 무슬림 이주 역사이다.

또한 호주가 갈등이나 분열이 아니라 원주민 시대부터 이미 서로에 대한 평화적 공존을 유지하면서 게스트에게 환대를 베풀었다는 강조점을 갖고 이주와 난민 등의 문제로 인한 사회적 분열이 나타날 때 조화로운 사회 이미지 선전을 위해 호주가 역사의 일부분으로 내세우기도 한다. 호주 내 무슬림들의 국적은 183개국에서 왔으며, 인종적으로나 국가적으로 이질적인 사람들과 무리로 여겨지나 민족과 문화가 다양하더라도 종교적 체계로서 또한 사회적 구조를 지탱하면서 사회적 일상 규범으로서 무슬림이라는 공통의 정체성을 형성할 수 있는 단일성과 통합적 체계를 호주 사회 내에서 갖고 힘을 발휘하고 있다.

마카산 외에 무슬림들의 단일성을 잘 엿볼 수 있는 오래된 이슬람 공동체는 초기 호주 사회에 정착한 아프간인들Ghans이다. 초기 호주 땅에 들어온 인도네시아 마카산들과 아프간 상인들은 북쪽의 해안 원주민들과 교역하면서 처음으로 비무슬림들인 호주 사회와 연관성을 맺었기에 호주의 무슬림들에 관한 이야기는 20세기 이전 아시아 상인들과의 관계로 이해될 수 있다.[30] 이들은 마카산들보다는 후에 정착했다고 기록되지만, 호주 사막을 탐험하고 무역 및 통신망을 구축하고 호주 내륙을 산업화하면서 소규모의 '간타운Ghantown'이라 불리는 무슬림 공동체를 세웠다. 마카산들에 비해서 아프간들은 이슬람을 최초로 제도화하였던 무슬림들로서 더 지속적으로 호주에 오래 영향을 미쳐왔다.[31]

이들이 지은 최초의 모스크는 1882년 남호주 북부 마리Marree에 지어졌고, 뉴사우스웨일즈주 아웃백의 브로큰 힐Broken Hill에 1889년 간타운Ghantown 모스크가 지어졌다. 아프간인들은 또한 1890년에 에들레이드에 모스크를 지었고, 1904년에는 퍼스, 1907년에는 브리즈번에 모스크를 세워 오늘까지 이어진 이슬람의 20세기 초 모습을 갖고 있다. 그러나 아프간인들이 낙타꾼Cameleers으로 활동하던 아웃백과 같은 오지에도 철도가 설치되면서 무슬림들의 낙타식 이동과 마차는 불필요하게 되고, 대신 다용도 트럭이 등장하고 강한 백호주의정책으로 인해 20세기 초부터 타민족과 이방인에 대한 박해로 인해 이슬람의 영향이 한동안 약화되었다.[32]

그러나 2001년에 선포된 테러와의 전쟁 상황에서 각 민족 집단과 종교 영역에 따라서 이러한 역사적 문화인류학적 관심이 높아지면서 무슬림들 또한 자신들의 그림과 예술을 선보이기 시작했고, 이슬람과 무슬림

30 Peta Stephenson, *Islam Dreaming: Indigenous Muslims in Australia*, UNSW Press, Sydney, 2010.

31 Christine Stevens, *Tin Mosques & Ghantowns: A History of Afghan Cameldrivers in Australia* (Melbourne: Oxford University Press, 1989).

32 Pamela Rajkowski, *In the Tracks of the Camelmen,* Angus & Robertson (NSW: North Ryde, 1987), 167.

의 호주 역사에 대한 다양한 역사적 자료들이 출간되기 시작했다. 이슬람 호주 네트워크와 뉴사우스웨일스 이슬람평의회에서 포괄적인 역사적 자료 기반을 마련하여 호주 이슬람평의회 연합이 결성되고2003, 2007년 알미르 콜란Almir Colan은 1600년대부터의 호주 역사를 찍는 다큐멘터리 제작에서 호주의 무슬림들을 출연시키기도 했다. 또한 퀸즐랜드는 2008년부터 독자적인 이슬람 역사협회를 가지고 연구하고 있으며 2010년 5월에는 멜버른에 호주의 이슬람 박물관이 세워지기도 했다. 이러한 노력은 호주 원주민 역사에서 말레이, 인도네시아, 아프간 상인들의 존재들을 단기적 방문으로 보기보다 이주의 의미 부여를 통해 무슬림과 호주의 관계와 역사를 돈독히 하려는 의지를 표명한 것으로 이해되고 있다.[33]

B. 호주 세대별 무슬림의 정체성과 특징 및 차이점

이러한 호주 무슬림들에 관한 연구가 심화하면서 세대 간의 차이와 호주 정착 이주민의 정체성에 관한 연구들도 관심이 높아졌다. 820,000명가량의 호주 인구 3.2%를 차지하는 무슬림 인구는 정체성 형성에 있어서 단순하지 않고 복잡한 체계를 갖고 있기 때문에 무슬림을 새로운 호스트 국가인 호주 내에서 이해하는 것은 세대별 분석이 필요했기에 사회학적 접근의 연구들이 많아졌다. 서구 문화에 노출되고 교육을 받았던 기간을 무시하고 다음 세대를 1세대와 동일하게 이해할 수 없었고, 정착한 시기와 이민 세대별로 특징을 갖는 것도 연구되었다. 또한 이슬람과

33 Michael Humphrey, *Islam, Multiculturalism and Transnationalism: From the Lebanese Diaspora* (London: IB Tauris Publishers, 1998); Nahid Kabir, *Muslims in Australia: Immigration, Race Relations and Cultural History* (New York: Routledge, 2010).

이주에 대한 다양한 자료들도 연구되고 출판되었다.

이슬람은 이주ḥijra의 역사622년에서 시작되었다. 메카에서 선지자의 도시로 불리는 메디나로 이동을 통해 히자즈al-Ḥijāz 지역은 무함마드가 혈연적 꾸라이쉬 부족을 넘어 움마 공동체의 이상을 실현하는 지역적 토대가 되고 이슬람 종교의 기원이 형성되었다. 무함마드 초기 이주자들은 무하지룬Muhajirun으로, 이슬람으로 개종한 메디나 주민들은 후원자들을 안사르Ansar 곧 돕는 자들로 그와 반대되는 자들은 무니피꾼Munafiqun으로 위선자들을 나눈 예도 초기 움마 공동체의 이주 과정, 형성 과정과 연관성을 갖는다.[34] 따라서 본국에서 호주로 이주하는 과정은 신앙에 대한 열망과 연결되지, 그 반대의 경우는 아니다. 호주에서 처음 이민한 무슬림의 정착 경험은 서구 문화에 대한 동화가 아니라 민족적, 종교적 정체성에 대한 인식과 본국과의 긴밀한 유대감을 유지하고 있다. 오히려 비종교적이던 무슬림들도 더 열심히 종교 생활을 하게 되는 특징을 갖는 것이 1세대이다.

1세대 무슬림 이민자들에게 처해진 환경은 그들이 전문 분야가 있었거나 해외 대학의 학위를 가진 경우에도 인정되지 않기 때문에 심지어 비숙련 노동자의 대열에 합류하도록 강요되었다. 이들이 호스트 국가의 중심 세력이나 사회의 주력한 인물로 받아들여지지 못하기 때문에 큰 사회적 장벽이 자리 잡고, 반숙련 및 비숙련 노동자로서의 사회적 한계는 여전히 사회 내 계층 간 분리를 통해 1세대들이 실업문제나 복지에 대한 의존을 피할 수 없게 하고, 이에 따른 주류 사회로부터의 인종차별에 그

34 현한나, "슈우비야(Shuʻūiyya) 기원과 발전 연구-이그나즈 골드지허 이후 학자들의 의견을 중심으로-" 「지중해지역원 연구」, 25(2), (2023): 25-51.

들을 취약하게 만들었다.[35] 1세대 무슬림들이 호주라는 사회에서 겪게 되는 기존 교육이나 직장에서의 학력 및 경력 인정에서의 불평등 및 정착 및 구직에서의 어려움과 새로운 시스템에서 교육받고 적응하는 데까지 직면하게 되는 여러 가지 이주 과정에서의 도전들을 이해할 필요성이 있다.[36]

또한 주로 1세대들은 서구를 통틀어서 시골에서 혹은 가난한 도시 배경에서 큰 도시로 출세 및 더 나은 생활과 직업을 위해서 이주한 출신들이 많고, 대부분의 호주 무슬림들 가운데 튀르키예와 레바논 무슬림들이 이러한 경우이다. 쿠르드족과 같은 소수 민족의 경우 민족적 정체성에 대한 확립과 자유를 위해 호주로 이주해 온 경우이기 때문에 이들에게 중요한 부분은 정치적 자유와 민족의식 확립이며 종교보다 우선하는 경우도 많았다는 연구들도 있다.[37]

호주에 이슬람 사원을 설립하고 튀르키예로부터 이맘을 모집하는 데 있어서 튀르키예 정부가 직접적으로 개입하여 역할을 한 것이나 또한 튀르키예 출신의 이슬람 이민자들 사이에서 인종적/종교적 파당 분리를

35 Michael Humphrey, 'Racism and unemployment amongst Lebanese', in *Seminar Proceedings of the Arabic Community: Realities and Challenges* (Sydney: Arabic Welfare Inter-Agency, 1986), 29-41.

36 Alan Hayes, Matthew Gray & Ben Edwards, *'Social inclusion: Origin, concepts and key themes', Social Inclusion Unit, Australian Institute of Family Studies* (Canberra: Department of the Prime Minister and Cabinet, 2008).

37 Michael Humphrey, 'Australian Islam, the new global terrorism and the limits of citizenship', in Shahram Akbarzadeh & Samina Yasmeen eds, *Islam and the West: Reflections from Australia* (Sydney: UNSW Press, 2005), 132-48. 마이클 험프리(Michael Humphrey)는 호주의 일부 튀르키예 1세대 이민자들이 '그들의 종교적인 것보다 그들의 민족의식에 더 큰 중점을 두고 있다'라고 언급했고, 또한 쿠르드족이 (그들의 민족성에 따라) 그들 자신을 다르게 인식했다고 언급했다.

강화하는 것을 도운 사례[38]들은 1세대가 여전히 정착한 호스트 국가에 동화되기보다 서구 사회를 완전히 다르 알 이슬람Dar al-Islam으로 받아들이지 못한 경향을 보인다. 자신의 고국과 같은 이슬람적 환경과 사회로서 받아들이지 못하기 때문에 호주만 아니라 일반적으로 서양에 있는 1세대 이슬람 이민자들은 공통적인 사회적 차별과 어려움을 다음 세대들보다 많이 호소하고 적응의 어려움을 겪는다.

2011년 인구 조사 데이터를 사용하여 서구를 비롯한 호주 지역 사회에 무슬림 이민자 1세대들이 어떠한 이민 경험을 공유하는지 조사해본 결과, 이민 1세대들은 호주와 다른 서구 국가들에 정착하면서 그들의 문화와 신앙을 잃게 되는 것에 대한 위험성을 인식하고 자신의 문화와 신앙적 가치를 지켜가고, 정체성의 위기를 극복하기 위해서 종교에 더 귀의하는 경향성을 나타낸다. 이주라는 과정은 자신들의 본국에서 일상에서 하던 종교적 의식이 비이슬람적 문화와 사회 안에서 권장되지 않는 것을 인식하여서 민족적 종교적 정체성에 대한 인식을 고양시키고, 자신들의 학력이나 여러 직업적 배경들이 인정되지 못하여 이주 후에 본국에서보다 평가 절하된 삶을 대체하여 보상을 받고자 한다.[39]

그러나 이에 반해 일부 2세와 3세 무슬림들 사이에 널리 퍼져있는 사고방식은 이제 더 이상 호스트 국가에 살아가는 게스트가 아니라 시민으로, 영구적으로 권리를 행사하며 살아야 한다는 사고관이 현저하다. 게리 보우마Gary Bouma와 그의 동료들은 이러한 세대의 특징을 관찰했다. 인종차별과 종교의식의 발전은 유럽 사회에 진정한 소속감을 갖기

38 Michael Humphrey, 'Securitisation and domestication of diaspora Muslims and Islam: Turkish immigrants in Germany and Australia', *International Journal on Multicultural Societies*, 11(2), 2009, 136-54.

39 John Azumah, *Lamin Sanneh, The Afican Christian and Islam*, 395.

어려운 유럽 사회 1세대 무슬림들에게 두드러지게 나타난다.[40] 다문화주의 정책을 장려하는 호주 사회에서도 강한 종교와 문화를 드러내는 것에는 자율성에 대한 규제가 주어져 국가가 하나로 통합을 하기위한 장기목표를 위해 무슬림들은 종교적 색깔을 공적으로 드러내는 것이 지양된다. 호스트 국가의 종교에 대한 태도와 가치관에 따라서 종교 생활을 사적인 영역에서만 하고, 타종교에 대한 관용과 서로에 대한 불가침의 영역을 보장하도록 다음 세대는 교과과정을 통해 교육받게 된다. 서구식으로 신앙을 공개적인 영역에서 드러내지 않을 것이 암묵적으로 요구될 때 다음세대 곧 이민 2~3세대의 이슬람 수행에 대한 공적 권리요구와 자주 충돌된다. 왜냐하면 관용적 문화에 동화되거나 호스트 국가의 문화적 코드를 맞추기 위해서 자신의 종교적 정체성에 대해 타협을 해야 한다고 보기 때문이다.

이주를 오게 된 이후 상당한 시간이 지난 2세대와 다음 3세대 무슬림들의 경우는 그곳이 영구적인 무슬림들의 거주지이며 존재론적 문제가 제기되기 때문에 '서구 유럽과 호주 내에서 자신들의 지적인 영역과 사회적인 영역 내에서 자신의 자리를 개척하고 자리매김을 하기위한 많은 시도들을 하게 된다. 2세대와 3세대 무슬림들은 이민자 부모가 한 때 서구에 대해 판단했던 다르 알 하브Dar al-Harb, 전쟁 영역 혹은 비이슬람 사회가 아니라 다르 알 이슬람Dar al-Islam, 이슬람의 거주지으로 서구 국가를 새롭게 인식하면서 거주하는 곳이 '이슬람법에 따라 안전하게 자신들의 종교적 정체성을 드러내고 영구적으로 살 수 있도록 법적 사회적 허용의 제조를 마련하는 것을 우선시 여긴다.

---

40 Gary Bouma, *Mosques and Muslim Settlement in Australia*, Bureau of Immigration and Population Research/ (Canberra: Australian Government Publishing Service, 1994), 87.

1세대 이민자들과는 달리, 새로운 세대 무슬림들은 시민권을 갖고, 그들의 믿음 체계에 대해서 동일하게 종교적 권리를 눈에 띄게 표현하고 유럽과 호주 등 서구 문화 내에 이슬람 문화를 발전시키고 반영하고 꽃피울 권리를 요구한다는 측면에서 샤리아법 제정과 도입에 열을 낸다. 또한 중동이나 아시아적 정체성을 기반으로 1세대와 같이 게토를 형성하거나 자신만의 민족적 정체성을 유지하기 위해 종교에 열심을 내던 것과 다른 종류의 종교적 열성을 갖는다. 민족적 색채를 반영하여 움마 내에 이루려던 다르 알 이슬람을 이제 사회와 국가에서 뻗쳐나가 영향력을 펼쳐 다르 알 이슬람을 사회와 제도권으로 가지고 가려 한다. 호주의 무슬림 이민자들은 1970년대에 1세대 도착부터 시민권을 받은 후 호주의 다문화주의 안에서 그들의 이슬람적 정체성을 인정받기 위해 요구한 것과도 같은 맥락이지만 서구 사회를 등진 채 하는 열심히 아니라 서구 사회를 당당하게 이슬람 사회로 바꾸어가려고 하는 태도를 갖고 있는 것이다.

어떤 의미에서, 호주의 다문화주의는 더 나은 삶의 질 추구를 허용하고 진정한 소속감을 제공했기 때문에 호주의 새로운 세대들에게 이미 자신들의 이슬람 사회로 다르 알 이슬람으로 해석되고 이슬람 편에 서도록 노력이 요구되는 것이다. 따라서 많은 수가 시민권을 받아서 호주를 자신의 국가로 소속감을 갖고, 당당히 시민으로서 종교적 권리를 내세우는 것이 이슬람 내에서 시민 사회 무슬림 2~3세대가 주창하는 그들만의 이슬람식 열심이며 사회를 이루어 가는 태도들이다.[41] 다른 인종 배경을

41 Joshua Roose, 'Contesting Islam through the 2012 Sydney protests: An analysis of post-protest political discourse amongst Australian Muslims', *Journal of Islam and Christian-Muslim Relations*, 24(4), 2013, 482;. Greg Noble, 'Respect and respectability amongst second-generation Arab and Muslim Australian men', Journal of Intercultural Studies,

가진 무슬림이라도 이러한 이민사회의 경험을 하기 때문에 호주에서 사는 2세대 무슬림 경험은 비슷한 면들이 많다.

그럼에도 불구하고 세대를 막론하고 무슬림들은 여전히 이슬람에 대한 차별과 어려움에 직면한다. 튀르키예와 레바논의 호주 무슬림들은 호주에서 가장 큰 두 무슬림 공동체를 구성하는 서구의 소수 무슬림 집단들이 직면하는 것과 비슷한 인종차별과 주변화를 직면한다. 독일의 튀르키예인과 영국의 인도인, 파키스탄인들이 겪는 것처럼 서구 사회에서 무슬림들이 살아가면서 마지널리티가 되거나 인종차별을 경험하는 것은 끊임없이 발생한다. 그러나 다문화 사회 내에서 이러한 다인종 집단의 이슬람교도들이 호주에서 인종차별과 주변화를 경험은 일상적이기 때문에 자기 본국의 민족적 사회경제적 위치에 기초하여 호주 주류 사회에서의 편견을 경험하고 직면했더라도 이것을 넘어서 호주 시민으로 자신의 종교성을 드러내는 것이다.

특별히 2세대 이후 호주에서 난 무슬림들은 호주를 자신의 국가로 정체성을 귀속시키지만, 이슬람을 종교나 문화적 체계 이상의 것으로 사회적 규범과 일상의 생활과 삶으로서 동시에 받아들이는 이중적 정체성 가운데 리미널리티liminality적 삶을 살고 있다. 따라서 호주 사회 내 이슬람의 규범과 샤리아 체계를 정착하고 싶어 하는 다음 세대 곧 이민 2~3세대 무슬림들은 이슬람 사회와 종교 및 공통의 역사적 의식에서 유래하는 문화적 규범을 통해 이슬람식의 일상을 규범화하고 법안에 반영하는데 혈안이 되어 서구 사회 질서와 충돌이 잦다.

따라서 호주 지역 및 서구 지역에 정착한 이민 무슬림과 그들의 세대별 차이를 인식하고, 이슬람 선교에 대한 총체적인 시사적 접근뿐 아

28(3), 2007, 331-44.

니라 지역성에 근거한 선교가 필요하다. 지금은 이주민 선교의 시대[42]이기 때문에 그들이 거주하는 지역Residency과 지역성Context에 대한 이해가 없는 선교는 편견과 무지함으로 인해 선교에 있어서 접촉점을 마련하기가 어렵다. 호주 무슬림들은 사우디아라비아나 이집트에 사는 중동 무슬림들이 아니며, 흔히 생각하는 것처럼 2차 세계대전 이후 20세기 중반부터 시작된 호주 이주 정책에 의해 들어온 무슬림 이민 세대 혹은 시리아 난민으로만 이해하는 것은 호주 내 정착해 있는 813,000명의 호주 무슬림들의 성격과 특징을 잘 이해하지 못한 탓이다. 그러나 서구 사회 비이슬람 국가에서 무슬림 이주민들이 디아스포라로서 겪고 있는 문제는 서구 사회 혹은 세속 사회 안에서 이민과 정착, 다음 세대의 종교 교육과 정체성 형성 문제로 고충들을 안고 살아간다는 점에서 종교적 뿌리와 귀속감에 기대치가 높다. 정체성 혼란 문제와 종교적 색채의 약화로 인해서 부모 세대가 호주 사회를 바라보는 시각은 다음 세대가 호주를 고국으로 여기는 것과 다르지만 여전히 이민자들로 동일하게 다른 성격의 정체성 문제와 혼란들을 겪고 있다. 따라서 이러한 무슬림들의 정체성 문제와 가치관 정립 및 새로운 호스트 국가에 정착 및 통합되는 과정에 대한 분석은 선교를 위한 전략과 접근법을 찾아가는 데 필수적이다.

국내도 3백만의 다국적 체류자들과 다문화 가족들로 다문화 사회 선교가 시급한 과제로 부상했고, 이주민 선교의 시대가 되었다. 이러한 무슬림들의 부적응 문제와 정체성 형성의 어려움은 한국 사회 정착하는 많은 이주 무슬림들의 고충도 짐작할 수 있게 한다. 한인 디아스포라 공동체도 호주 사회에 정착하고 통합과정에 적지 않은 세대 간의 차이와 문

42 Michael Pocock and Enoch Wan eds, *Diaspora Missions: Reflections on Reaching the Scattered Peoples of the World* (Pasadena: William Carey Library, 2015).

화적 격차로 인해 어려움이 발생한다는 측면을 고려한다면 무슬림을 포함하여 270여 개가 넘는 나라의 국적 사람들과 다문화 사회를 이루어 살고 있는 호주의 디아스포라 한인들이 선교적 자세를 갖고 이웃 무슬림에 대한 태도를 적극적으로 전환하는 것이 시급한 때이다.

IV. 호주 무슬림을 위한 디아스포라 선교의 필요성

A. 디아스포라 선교 필요성과 유형별 접근의 차이

중동에 한차례 성지순례를 다녀오면서 이슬람 선교를 했다고 생각한다거나 동남아시아에 단기팀을 보내는 것으로 이슬람권 선교를 감당한다고 생각하는 것은 전 세계 79억 가운데 10%가 넘는 인구가 이주와 이동으로 매일 교차하는 세계에서 낡은 선교의 패러다임으로 선교지와 거주지를 나누어 선교 현장을 이해한 것이다. 무슬림 선교는 호주에 사는 이주민에게는 '먼 나라 이웃 나라'와 같은 상황이다. 무슬림과의 만남이 먼 해외 선교지에서 주어지는 것이 아니라 이웃으로 들어온 방글라데시, 파키스탄, 인도네시아, 인도와 같은 아시아뿐만 아니라, 레바논, 튀르키예 및 중동 무슬림들이 직장과 학교에서 업무와 일상 관계로 만나야 하는 선교 현장이 되었다. 그런데 지역에서 성도들은 '이미 선교권에 파송되어 있으면서도' 선교적인 대화를 회피하거나 복음을 전하는 것이 준비가 안 되어서 자신이 사는 지역이 선교 현장이라는 사실을 인식하지 못하거나 특별한 사람만이 무슬림 선교를 한다고 구시대적 사고를 하면서 일상에서 만나는 무슬림에게 복음을 전하지 않는다. 선교사가 현장에 대한 현실 인식을 갖지 못하여 소명을 감당하지 못하고 있는데 이것은 선교에 대한 교회의 패러다임 전환과 목회관이 선교관과 분리되는데 기인한다. 무슬림 선교를 자신이 사는 동네, 거주지역에서 어떻게 시작해야 하는가에 대해서 지역교회는 깊이 고민해 보지 못했기 때문이다. 지역 사회에 사는 다양한 인종과 문화 및 종교 배경을 지닌 이들을 섬기기 위해 교회는 자신들의 지역Suburb과 그곳에 속한 로컬 커뮤니티의 필요들을 돕기 위한 구체적 선교계획과 비전을 어떻게 세워왔는지 성찰해야 한다. 해외선교와 국내 선교 혹은 보내는 선교와 보냄을 받은 선교라는 이분법적 예전 선교 패러다임을 바꾸고 선교의 사고적 전환을 통해 지역 사회를 무슬림 선교 현장으로 바꿀 수 있는 방안은 디아스포라 선교의 역할이다. 교회가 선교적 교회가 되어 지역 사회를 섬기려면 디아스포라 교회의 정체성을 갖고 지역 사회의 선교적 방안과 구체적 대책을 마련하여야 한다.

이를 위해서 필요한 것이'디아스포라 선교'관점에 근거한 전략적 지역선교이다. '디아스포라'라는 용어는 유대인 디아스포라에서 유래된 용어이지만 사회학을 비롯하여 선교학에 이르기까지 정주하던 지역의 터전을 떠나 경계선을 넘어선다는 측면에서 포괄적 용어로 사용되면서 20세기 중반부터 이주민을 비롯하여 난민과 실향민들까지 비정주하는 인구와 집단의 정체성을 규명하고 연구하기 위해 활발하게 사용되고 있다. 성경적으로 보면 하나님께서 세계 가운데 흩으셔서 나그네 된 이스라엘 백성들을 통해 그분의 선교를 행하셨기에 이러한 선교적 맥락 안에서 어원을 찾을 수 있다. 디아스포라는 역동적으로 일하시는 하나님God on the move이 이주민과 난민, 비거주자들의 하나님으로 지역과 국경적 경계를 넘어 민족과 문화 및 종교의 경계선을 넘어 선교하시는 하나님이 그의 백성 이스라엘을 부르신 소명과도 밀접하게 연결된다.

본래 디아dia는 넘어서다라는 의미를 가지며, 스페로spero는 씨를 뿌린다는 원형의 의미로서 흩뿌려져 경계를 넘어서도록 소명을 받은 하나님의 백성 공동체의 정체성을 잘 표현하지만, 세계선교의 흐름 속에 필요성이 더해졌다. 디아스포라를 향한 하나님의 선교적 전략은 21세기 세계 기독교 성장의 방향성이 남반구를 중심으로 향하면서 주목되었다. 남아메리카 대륙에서 북부 캐나다와 미주로의 종단 이동과 아프리카에서 유럽 사회로 유입되는 난민과 이주민의 이동으로 인한 흐름이 서구 사회 기독교에 큰 영향을 미치고 있기 때문이다. 세속화와 반기독교적 흐름의 서구 사회를 라틴아메리카와 아프리카 중심의 뜨거운 기독교로 전환하고, 핍박과 고난을 피해 떠난 많은 난민과 이민 세대들이 호주 사회에서 다민족 교회를 통해 이주민 예배의 부흥[43]을 가져오기 때문에 세계 기독교 성장과 부흥은 디아스포라들에 의해 진행되고 있다고 해도 과언이 아니다. 동서양이 만나 문화와 교역이 활발해진 세계화 시대화와 함께 2억 8천만의 사람들세계 인구의 3.6%이 이주민으로 증가된 추세에서 디아스포라들은 세계선교의 중심이 되었고 선교학적 관점에서 재해석되고 분석되기 시작했다. 디아스포라 선교의 관점은 글로벌 디아스포라의 현상과 교회들의 상황을 분석할 뿐 아니라, 디아스포라 선교학의 이론들과 모델들을 구체화하여 세계 기독교가 당면한 다음 시대 선교 패러다임의 전환과 전략을 모색하고 연구한다.

디아스포라 선교에는 유형별로 접근되는 방식도 다르게 규명되는

43 호주에서 교회 출석자들의 인구 및 언어구성을 연구한 결과 37% 이상이 해외에서 태어난 이주민들이었다는 결과가 호주교회와 사회 연구기관에서 발표되었다. 이 중에서 9%는 영어를 사용하는 국가에서 이주했으나 나머지 28%의 경우는 비서구권에서 이주해 온 다민족으로 구성되어있다. NCLS(National Church Life Survey) NCLS Research Annual Report, 2021.

데 에녹 완Enoch Wan은 교회가 선교적 동기 부여를 받는 데 있어서 디아스포라 선교의 방향성은 크게 셋으로 구분된다. 첫째 디아스포라에게 나아가거나to 둘째 제자화된 디아스포라를 통해서through 호스트 국가 내에서 다른 디아스포라들이 돌아오는 것이다. 그러나 여전히 자민족을 중심으로 한 디아스포라 선교적 접근에서 타문화권 선교cross-cultural missions로 넘어가는 시점이 곧 디아스포라를 넘어beyond 전략이다. 디아스포라의 정체성을 갖고 제자화 된 디아스포라가 다른 민족과 문화권으로 가서 그들과 함께with하는 전략적 접근이다. 이러한 선교는 자민족과 자문화권 중심의 한인 디아스포라 교회가 다문화 사회를 향한 지역 사회의 통합적 노력에 적극적으로 참여하는 선교전략이며, 타민족과 전 세계 흩어진 디아스포라 전체를 하나님 나라의 관점 안에서 품을 수 있다는 측면에서 타문화권 선교를 내 앞마당에서도 일상 가운데 실천할 수 있는 새로운 패러다임의 선교이며 관점이라고 할 수 있다.[44]

그렇다면 디아스포라 선교신학과 그 선교들이 실천되고 있는 현장 속에서 난민 선교 및 무슬림 선교를 실천해온 사례 연구 선교학자로서 필자는 호주 무슬림 선교 접근의 방안을 디아스포라 선교학과 교회론에 긴밀히 연결하려 한다. 호주의 디아스포라 교회들의 사역이 자민족 선교의 한계와 경계선에 머물지 않고, 외국 땅에서 이방인으로 흩어져 있는 다른 디아스포라를 세워 선교사를 파송하게 된다면 그것이야말로 예루살렘 교회가 안디옥 교회로 체질을 바꾸는 것과 같은 역사이다. 교회의 본질과 핵심적 비전이 유대에서 이방과 헬라로 바뀌는 새로운 개혁이 일

44 Enoch Wan, "Diaspora Missiology and Beyond: Paths Taken and Ways Forward," in *Diaspora Missiology: Reflections on reaching the scattered peoples of the world*. Eds. Michael Pocock & Enoch Wan (Pasadena: William Carey Library, 2015), 216.

어난 것이라 할 수 있다.

호주에 있는 300여 개의 한인 교회들이 자민족과 자문화 중심의 선교적 경계를 넘어Beyond 무슬림 선교에 디아스포라 선교를 실천하는 사례가 이미 많지만, 필자는 이것을 디아스포라 선교의 관점으로 접목하여 설명해 보려 한다. 그리고 주목할 것은 오늘날 혈통적 아브라함을 따르는 유대교의 뿌리가 강했던 예루살렘 교회와 사도이며 지도자였던 야고보와 베드로가 땅 끝까지 복음을 전한 것이 아니란 사실이다. 오히려 세계 기독교의 선교 기초를 놓은 것은 사마리아인과 헬라와 구레네 사람 및 아프리카와 유럽계 디아스포라 유대인들이 유대 경계를 넘어 안디옥 교회를 중심으로 골로새와 고린도, 에베소와 로마로 흩어져 나가 디아스포라 교회 공동체를 세웠고 이것이 오늘날의 세계 기독교를 있게 했던 것을 기억해야 한다.

디아스포라 선교는 세계 선교의 일꾼이 된 바울과 바나바를 위시하여 그를 도왔던 무명의 많은 제자들과 집사들의 수고와 땀으로 가능했다. 그렇다면 우리는 전 세계 18억이 넘고, 호주에 813,000명이 넘는 무슬림을 어떻게 선교할 것인가? 이것은 호주 전체 인구의 1%밖에 되지 않는 한인 디아스포라만을 통해서 무슬림 선교의 과제를 완수하는 것이 불가능하다는 것을 말해준다. 헬라인들과 아프리카계, 유럽계의 디아스포라 유대인들을 통해서 일하신 하나님이 오늘날 무슬림 선교는 한인들과 다른 아랍계, 페르시아계, 동남아시아와 튀르키예계 디아스포라가 협력하여 이루어야 할 공동과제로 주신 것을 인정해야 한다.

B. 디아스포라 2~3세대 교육을 통한 무슬림 선교

무슬림 선교에 있어서 1세대와 2~3세대의 차이점은 언어와 문화에 대한 적응과 동화력이다. 1세대에게 타문화권인 무슬림 이주민이 2세대에서는 매일 교실에서 직장에서 접하는 이웃이고 친구나 동료이다. 실제로 호주 내 고등학교에서 대학 입시에 치루는 과목 가운데 종교 교과가 호주 수능시험HSC의 선택과목이며, 자라나는 세대들은 다양한 문화뿐 아니라 종교에 대한 교육을 받게 된다. 그러나 교회는 기독교교육과 성경에 대해서만 가르칠 뿐, 함께 살아가는 이주민들의 종교적 배경과 문화적 정체성에 대한 인식 및 교육을 제공하는데 기여를 하지 못하고 있는 실정이다. 교회가 여전히 길거리 전도를 통해 다민족들에게 전도지를 주거나 찬양을 불러주는 것도 방법이지만 무슬림을 대면해서 복음을 자세히 소개해줄 뿐 아니라 꾸란Qur'an에 대해 반박해 줄만큼의 기본적인 이슬람에 대한 지식이 너무 없기에 대화를 통한 접근이 전무한 것이 사실이다.

사실 대화도 어려운 관계에서 전도가 어려운 것은 언어적 장벽도 이유가 되지만 무관심이나 무지함의 장벽도 작용한다. 무슬림이나 그들의 문화와 종교를 모르고 다가가는 데에는 문화적 장벽이 더 크게 작용한다. 그래서 "믿는 바에 대해서 온유함과 두려움으로 항상 우리 속의 소망에 대한 답변을 줄 준비"벧전 3:15를 할 수 있도록 성경에 대한 지식을 통해 우리 믿는 바를 꾸란을 기반으로 한 세계관을 가진 무슬림에게 변증할 것을 교회에서 교육할 필요성이 있다. 교회에서 성경을 사용하듯 무슬림들이 일상에서 읽고 배우는 경전은 꾸란이다. 이 책에서 무슬림들이 기도하기 위해 하루에 5번씩 사용하는 알 파타하 1장, 이싸와 예수에 대한 상황화 선교의 구절로 잘 알려진 알 이므란 3장, 마리아와 예수에 대한 구절로 잘 인용되는 알 마리암 19장[45]에 대한 간단한 지식을 가지고도 기독교와의 기본적인 차이점을 알고 무슬림에게 기독교와 이슬람의 교리를 설명하고 꾸란의 이싸 곧 예수에 대한 선지자적 이해를 성경의 예수 그리스도, 하나님의 아들로 영접하도록 인도할 수 있다. 이러한 신앙적 대화를 열어갈 수 있는 접촉점을 발견하는 것은 지역 무슬림과의 대화와 소통에 대한 열망 및 교회의 열린 선교적 태도에 달려있다. 무슬림들이 물어오는 질문들도 비슷한데 십자가의 부활과 대속 사건을 부인하기 때문에 예수님을 하나님으로 영접하지 못하지만, 선지자로 믿기 때문에 그들에게 필요한 것은 새로운 지식이 아니라 바로 이해하고 예수 그리스도를 만나는 일이다. 예수가 하나님의 말씀 자체이며, 삼위일체는 마리암-예수의 어머니를 포함하는 것이 아니라 성경에는 성부 하나님과 성자 예수와 성령 하나님이란 차이점이 있음을 알려주어야 할 과제가 우리 기독교인들에게 있는 것이다. 무슬림들이 기독교에 대한 편견과 오해가 풀어져야 영접기도로 이어질 수 있는데 선교는 마음의 장벽과 문화적 종교적 장벽을 허무는 일이기 때문에 전하는 자가 먼저 열려야 한다.

한동안 베스트셀러였던 책 『알라를 찾다가 예수를 만나다』라는 나빌 쿠레쉬Nabeel Qureshi의 책을 읽어보면, 그가 예수를 믿게 된 데에는 끊임없는 데이비드라는 친구와의 대화와 자신만의 이슬람과 기독교에 대한 비교적 성찰과 결단을 통한 제자도의 선택과정이 필요했다. 꾸라이쉬는 자신이 고등학교에 다닐 때 자신에게 기독인 친구들이 반에 많았는데 왜 교회 나오기를 권면하지 않았고, 복음의 진리에 관해서 설명하지 않았는지 교회의 선교적 과제에 대한 직무 유기를 그의 책에서 지적하고 있

45 Geoffrey Parrinder, *Jesus in the Qur'ān* (Oxford: Oneworld Publ., 2013), 62-68.

다.[46] 이러한 점을 고려할 때 다음 세대들에게 무슬림 친구들을 만나면 복음을 나누라고 할 만큼 담대하게 교회에서 자녀들의 선교적 정체성 교육을 하고 있는지 고민해 보아야 한다. 이것은 한인 디아스포라 교회들이나 국내 한국 교회의 교회학교 현장도 비슷한 실정이다.

필자는 그랜빌 지역 모스크에서 가장 열심으로 예배하는 백인 여성 파티마가 기독교 가정에서 무슬림이 된 사연을 들은 것을 비롯해서, 가깝게는 알고 지내던 신학교 교수님 가정에서 무슬림을 만나 결혼하려는 자녀 때문에 고민하고 기도하는 모습도 보았다. 반대로 이집트에서 예수 믿고 회심하여 자녀들을 데리고 종교 난민으로 시드니에 정착한 가정의 정착도 도왔고, 무슬림 여성이 세례받는 곳에 축하하기 위해 찾아가거나 회심자들의 가정 교회에서 함께 예배들도 드려왔다. 기독교에서 이슬람으로 개종하거나 신자들을 잃을까봐 두려워하는 것은 이슬람에 대한 경계심을 확산시킨다. 그러나 무슬림이 예수를 영접하고 회심하고 그리스도 앞으로 돌아오게 되면 가정과 마을이 다 변하는 역사들도 놀랍게 있다.

국내에도 이주 무슬림들이 다와적 수단을 교육이나 결혼 및 여러 단체 활동을 통해 하고 있으며, 이슬람을 평화의 종교나 이성적인 종교로 받아들여 코슬림Korean Muslim이 된 많은 통계들도 보았다. 다와는 여러 가지 측면이 있으나 결혼을 통해 한국 여성들이 무슬림들이 된 사례들이 비교적 많기 때문이다.[47] 그러나 이슬람 선교에 대한 예전 패러다임이 새롭게 전환을 맞이할 때이다. 자녀들의 친구와 배우자에 대한 관심을

46 나빌 쿠레쉬, 『알라를 찾다가 예수를 만나다』 박명준 역, *Seeking Allah, Finding Jesus* (서울: 새물결 플러스, 2016).

47 권지윤, "이슬람 다와 이해를 바탕으로 한 한국 무슬림의 다와 활동에 대한 연구," *Torch Trinity Center for Islamic Studies Journal*, Vol.3 (1), 2010. 9-42.

갖고 한인 교회야말로 MZ세대가 코슬림으로 개종당하지 않도록 바라는 소극적 태도에서 적극적으로 다음 세대를 디아스포라 선교사로 가치관을 갖고 선교하도록 장려해야 한다. 2~3세대 무슬림들이 이슬람 사회로 호주를 변화시키는 적극성만큼이나 다음 세대가 기독교의 진리를 전할 적극적 선교적 자세를 갖도록 훈련해야 한다. 이를 위해 필자는 극단적이거나 변증적인 접근방식 외에도 대화를 통한 이해와 상호 간의 배움의 시간이 필요함을 먼저 주장한다. 이슬람에 대한 이민 교회들의 관심과 심리적 거리감proximity을 좁히기 위한 대화의 장이 공격적 선교 자세보다 더 많이 필요하다. 오해와 편견, 두려움 없으면 먼저 이웃이 될 수 있다.

지역의 교회들이 미전도종족 전방개척 지역으로 여기던 우리 세대가 못한 무슬림 선교의 과업을 담당하려면 지역 내에 183개국에서 들어와 있는 이슬람권에 선교할 준비를 가까이에서 더 적극적으로 돕고 선교전략을 함께 논의해 가는 것이 디아스포라 선교의 중대한 과제라 생각한다. 이슬람권 선교단체 소속의 헌신된 장단기 선교사 외에는 교회에서 이슬람은 타문화권 선교로만 인식되지 지역 사회 무슬림은 피해야 할 대상으로 오랫동안 인식되어왔다. 이슬람 선교를 먼 나라 이야기로 내 마당 앞에 높인 과제로 인식하지 못하기 때문이다. 무슬림이 내 자녀의 친구가 되고, 결혼 배우자가 될 때에야 피부로 느끼게 된다면 이것은 심리적 거리감proximity과 연결되어 있음이 분명하다. 한인 교회는 코슬림Korean Muslim으로 개종되지 않게 지키는 방어적 자세를 내려놓고 무슬림보다 열심히 다음 세대를 디아스포라 선교사로 준비시켜야 한다.

여기서 중요한 것은 이슬람 선교 과제의 주역은 호주에 막 정착한 1세대가 아니다. 이것은 마치 모세가 광야에서 새로운 선교의 현장 가나

안 땅에 들어가지 못하고 새로운 지도자 여호수아를 세우셔서 광야에서 난 2세대들을 통해 하나님의 새 역사를 시작하신 것과 같다. 애굽을 여전히 그리워하고 애굽의 고기와 부추, 종살이하던 시절의 근성을 완전히 벗지 못한 1세대에게 가나안의 비전과 정복 사명은 무겁고 짐스러운 것이었다. 하지만 새 세대는 광야를 뒤로 하고 새 비전을 취하여 경험해 보지 못한 새 땅에 이주민 생활에서 정주민으로 정착하는 게 우선시되는 중요하고도 급한 미션이었다.

따라서 호주에서 이미 시민권을 따고 호주의 자국민이 된 여호수아 세대는 1세대와 달리 고국에 대한 향수와 강한 유대감을 잃은 세대로 새 정착지 호주를 새로운 선교 현장으로 인식하고 도전할 수 있는 세대이다. 이들은 언어적 장벽이 없어 다민족 혹은 다문화 교회를 통해서 디아스포라를 향한to 혹은 다민족 제자화와 디아스포라적 선교를 통해by/through 기존의 선교 방식을 넘어서는Beyond 선교를 실천할 수 있는 다문화 세대이다. 이중 혹은 삼중적 언어 구사와 혼종성 문화 세대로 언어와 문화를 다양하게 할 수 있는 역량을 갖고 무슬림 2~3세대와 함께 호주 땅에서 자라나고 컸다는 점에서 이들은 무슬림들과 공유할 수 있는 호주에 뿌리내린 시민적 정체성과 역사의식을 가진다.

1세대가 가진 강한 민족적 정체성과 이질감, 본국에 대한 노스텔지어나 새로 정착한 호스트 국가에 대한 부적응의 문제는 2~3세대에서 심각하게 발견되지 않는다. 세대를 내려갈수록 새로운 시민 사회의 교육과정 안에 동화와 절충의 과정을 통해 이미 통합의 과정을 체현한 새로운 세대는 혼종성 세대이다. 이들은 새로운 국가 속에 뿌리와 정체성을 찾았지만, 여전히 한국인이란 것이 혼란한 세대로서 이들에게 필요한 것은 부모 세대와 같은 한국 정체성이 아니라 영원히 변하지 않는 영적인 소속감과 하나님 나라의 정체성이다. 만일 한인 2~3세대가 이민 한인사회가 가진 좁은 문화적 공간에서 자신들만의 울타리 밖을 나오지 않고, 좁은 뜰에서 교제하려는 닫힌 마음만 내려놓을 수 있다면, 그리고 기꺼이 자신이 가진 다문화적 역량과 감수성으로 경계를 넘겠다는 의지가 있으면 그들은 언어와 문화적 적응에 있어서 뛰어난 역량을 통해 1세대가 하지 못한 새로운 디아스포라 선교의 시대를 열 수 있는 무한한 가능성을 발휘할 것이다. 물론 1세대 모두가 디아스포라 선교에 부적합하다는 것은 아니지만 상대적으로 다음 세대로 갈수록 이러한 유리한 점이 발견된다. 2~3세대가 가진 문화적 감수성과 무슬림 다음 세대와 공유된 코드 및 아시아적 한국적 문화를 통해 언어나 문화적 경계를 넘어 디아스포라 선교를 감당해야 할 소명이 있다는 것은 아무리 강조해도 지나치지 않다.

V. 한인 디아스포라를 넘어선 호주 무슬림 선교

A. 한인 디아스포라의 현황과 무슬림 선교 현장의 변화

디아스포라 선교신학의 이론을 바탕으로 필자는 실제로 호주 사회 속에 5년 한인 디아스포라 공동체의 일원으로 살면서 아랍 무슬림과 난민 등 다양한 민족에게 선교하는 현장에서 선교사이며 목회자로 함께 했기 때문에 이것은 이론이 아니라 실제적인 사례 연구이기도 하다. 따라서 이 장에서는 무슬림 선교를 향하는 데 있어서 디아스포라 선교가 구체적인 현장에서는 어떻게 실행되고 있는지 분석한 사례를 기술하려고 한다.[48] 그리고 디아스포라 선교를 위한 기본적인 태도를 기술하는 데 있어서 디아스포라로 훈련하고 제자화 하기 위한 관점의 중요성, 환대적 태도를 주장하려 한다. 이슬람 선교는 개인이나 소그룹의 과제가 아니라 한인 교회들이 디아스포라 선교의 저변을 확대하고, 곧 교회의 선교적 본질과 패러다임을 지역 사회로 전환할 수 있을 때 가능하다는 것을 주장하려 한다.

호주에 있는 한인 교회는 대략 300여 개로 추정되는데, 시드니Sydney, 멜버른Melbourne, 골드코스트Gold Coast, 브리즈번Brisbane, 퍼스Perth, 아델라이드Adelaide, 호바트Hobart를 포함한 주요 호주 도시들 중에 출석 교인이 천 명이 넘는 교회들이 다섯 군데가 미치지 못한 것으로 보이며, 약 15개 교단으로 나뉘어 소속되고, 자신의 소유 예배당을 가지고 있는 교회는 10% 미만으로 규정에 맞는 목회자 사례비를 지급하는 교회는 약 15%도 미치지 못할 만큼 재정이 열악하여 250여 개가 넘는 교회들이 대부분 부교역자들의 자비량으로 운영되는 미자립 교회들이다.[49] 한인 교회 목회자들의 경우는 예배처 사용을 위한 건물세 내는 문제들을 비롯하여 다양한 재정적 어려움, 시민권이나 영주권 소지자가 아닌 임시 거주를 목적으로 한 학생들이나 성도들인 디아스포라 한인들에게to 주요 선교하는 목적을 가진 한인 교회들이 대부분이다.

이민이나 유학을 통해 정착하게 된 한인 1세대들은 이곳의 다문화

48 필자는 2016년부터 2019년 이슬람연구소를 개척하는 가운데 호주 땅의 디아스포라 한인들이 자민족에게로 향하는(to) 사역의 한계를 넘어(Beyond) 다른 디아스포라에게 나아가는 모델로 호주에 거주하는 무슬림들에게 선교하는 중요성을 강의했는데 '인카운터 이슬람'을 통해 기회가 주어졌고, 멜번 지역 MJC 컨퍼런스(시드니 지역 코스타에 준함)에서 2016년 9월 27~29일 3일간 청년들에게 디아스포라 무슬림들에 대한 비전을 공유했다.

49 최윤배, "호주 디아스포라 신학과 실천에 관한 연구," 「호주 디아스포라 목회와 신학」 제19집 (2013): 200-240.

정책이나 영어를 중심으로 한 언어생활에 동화assimilation되어 절충 및 통합되는 과정에서 자녀 세대가 호주인으로 자랄 수 있도록 현지 교육을 중시하고 아시아계의 교육열이 높은 학군으로 보내는 것을 선호하는 학풍이 있는 반면에 일찍이 해외로 건너와 자녀 세대들은 한글은 배우거나 한국에서 태어나지 못해서 한글 교육 및 한국 문화 교육을 통해 이중문화권에 사는 다음 세대 교육을 하는 한인 교회들이 많이 발견된다. 일찍이 재외 동포라 불리던 디아스포라 한인들은 초기 한인 교회 지도자들이 돌아가시거나 새로운 세대로 많이 교체되어 이제는 3세대까지 자라나고 있다. 고국의 문화나 전통, 역사적 사명에 대한 전수에 있어서 1세대는 2세대로 선교적 사명의 계승에 어려움을 겪거나, 2세대는 자신들만의 문화와 언어 구사력과 역량이 흡사한 2세 교회 지도자들과 새 교회를 개척해서 나가는 등 세대 간에는 어느 이민 사회에서나 겪는 의사소통 갈등 및 문화적 단절로 인해 새로운 세대의 선교적 동원과 역량 강화에 있어서 통합적인 영향력을 발휘할 수 없는 세대별 분리의 한계점도 있다.

B. 사례 연구: 디아스포라 한인 교회들의 무슬림 선교 현장[50]

디아스포라 선교는 지역Suburb에 대한 이해 곧 지역적 상황Context을 고려한 선교라는 점에서 중요한데, 시드니는 해안가와 가까이한 북부 시드니North Sydney와 서남부 외곽지역으로 내려올수록 어번Auburn, 뱅스타운Bankstown, 그랜빌Granville, 페어필드Fair field 같은 중동 지역에서 온 무

50 이 사례 연구의 부분은 현한나, '디아스포라를 넘어(Beyond), 디아스포라와 함께(With)': 디아스포라 선교신학을 통한 한국의 다문화 교회 모델 세우기 「선교신학」 57, 2020.에 기재되었던 부분을 참고하여 볼 수 있다.

슬림들과 난민들이 대거 거주하는 지역이 아시아계통의 주요 이민자들의 주거지로 분리되어 게토 및 마지널리티적 커뮤니티를 형성하고 있다. 이 중에서 한인 사역의 다문화 선교 중심지는 단연 스트라스필드Strathfield를 모판으로 시작되었다.

2000년대 이후로 발전된 스트라스필드 지역은 여러 커뮤니티가 출퇴근길에 환승할 수 있는 교통의 요충지이면서 시드니에서 한인 타운이 가장 크게 형성된 지역이기도 하다. 다민족 연합사역과 선교 현장은 수년 후에 스트라스필드에서 다민족 사역이 수월하고 무슬림들 인구 비율이 높은 어번Auburn 지역으로 새롭게 자리를 이동해 지속적으로 디아스포라 선교를 하게 되었는데, 이를 계기로 지역의 교회들은 새로운 디아스포라적 공동체와 다민족 선교사역들을 탄생시키게 되었다. 어번Auburn에서 시아파 이슬람 센터 옆에 위치하였다는 이유만으로 교회의 건물이 모스크 교육관으로 흡수될 위기에 처했을 때 한인들은 아시아계 다른 디아스포라 교회들과 협력하여 이 공동 예배처의 위기를 극복하기 위해 기도와 반대 서명운동을 하였고, 어번 한인 장로교회는 오늘날까지 다민족이 어우러져 디아스포라 교회로서 무슬림 선교의 사명을 여전히 감당하면서 자리를 지키고 있다. 이는 호주 내 한인 교회들이 디아스포라 선교 부흥 운동을 일으킨 사례로써 선교신학적으로 기록되고 더 연구될 가치가 있고, 디아스포라 교회들의 다민족 사역들이 이러한 사례를 기반으로 어번 지역에서 무슬림 선교의 역동성을 갖고 길거리 복음 전도까지 이어졌다.

다민족 선교라 불리던 'Beyond 디아스포라' 사역들은 어번Auburn 지역으로 새로 옮긴 이후 무슬림들이 많은 새로운 현장Context에서 사역을 계속할 것인지 한인 교회 내로 통합될 것인지 고민 하던 끝에 어번 지역에 남아 독립하게 되었고, 리더십들의 결정에 따라 선교적 헌신과 사명을 가진 새로운 교회들이 새 개척 사역으로 무슬림 선교를 계속 이어갔다. 어번Auburn 지역 선교는 특별히 이슬람권과 무슬림 디아스포라들을 향한 한인 디아스포라를 넘어선 'Beyond 선교'의 중심지로서 새로운 디아스포라 선교 교회들의 모판이 되었고 후에 어번 사역은 시드니에 도착한 무슬림 회심자들과 가정 교회 다민족 공동체 일원들이 선교 현장의 중심지로 모이는 집합 장소가 되기도 했다.

시드니에서 어번을 중심으로 한 도시의 다민족 사역 비전에 영향을 받고 한인들만 전통적으로 드리는 예배를 다민족 사역 교회로 즉 예루살렘에서 안디옥 교회로 탈바꿈을 한 교회가 있는데 바로 '시드니 중앙 장로교회'후에 공식적으로 다민족 사역을 위해 One Family Church로 이름을 변경함이다. 이 교회는 한인들이 많던 옛 터전을 버리고 2014년 12월 마지막 주 입당 예배를 드리며 무슬림과 다민족이 많이 거주하는 그랜빌Granville 지역으로[51] 새 터전을 옮겼다. 한인 교회와 찬송가를 부르던 전통 예배가 중심이었으나 다민족 교회로 비전을 바꾸면서 한인과 다민족 교회를 통합하여 교회의 선교적 방향을 전환했다.

이 교회는 매년 크리스마스 파티와 부활절 예배를 통해 지역 주민들을 인근 공원에서 바비큐 파티나 다문화 행사를 통해 지역 주민들이 교회로 쉽게 찾아올 수 있는 기회를 만들었고, 일대일 방문을 통해 교회의 정체성을 알려왔다. 2017년 11월, 세 번째로 '인카운터 이슬람'이란 6주 과정의 무슬림 선교 교육을 마치면서 교육과정의 졸업식에는 크리스마

51 교회는 벨필드(Belfield)지역에서 2B Factory Street, Granville NSW 2142 지역으로 2014년 말에 옮겼고 사역은 다문화를 중심으로 한 교회의 모습으로 바뀌어갔다. 이 교회는 홍관표 원로 목사를 비롯하여 지금의 오성광 담임목사까지 리더십의 교체를 통해 선교적 교회로서 한인 디아스포라 교회 가운데 디아스포라 선교의 사명을 충실히 감당하며 좋은 명성을 얻고 있다.

스 파티로 무슬림들과 난민들을 초청하자는 필자의 제안에 따라 난민들을 초대하여 열방의 소망 아랍교회Hope of Nations 교인들과 지역 무슬림들을 환대하였다.[52] 당시 두세 가정의 난민 아이들이 선물을 받았고, 크리스마스의 난민 초청을 기회 삼아 교회는 카페 공간을 좀 더 지역 주민들과 난민들을 위해 열자는 것에 동의하면서 교회 교인들을 위해 주로 사용되던 공간을 2018년부터는 다민족 사역을 위해 난민들과 무슬림들에게 개방을 하면서 지금 이 교회에서는 2주에 한 번씩 맘스카페를 운영하면서 독자적으로 지역 주민들을 위한 선교를 시작했을 뿐 아니라 20% 가량의 주민이 무슬림인 그랜빌Granville 지역에 타종교와 공존하고 함께하는 교회가 되기 위해 담장을 낮추었다.[53]

또한 난민 선교를 집중적으로 해오고 있는 국제선교International Team 선교단체 소속 시드니 난민팀Sydney Refugee Team을 통한 훈련이 연결되면서, 담당자와 선교부 리더십들이 함께 만남을 가지면서 2세들을 포함해서 다민족 부서가 함께 난민을 섬기는 훈련 과정을 받고, 2018년부터 이라크에서 시드니에 도착한 한 난민 가정들을 섬기는 사역이 교인들로부터 일어나고 있다. 이처럼 한인 교회들이 가장 많은 시드니에서 디아스포라 선교가 한인 디아스포라를 향한to에서 한인 디아스포라를 넘어Beyond의 범위로 전환되어 가면서 다른 디아스포라들과 함께With 사역하는 현장으로 바뀌어 가는 모습은 한인 디아스포라 교회가 호주 사회에

---

52 이 외에도 아랍교회와 함께 동역해준 브리즈번의 주 찬양 교회와 시드니 원인러브 교회(One In Love Church), 시드니 샘물 장로교회, 시드니 주안교회 등은 이민자로서의 어려움을 공감하여 이것을 선교적 관심, 특별히 디아스포라 난민 선교의 방향으로 전환해 준 지역 교회들은 디아스포라 한인 교회들의 Beyond 사역에서 무슬림 난민들에게 선교하는 사례들이다.

53 그랜빌 지역 인구 구성과 종교 분포에 대해서 웹 사이트 자료를 참고하라. https://quickstats.censusdata.abs.gov.au/census_services/getproduct/census/2016/quickstat/ SSC11738 (2019년 12월 29일 접속).

정착한 100년 남짓 되는 역사 가운데 무척 고무적인 현상이라고 볼 수 있다.

전통적인 교회가 다민족 사역으로 한인의 문화적 경계와 울타리를 건넌 것이 시드니 중앙 장로교회라면, 허트빛교회Heart Beat Church는 한인 2세대 청년들이 모여 무슬림 선교를 위한 비전을 갖고 전도를 하다가 개척된 다음 세대를 중심으로 이루어진 교회이다. 이슬람권을 위한 중보기도와 아웃리치 모임들이 곳곳에서 일어나던 가운데 젊은 청소년과 청년들이 모여서 자발적으로 선교 활동을 시작하다가 공동체 소그룹이 생겼고, 이어서 예배 모임이 이루어지면서 자신들이 선교한 무슬림 회심자들을 양육하고 이들을 제자훈련 시키고 목양해 줄 목사님을 열심히 찾던 중에 담임 목사 청빙이 나중에 이루어진 특이한 교회 이력을 갖고 있다. 이 교회는 타민족 선교를 위한 디아스포라 한인 2세대들의 열정으로 인해 성도들이 자발적으로 교회를 개척해서 세운 사례로 같은 비전을 가진 목사님1.5세과 성도들이 해외 무슬림 선교뿐 아니라 어번Auburn 지역을 중심으로 한 호주 내 무슬림들을 적극적으로 선교하는 한인 디아스포라를 넘어 무슬림 선교에 헌신한 또 하나의 사례이다. 따라서 이 교회는 다른 어떤 디아스포라 한인 교회들에 비해서 무슬림 선교를 위한 열정과 비전이 남다르다.

한인 디아스포라 선교의 50주년을 넘기면서 2000년대 이후 사역의 전환이 어떻게 이루어졌는지 되돌아보게 된다. 초기 이민 역사에서 거의 이십 년의 세월 동안 1세대와 1.5세대들을 중심으로 한인들이 자민족을 향한 디아스포라to 사역을 해왔다면, 자민족 디아스포라를 넘어서Beyond의 중심지로 처음 전환을 시도하고 연합 선교사역 중심지로 모였던 곳이 스트라스필드Strathfield였다. 이러한 연합 선교의 중심지는 자연스럽게 1999년 완공된 튀르키예식 갈리폴리Gallipoli 모스크를 중심으로 모이는 무슬림 인구가 높은 어번Auburn으로 옮기게 되었는데 이것은 금요일 합동 예배를 위해 수천 명의 무슬림들이 모이고 이를 중심으로 상권이 발달해 있었기에 인구 이동이 활발했기 때문이다. 스트라스필드와 어번을 중심으로 일어났던 한인 디아스포라 선교는 새로운 디아스포라 다음세대 교회들이 이러한 역동적인 힘에 의해 태동되는 진정한 심장부의 역할을 했고, 다민족으로 구성된 디아스포라 선교는 지금도 무슬림 인구가 50%에 육박하는 시드니 지역에서 활발하게 일어나고 있다.

필자가 디아스포라 선교 신학의 분류를 놓고, 한인 디아스포라 선교의 사례들을 나누어 보기 위해 호주 한인 디아스포라에 대한 사역의 방향성을 디아스포라 한인들을 향한to 선교에서 어떻게 넘어서는beyond의 방향으로 전환되었는지에 대한 배경을 통시적으로 밝힌 것과 함께 다른 하나는 필자가 호주 선교신학자인 대런Darren Cronshaw[54]과 다른 연구원들과 함께 시드니뿐 아니라 멜번과 브리즈번 및 다른 현지 조사 연구를 통해서 디아스포라의 사역이 환대 선교로 발전되고, 교회가 선교적 교회로 지역 사회를 선교 현장으로 바꾸어서 다양한 역할을 해냈는지에 대해서는 참고할 수 있다.

---

54 Darren et al., 'Mission as Hospitality with Refugees and Other Migrants: Exploring Ross Langmead's "Guests and Hosts" in Australian Churches', *Mission Studies*, 40(1), 2023.를 참조하여 각 지역별 환대 선교 현장을 비교할 수 있다.

VI. 호주 무슬림 선교를 위한 선교적 교회 세우기

무슬림들이 호주라는 비이슬람국가에 살다 보면 중동에서는 쉽게 테러나 극단주의에 노출되었겠지만, 이슬람국가ISIL에 가담하려다 좌절되고, 전쟁 및 테러를 선전하는 이슬람을 재고하고 자신의 종교에 대해서 질문하거나 다른 종교로 개종할 기회가 생기게 된다. 이러한 무슬림들이 호주 땅에 와서 교회로 인도될 수 있는 기회가 있다면 호주 한인 이주민 교회들도 무슬림을 받아들일 준비를 해야 할 것이다.[55] 통계에 의하면 무슬림들이 2001년 9.11 사건 이후에 그리스도를 믿기로 결단한 숫자는 세계적으로 45만 명에 이른다.[56] 이 외에도 위성 TV나 라디오 등을 통해 무슬림들은 비밀신자나 교회들을 이루어 가고 있다. 이러한 때에 종교적 탄압이 없는 호주 내에서 자유롭게 전도와 선교를 할 수 있는 한인 디아스포라들의 선교를 위한 현실적, 적극적 방안은 자민족 중심의 선교를 넘어서는 것이다. 디아스포라 선교는 교회가 가정이나 자신의 교회 영역에서 나와 밖으로 향하는 곧 타문화권 선교cross-cultural를 시작하는 단계로서 선교학적으로는 디아스포라를 향하여 그들에게 가는 선교에서to 곧 자문화권 한인 선교를 넘어서Beyond[57] 타문화권의 디아스포라 곧 무슬림을 향할 때 선교적 교회의 본질에 충실한 것이다.

---

55 David Greenlee, *Longing for Community: Church, Ummah, or Somewhere in Between?* (Pasadena: William Carey Libraryl., 2013), 70-75.

56 Duane Alexander Miller, "Believers in Christ from a Muslim Background," *A Global Census Interdisciplinary Journal of Research on Religion* 11(10), 2015: 1-19.

57 Enoch Wan, "Diaspora Mission Strategy in the Context of the United Kingdom in the 21st Century," *Transformation*28, no. 1 (January 1, 2011): 3-13.

현대 선교는 자문화/타문화가 아니라 이제 다문화권Multi-cultural 선교로서 통합적, 총체적인 선교로 전환되고 있다. 무슬림 선교로서 선교적 교회가 이러한 디아스포라 선교의 과제를 지역 사회에서 즉 로컬현장에서 잘 감당할 수 있는 선교의 적극적인 방안은 세 가지로 나누어 볼 수 있다.

A. 지역 선교(Community Missions):여성을 위한 방과 후 교실

먼저는 시드니NSW주에 있는 백인 호주 교회들의 사례들을 들자면 놀이그룹Play group, 방과 후 교실After school, 영어 과정ESL을 통해서 교회가 지역을 섬기고, 교회 담장을 낮춰서 지역의 무슬림들도 교회에 하나둘씩 어린 자녀들을 데리고 오도록 하는 것이다. 이러한 사역을 교회들이 담당하려면 초중등학교가 마치는 3:00 방과 후 교실을 통해 지속적으로 지역 사회를 섬기거나 평균 5~6명의 자녀를 둔 무슬림들을 섬기기 위해서 영유아 아이들에게 교육을 제공한다. 호주 교회들의 경우 영어를 구사할 수 있을 뿐 아니라 유아기 아이들을 돌볼 교회의 시설이나Daycare, 무슬림들 자녀들의 학교 과제를 도와줄 만큼 헌신된 교사들이 필요하기 때문에 교사 모집과 함께 영어 언어훈련 코스를 개발하거나 그룹별로 나누어서 영어 실력에 따라 이주민 반을 지도한다. 이것은 자연스럽게 무슬림들을 교회에 초청하는 방법으로 그 외에도 호주 교회들이 아이들과 자녀들이 많은 무슬림 어머니들을 위해 여는 것은 뜨개질 교실이나 크래프트와 같은 만들기Craft or Knitting Class 교실 등이 있다. 이것은 이미 호주 교회나 지역 주민 센터 혹은 도서관들이 잘하고 있지만 한인 교회들은 우리가 가진 언어적 문화적 유산과 관계망을 어떻게 지역의 무슬림들에게 확대하여 저변을 넓힐 수 있을지 한인 교회들의 협력적 실천이 필요하다.

특히나 무슬림 여성과 아이들을 위한 사역은 교회 여성들이 지역 시설들과 연관을 맺고 적극적으로 무슬림들을 만나서 함께 친구가 되고 사랑하고 섬길 수 있기 때문에 사실 교회가 시작하지 않아도 지역 사회 자원봉사자로 그룹으로 가서 협력만 해도 쉽게 시작할 수 있다.[58] 지역 주민의 필요를 섬기기 위한 교회 프로그램은 쉽게 교회 예배당에 들어오지 못했던 무슬림들이 교회의 안 마당에 손님으로 초대되는 역사를 일으킨다. "When Women Speak"라는 무슬림 여성들을 대상으로 하는 여성 사역자들 훈련 선교 세미나[59]에서 필자는 호주 지역의 다양한 지역교회들이 주민들 특별히 무슬림들을 초청하여 위의 사역들을 진행해 가고 있는 현장들을 발표하는 모습을 보면서 한국 교회도 연합적인 사역을 통해서 무슬림 선교에 대한 더 좋은 방안들을 함께 모색한다면 교회마다 더 구체적인 전략들이 나오지 않을까 하는 비전을 갖게 되었다.

B. 다문화 선교의 도구: 한류 문화와 한글 교육

두 번째는 앞서 본 것처럼 호주 한인 교회들이 가진 언어적 문화적 유산은 한국 드라마와 한글이라는 사실을 알고 K-POP에 열광하는 세대를 잘 인도하여 초청할 수 있다. 다와Da'wat 곧 무슬림식의 초청이나 선

58 Don M McCurry, *Healing the Broken Family of Abraham: New Life for Muslims* (Colorado Springs, CO: Ministries to Muslims, 2001).

59 "*When Women Speak*" 25th -26th May, 2018 at Good Sheperd Church, NSW. https://whenwomenspeak.net/ 웹사이트를 참고하라. 이 사역은 여러 인터네셔널 단체가 함께 연합하여 여성 사역자들을 위해 협력하고 있다.

교가 모스크에서 시작되고 있다는 점을 기억한다면 역으로 교회에 초청하기 위한 선교는 우리가 가진 문화이다. 무슬림들이 어떤 문화권에서 자랐든지 한국 사람들이 모인 공동체는 한국 음식과 한류 문화가 있는 곳이란 것을 잘 알고 기독교에는 반감이 있지만 한류 문화에 대한 열망과 애정들은 대부분 가지고 있다. 다문화 축제, 한류 문화 소통의 장을 열어 문화 교류의 장을 통해 자연스럽게 그들을 이해하는 것이 그들에게 그리스도를 소개하는 통로가 된다. 한류 문화를 배우려는 무슬림들에게 한국 교회는 그 기회를 활용 못 하고 무슬림들을 소극적으로 피하기 때문에 선교의 기회를 상실한다는 안타까운 이야기를 호주에서 자주 전해 들었다. 한류 문화를 통한 접촉점에서 시작하여 다음 세대 선교로 나아가는 것은 한류 문화와 K-POP이 대세인 이슬람 문화권에 아주 적합하다.

그리고 한글 학교 교육에 대한 교회의 지역 사회를 섬기는 제안도 바람직하다. 한글 교육을 다음 세대인 한인 2세대들에게만 제공하기보다는, 이를 통해 한류 문화를 사랑하는 다문화권 친구들을 초청해서 한글과 한류 문화에 대해서 소개하는 장과 공감대를 열자는 제안이다. 이러한 타문화권 소개를 통해 한인 교회가 호주 사회 다양한 민족과의 격리된 교회나 커뮤니티가 되지 않도록 다양한 축제와 문화적 공연을 가지면서 한류 문화의 장으로 이들을 초청하고 한인 공동체가 믿고 섬기는 예수에 대해 자연스럽게 소개할 수 있다. K-POP을 통해 한국 드라마와 한인 커뮤니티를 소개할 수 있는 길을 연다면 적극적인 교회 홍보와 무슬림들을 위한 선교적 토대가 열리는 것이다.

지역교회 목회자들이 선교에 헌신된 사람이 없다고 하소연하는 것을 자주 목격한다. 그러나 선교와 목회를 구분하여 선교사 선발과 선교사 파송을 새로운 과제로 두기보다 지역의 다민족, 무슬림 선교에 헌신하도록 먼저 초청하면 어려움을 덜 수 있다. 호주 한인 교회 목회자들은 타문화권 선교사로 이슬람권 선교사를 따로 선발하여 파송하려 하지 말고, 다문화권에 사는 자녀들에게 '할랄에 대해, 무슬림의 가족 공동체 문화와 이슬람의 종교적 의식'에 대해서 선이해를 가질 수 있는 충분한 선교 훈련을 제공하는 것이 바람직하다. 이슬라모포비아가 아닌 무슬림들의 생활과 관습, 종교와 세계관 및 전통을 통해 문화적으로 가까워지면 무슬림 회심자가 교회 오게 되었을 때 '회심자의 정착을 돕는 공동체'로서 회심 과정의 정체성 혼란 및 기독교와 이슬람의 차이점에 대한 적응을 효율적으로 도울 수 있다.[60] 또한 이슬람 문화권에 대해 낯설게 생각하지 않고 대처할 수 있는 준비를 자연스럽게 하게 된다. 간단한 예로 이라크 친구들이 자주 먹는 꿉바라는 고기나 밀가루로 유대인들이 먹는 누룩이 없는 빵과 같은 매일의 주식, 모로코 친구들이 먹는 꾸스꾸스나 이집트 친구들이 먹는 쿠사리, 튀르키예 친구들이 먹는 케밥과 다양한 요구르트나 그들의 차 문화 등을 경험하면 이슬람의 음식 문화 특히 할랄 음식과 그들의 가족 중심적 가치관과 식습관을 알게 되고 타종교를 존중하는 습관을 배우는 것은 장기적으로 교회 전체가 선교적 교회로서 지역사회에서 좋은 입소문이 나게 되는 결과도 낳는다.

한인 2세대들 가운데 여전히 부모 세대와 함께 한국 식탁만을 주로 대하고, 다민족이나 타종교권에서 온 이주민들과 교류가 적은 다음 세대들에게도 그들만의 게토Ghetto나 안전지대comfort zone를 넘어서 지역 사

---

60 Phil Parshall, *The Cross and the Crescent: Understanding the Muslim Heart and Mind* (Waynesboro, GA: Gabriel, 2002). Farid Esack, *Qur'an, Liberation & Pluralism: An Islamic Perspective of Interreligious Solidarity against Oppression* (New Delhi: Viva Books, 2006).

회에 적극적으로 선교할 수 있는 방안이 된다. 실제로 한인 2~3세대들이 영어는 잘해도 음식은 한국 음식만 먹는 아이들이나 같은 2~3세대 한인 청년 세대들과만 교류하는 등 좁은 식견으로 사회를 바라보는 이들도 만나게 된다. 그러나 필자는 아랍 무슬림들이 자주 하는 표현인 '바이티바이티카' 곧 네 집이 내 집이란 환대의 태도로 무슬림을 한류 음식과 식탁의 자리에 초청하기를 권한다. 사도 바울은 무엇을 먹고 마시든 다 하나님의 영광을 위해서고전 10:31 하라고 했다. 따라서 도전해 볼 수 있다. '당신의 식탁 메뉴가 할랄로 바뀌면 당신은 무슬림을 당신 집에 초대할 환대 선교의 준비가 된 진정한 호스트Host'이다.

C. 평화와 화해 교육을 통한 상호 이해 교육

교회는 종교에 대한 열성분자Fundamentalist들을 길러, 기독교를 위한 십자군을 기르는 곳이 아니라, 화해 교육을 통해'지하드, 이슬람의 테러나 전쟁'등에 대해서 난민들을 돌보고, 핍박받아 종교의 자유가 없는 많은 국가들로부터 호주에 이주해 온 이들을 하나님 아버지의 마음으로 품는 곳이다. 이러한 하나님 나라의 가치관을 실천하고 폭력성을 반대하는 교육을 지역 교회가 실천할 수 있다면 무슬림 선교를 위해서 다문화 사회에서 협력할 수 있는 기회는 더 다양해진다. 평화라는 가치를 걸고 체육이나 미술과 음악 등 많은 공연과 예술 활동, 스포츠 게임들이 열리는데 이러한 것에 주도적으로 나서는 것은 사실 호주 천주교단 선교단체들이다. 그중에 콜럼바 선교단체Saint Columbans Mission Society 경우는 정기적으로 행사를 통해 영화를 함께 보기도 하고, 스포츠 활동을 십 대 청소년들에게 열어서 다양한 믿음의 세대들이 모여서 어우러질 수 있는 장들도 마련한다. 필자는 웨스트시드니대학교Western Sydney University에서 열리는 행사에 무슬림 친구를 데리고 가서 십자군 시대의 영화를 함께 보았던 경험이 있다. 성 프란시스가 13세기 십자군 원정이 한창 활발하던 때에 무기를 다 버리고 술탄에게 찾아가서 복음의 진리를 나누었던 선교의 역사적 장면을 다룬 영화로 "수도사와 술탄The Saint and the Sultan"이란 영화이다. 많은 경우 기독교 선교가 지하드에 맞서서 폭력이나 혹은 반이슬람적 대항과 경계로 이어지면서 우리의 선교도 자칫하면 폭력을 폭력으로 되갚거나 반테러에서 시작해서 무슬림 모두를 배타적으로 대할 수 있는데 이러한 태도는 이웃 무슬림 선교에 도움이 되지 않는다.

물론 테러는 모두에게 경계해야 할 부분이며, 이슬람의 지도자들이 다음 세대에 폭력성을 조장하고 잘 못 인도할 수 있다는 경각심에서 지역 교회도 지혜롭게 대처해야 한다. 그러나 호주와 가까운 뉴질랜드 지역에서 금요일에 합동 예배를 드리다가 크라이스트처치Christchurch지역의 린우드모스크Linwood Mosque와 알누르Al-Nur Mosque에서 2019년 3월 15일에 자식이 죽거나 다치고 공동체가 무슬림을 혐오하는 백인들의 총기에 의해 다친 사건도 있었던 것을 기억하면 어느 누구도 폭력이나 테러에서 예외가 될 수는 없다. 필자는 이때 사건이 발생하고 한인 디아스포라 공동체에 백여 명의 서명을 받아서 두 모스크에 동시에 비폭력적 사회에 대한 서명을 받고 위로의 말을 전달했었다. 이슬람의 폭력성과 테러에 대한 가장 큰 희생양은 무지함으로 가담하게 되는 무슬림들이다. 따라서 꾸란의 8장 전리품의 장이나 9장 회개의 장에서 지하드에 자주 인용되는 장들에 대한 이해를 기독교인들과 무슬림들이 함께 해석하고 평화롭게 공존하기 위한 화해와 평화 교육에 힘써야 한다고 믿는다. 종교 계층의 선호도나 폭력적인 선동을 위한 테러 동원식 이슬람 지도자의 설교가 비판되고 지역 사회가 평화를 위해 나아가도록 타종교와 함께 경전 연구들을 격려하는 '화해와 평화적 경전 비판 및 해석연구'의 일을 한인 교회 지도자들과 디아스포라 선교학자들이 함께 교육하고 이러한 장을 마련하는 것이 건설적이다. 이것은 물론 학자들이 교류하면서 협력할 일이기도 하지만 지역 목회자들이 대부분 신학교 교수이거나 신학을 가르치는 일을 담당하는 호주 이민 사회에서 다문화 사회가 함께 상생하도록 교회를 동원해서 응답하는 것이 필요하다.

필자는 예전에 부산지역을 돌면서 이슬람국가ISIL에 가담하면 왜 안 되는지, 지역 교회 중고등부에 순회를 하면서 특강을 했었는데, 이러한 강연뿐 아니라 필자가 참여했던 연합교단신학교Uniting Theological Seminary에서 개최되었던 2018년 평화포럼Peace Forum은 여러 세대에게 유익했었다. 부모 세대들은 교회 안에서만 자신들의 종교를 배웠지만, 인터넷 시대인, 이 세상에는 다양한 이단과 종교들이 끊임없이 만들어지고, 쉽게 새로운 것을 찾는 세대들에게 폭력이 대안이란 메시지들을 주며 접근하고 있다. 폭력이나 전쟁으로 인한 승리나 성취감이 게임이나 가상공간에서 매력적으로 들려올 수 있기에, 일상의 폭력성에 대해서도 무지할 뿐 아니라 타인의 종교와 문화에 대해서도 쉽게 멸시하거나 관용할 수 없음을 가르쳐 '진정한 평화와 화해 사역은 그리스도 안에서' 이루어질 수 있음에 대한 바른 가치관을 지역 교회가 가르쳐야 한다.

오픈도어 선교회에 의하면 전 세계 핍박받는 기독교인들이 너무나 많다. 이들은 정기적인 핍박이나 물리적 폭력에 의한98.7% 교회 생활72.7%과 직장 생활에서 혹은 가족으로부터 개인적 삶을 가질 수 없을 만큼 고통을 받는데 이러한 전 세계 26억 기독교인 가운데 2억1천5백만의 그리스도인들이 박해로 고통받고 감옥에 투옥되거나 죽음의 위협을 당하고 있다.[61] 예수 믿기로 결단한 이들이 모진 핍박을 당하는 것은 성경에 있는 예수의 가르침마 10 그대로 식구가 원수가 되고, 자기 십자가를 지지 않으면 원수 된 이들과의 반목만 남는 고통의 과정이라 부인할 수 없다. 그러나 파키스탄을 위시하여 여러 이슬람 국가 중에는 현대에도 개종금지 관련법이 제정되어 있어 무슬림들에게 있어서 개종은 곧 죽음이며, 집안의 모든 화평이 깨어지는 것이 현실인 곳도 많다. 무슬림이 회심 이후 가족과 국가, 직장을 잃는 등의 힘든 경험을 하게 될 때 무슬림 배경의 회심자들Believers from Muslim Background을 환대하고 안아주는 문화적 교두보 역할을 통해, 자신의 민족에서 분리 및 배척된 이들을 감싸는 것도 비폭력 운동을 적극적으로 실천하는 길이다. 종교의 자유가 주어지지 않아서 지금도 많은 수의 종교 난민들이 호주에 정착하고 있다. 가족과 유대하던 사회의 소속감이나 정체성을 잃은 소수의 회심자들에게 평안의 인사를 건네고 그들을 돌보아 그리스도 안에서 누리는 자유와 형제자매 됨의 기쁨을 실천하는 것이 또한 교회 차원의 화해 사역이며, 디아스포라 선교에서 지역 교회가 무슬림 회심자들에게 하나님의 사랑을 보여줄 수 있는 중요한 기회이다.

D. 무슬림과의 직접 만남을 통한 경계를 넘는 훈련

필자가 만난 이는 호주백인Aussie이면서, 난민이 아닌데도 정체성에 있어서, 심리적으로 얼마나 자신이 난민 같은 소외된 삶을 살았는지, 자신 같은 이들이 시드니 도시에 또 얼마나 많은지 발견하게 되었던 사

61 https://www.opendoors.org.au/?gclid=CjwKCAjwvNXeBRAjEiwAjqYhFs4pilfjEZkHfWvWTCrp2y65XAFC2rd9iJfMhex32PzqYmP8fiiYMxoCPdgQAvD_BwE, Retrieved 20 October 2016.

실을 내게 작은 가정 교회에서 고백한 적이 있다. 자기에게 필요한 것은 자신의 정체성을 찾을 수 있는 공동체community라고 하였다. 소속감이나 정체성을 찾기 원하는 것은 이민자들도 마찬가지이지만 우리 인간이 가진 본연의 본성이라 생각한다. 우리가 가진 공동의 정체성Communal Identity은 따라서 영적 고향 곧 우리의 아버지가 받아주시는 하늘의 시민권에 있다는 점에서 필자는 디아스포라 정체성의 중요성과 뿌리를 이 땅의 시민권으로 말미암아 우선순위에서 밀려두지 않는 것이 중요하다고 생각한다. 우리는 원래 게스트Guest였다가 천국 주인Host의 자녀가 되었다. 그러나 아직도 우리의 정체성Identity이 그리스도로부터 분리되어있거나 환대의 기쁨을 잃은 삶이 되었다면, 우리에게 주어진 환대의 자리에 다시 나아가 디아스포라 정체성을 상기할 필요성이 있다. 우리가 지역에서 여는 잔치는 하늘에서 열리는 잃어버린 양들을 위한 잔치이기도 하다. 호주 사회 일원들이 하나님 나라 일원으로 섬기게 되면 이것이 곧 디아스포라 선교이다.

무엇보다 가장 효과적인 무슬림 선교는 직접 만남이고 1:1로 관계를 만들어 대화를 여는 것이다. '무슬림 전도'는 성실함으로 씨를 뿌리지만 인내를 배워감이 필요하다. 사실 전도는 '선교의 꽃'이라고 생각된다. 선교적 지식과 방법이 있어도 사실 말과 행함을 통해 실제 만남을 가지고 전도하는 훈련을 해야만 성령의 역사하심을 알게 되고, 무슬림을 이해하고 사랑하게 된다. 필자가 이슬람에 대한 이해와 지역 교회 세미나를 찾아다니면서, 학교에서 무슬림 선교 과목을 이끌면서 깨달은 교훈은 '한 번 무슬림을 직접 만나고 오는 게 열 번 배운 것 만큼보다 효과적'이란 사실이다. 자주 만나고 이야기하면서 다양한 무슬림들을 만나서 전하는 방법을 몸에 익혀야 복음에 대해, 예수에 대해서 담대하게 증언할 수 있는 증인이 된다. 이슬람에 대해 기독교의 사복음서 가운데 가장 영적인 복음서 요한복음을 활용하는 방법, 갈라디아서나 히브리서 등을 통해서 삼위일체론에 불신을 가진 이들에게 전도하는 방법, 곧 '유대인들 청중을 두고 사도행전의 복음 전도자들이 복음을 전하는 식의 접근'을 적용하는 것은 나가서 해보아야 한다.

'꾸란을 제대로 알아서 상황화식으로 전도하는 훈련 과정'을 교회에서 주말에 2박 3일 혹은 수련회 기간을 통해 전도 학교를 열어서 가르쳐도 사실 전도 방법이나 상황화 현장에서 또 다르게 반응이 나타나기도 한다. 따라서 예를 들면 꾸란의 3장이 왜 자주 무슬림 전도에 인용되었는지[62] 낙타 전도법, 고르반 전도법, Any 3 전도법 등 다양하게 알 뿐 아니라 피드백을 통해 거듭 수정해 나가면서 가장 효율적인 전도법을 계발하고 훈련받아서 무슬림을 만나야 한다. 예수님을 무슬림들에게 어떻게 소개하는 게 가장 좋은 방안인지, 삼위일체는 어떻게 설명하는 게 좋은지, 무슬림들이 믿는 구원론에 대해서, 기도 방법에 대해서 어떻게 구약의 관점으로 접근해서 그들의 금식과 동물 제사들에 대해서 풀어서 설명해 주면서 전도할 것인지는 목회자들과 중직자들도 배워야 안다.

적지 않은 수의 성도들은 교회 사역에 바쁜 목회자들과 달리 이미 무슬림들과 함께 현장에서 일을 해나가고 있다는 사실을 간과할 수 없다. 이슬람이 가진 다와 정책이나 삼위일체, 십자가 구원과 부활에 대한 이슬람의 관점이 왜 기독교와 다른지, 그들의 기독교에 대한 관점이 성경에 반대되는지 정확히 알고 가르칠 필요성이 이민 사회에서는 더욱 필요하다. 전도는 배타적인 태도라고 생각하는 이들이 있다. 그러나 기독

62 Warren Larson, "Jesus in Islam and Christianity: Discussing the Similarities and the Differences," *Missiology* 36(3) (July 1, 2008): 327-341.

교가 가진 구원론에 있어서'다른 이로서는 구원을 얻을 수 없으니, 오직 예수 그리스도의 이름만을 인정하는 점' 자체가 진리적 배타성을 가진다는 것을 인정할 수밖에 없다.

교회는 적극적으로 타종교인들을 품고 초청하며 사랑하며 선교하기 위해서 존재한다. 이 중에서도 연합적으로 전도사역을 십 년 이상 지속해 온 호주의 감리교회는 좋은 사례가 된다. 필자는 라켐바Lakemba 지역에서 호주 교인들이 거리 전도를 원하면 화요일 목요일마다 나와서 연합적으로 오전 10시경부터 사역을 시작하는 자리에 자주 봉사자로 참석하여 전도 대원으로 참여했다. 라켐바라는 지역은 사실 앞서 말한 어번 지역 총인구 가운데 무슬림이 40%가량인 것을 고려하면 무슬림 선교를 위한 중요한 요충지인 것은 확실하다. 왜냐하면 라켐바는 지역 총인구의 61%가 무슬림이며 길거리를 걸어가면 중동에 서 있다고 생각해도 전혀 이상하지 않을 만큼 아바야와 니깝을 쓴 여성들이 즐비하기 때문이다. 참고로 이 지역에 거주자들의 종교 통계를 보면 무슬림이 10,642명, 가톨릭이 1,338명, 정교회가 515명이다. 무슬림으로 뒤덮인 거리에서 교회 앞에는 일주일에 두 번 전도 테이블과 소책자들이 무료로 제공된다. 그뿐만 아니라 소시지와 햄버거 등을 점심에는 무료로 제공하면서 대화를 나누기도 한다. 이곳은 라마단 기간이 되면 평화의 장막Peace Tent을 쳐서 한 달 내내 밤마다 호주에 있는 귀국 선교사와 많은 연합교회들과 선교단체들이 아랍식의 큰 텐트와 안락한 카페트와 쿠션을 깔아두고 10평 남짓한 공간에 무슬림들을 뚫려있는 장막으로 초청하여서 밤마다 야식을 먹기 위해 나온 무슬림들을 차와 다과를 통해 전도하는 현장이기도 하다.

호주에서 지역 교회들이 "소책자나 서적을 통한 선교Book Table Mission"

와 라마단 기간에 평화의 장막을 치고 예수 곧 평화의 왕사 9:6-7을 알리는 사역을 하는 모습은 선교적 교회로서 무척 바람직하며 한인 교회들이 더 많이 적극적으로 협력할 수 있는 사역이다. 개개인을 교회로 인도하는 것도 좋지만 협력하여 전도하는 사역은 무슬림들에게 교회 앞마당에 다양한 복음에 대한 다양한 언어로 번역된 서적들을 통해서 자신에게 익숙한 모국어로 성경과 복음을 전하는 좋은 전달 도구가 된다. 무슬림들에게 예수에 대해 알리고 초청하는 방식이다. 이 사역은 그들을 초청하는 형태의 선교로서 무슬림들에게 직접 찾아가기보다는 그들이 교회의 앞마당으로 초청하는 식의 전도로서 초대와 환대 문화에 익숙한 무슬림들에게 공격적인 선교적 접근이 아닌 친근한 형태여서 지역교회가 할 수 있는 좋은 예시가 된다.

레슬리 뉴비긴은 인도의 선교 30년을 마치고 자신의 모국 영국 사회가 다원주의 사회가 된 것을 깨닫고 열심히 다원주의 사회가 가진 선교적 문제점과 혜안들을 연구하기 위해서 공부하고 연구했다. 목회자가 성경을 연구할 뿐 아니라 살아가고 있는 다원주의 사회의 상황Context을 성실히 연구하고 이슬람이란 종교뿐 아니라 실제 무슬림과의 만남을 통해 개개인 무슬림의 일상과 그들의 문화와 처해진 상황들을 연구할 때 주일 설교는 더욱 역동적인 선교 현장으로 채워지며, 교회는 다민족과 다문화에 대한 장벽이 위로부터 무너져 내린다. 타종교인들과 늘 거래하고 살아가는 성도들의 삶에 더 관련 있고, 적용점이 있는 설교가 될 수 있다. 무슬림들 중에는 많은 수가 친절하고, 한국 사람들을 사랑하고 한류에 열려있지만, 이들을 만나보아야 대화로 나아가고 전도할 때 우리는 진정 알 수 있다. 우리의 작은 선행과 미소가 무슬림들에게 기독교에 대한 시각을 바꾸는 중요한 열쇠가 되는지 겪어보면 증인된 삶을 살 수 있다.

예수님은 예루살렘에 머물러있지 말고 사마리아와 땅끝까지 가라고 명하셨다. 유대인들에게 바로 문화적 장벽을 넘어서야 갈 수 있는 코앞 동네가 사마리아인들의 거주지였던 것처럼 오늘날 디아스포라 한인은 빌립 집사와 같이 무슬림들이 거주하는 사마리아 동네와 같은 곳에서 전도를 시작해야 한다. 시드니와 멜번의 경우는 더욱 피할 수 없는 것이 무슬림 이웃과의 만남이며 그들과의 인사하며 마주치는 공공기관 시설이다. 마치 님비현상과 같이 우리 동네에는 무슬림 난민이나 이주민들이 피해 가기를 바라지 말고, 이웃이 되고 친구가 되는 것이 가장 큰 무슬림 선교의 지름길이다.

예수님은 남들이 다 피해 가는 사마리아 땅을 일부러 찾아가셔서 요한복음 4장에 보면 오히려 사마리아 여인에게 영원히 목마르지 않도록 자신이 생수를 주시겠다며 메시아임을 직접 보이시고 그 커뮤니티에 구원을 선물하셨다. 예수님은 유대인이었지만 포비아와 편견에 사로잡힌 유대인이 아니라, 선한 사마리아인의 비유를 통해 유대 율법사에게 당당히 타문화권으로 나아가라 가르치셨고, 자신의 삶과 생을 열방의 구원을 위해 드렸던 모범적 예시였다. 그분은 자문화권뿐 아니라 타문화권 선교사였고 오늘날에는 지역과 문화 경계를 넘으시는 디아스포라 선교사이시다. 자신의 이웃이 누구인지 알라고 설교만 한 율법사가 아니라, 온 민족이 유대인들과 같이 선택받아 하나님 백성으로 아버지께 돌아오기를 원하신 성육신적 선교사였다. 예수님과 같이 온 동네가 구원받는 역사를 보고 싶다면 그 동네를 타인들의 동네로 미전도구역Unreached Suburb으로 놔둘 수 없다. 필자는 디아스포라 무슬림들을 전도해야 할 여섯 가지 이유들을 강의하는데 다음과 같이 자주 정리한다.

첫째, 디아스포라 무슬림들은 관심 밖의 대상이며 편견과 오해로 인해 다가가지 않는 이웃이다. 둘째, 디아스포라 한인들이 선교적 교회를 이루어 갈 때, 한인을 넘어 찾아가야 할 대상은 바로 누구의 이웃도 아닌 무슬림들이다. 셋째, 디아스포라 무슬림들은 기독교 국가에서 기회를 잃으면 고국에서 전도되기 더 어렵다. 넷째, 아브라함, 노아, 예수를 선지자로 믿고도 진리를 바로 알지 못하는 무슬림들이 하나님을 예배하며 돌아올 것을 성경도 기록한다. 다섯째, 무슬림들은 오직 한 신을 고백하며, 심판 때 중재자 그리스도를 기다리고 그분의 오심도 믿고 있다. 여섯째, 한평생 진리에 대해 무슬림으로 태어나 무슬림으로 죽게 되는 무슬림들이 세계 인구의 1/4에 달하기에 디아스포라 선교는 매일의 과제이다.

우리는 무슬림들에게 말을 걸 뿐 아니라, 예수님에 대해서 소개하는 다양한 방법들에 익숙해져야 한다. 내가 만난 예수님, 내가 영접했던 예수에 대해서 믿고 변한 때에 대해서 간증할 뿐 아니라, 그리스도에 대한 소개를 특별히 단일신론자들에게 하기 위해서 상황에 맞는 선교적 배움과 훈련이 필요하다. 그러기 위해 기본적으로는 두 가지가 필요하다. 첫 번째는 지식과 담대함이고 두 번째는 언어적 소통 능력과 다문화적 역량이다. 무슬림들도 세대에 따라, 교육환경이나 직업적 배경과 경제적 수준에 따라 천차만별이다. 개인마다 사연이 있고 종교적 열심과 지식이 다르다. 하나님이 무슬림 선교를 하려고 처음 결단을 한 전도자에게 '순니파 이맘종교 지도자'을 처음 전도 대상자로 붙여 줄 일은 만무하다. 바뀌어가는 선교적 상황을 염려하기보다는 그리스도가 왜 잔나천국로 가는 옳은 길, 곧은 길인지 알려주고, 십자가의 대속이 헛된 것이 아니라는 것을 알려주기 위한 전도자의 선교적 결단이 먼저 필요하다. 필자는 호바트에 살면서 공식 연설 자리Speakers' Corner에 서서 매주 화요일이면 열리는 비슷한 서적 및 책자 사역과 선포하는 전도를 했다. 영어로, 한글로, 아랍어와 중국어로 복음을 전하면서 3개월 사역을 진행하는 동안 고함을 지르거나 제일 방해를 많이 하는 이들은 무슬림들이 아니라 무신론자들이었다. 그때 알게 된 진리는 예수를 안 믿는 다른 종교인들보다 하나님이 아예 없다고 믿는 무신론자들과 비종교인들이 종교에 대하여 더 공격적이라나 사실이었다. 공개적으로 복음 전도하는 장소에서 무슬림들이 복음을 거절할 것이 두렵다면 오히려 무신론자들이 더 전도에 대한 반응에 있어서 차갑다는 사실을 귀담아들을 필요가 있다. 호주에서 필자가 전도하기 위해 만났던 대다수의 무슬림들은 종교적이기 때문에 신이나 종교에 대해서 함께 이야기하는 것을 대부분 꺼려하지 않는다. 무슬림들이 자신의 아픔을 이야기하며 당신과 함께 눈물을 흘릴 수 있다. 그 식탁 교제의 자리에 그리스도를 초청하면 맥도날드 햄버거를 먹다가도 하나님의 임재를 느끼고 예수를 영접할 수 있다. 히잡 뒤에 가려진 마음 깊은 곳에 그리스도를 알고 싶어 했는지, 혹 영접하려고 준비되었는지 아무도 알 수 없는 일이다. 당신의 씨 뿌림에 보이지 않는 열매가 맺혀져 가고 있을 것이란 소망을 가져야만 복음 전하러 가는 복된 발걸음은 늘 보람된다.

VII. 결론

이슬람이 16세기 초기 호주에 유입된 이후로 호주 사회 이슬람은 이주민들을 통해 빠르게 성장하고 확산되었다. 아프간과 인도네시아를 중심으로 낙타상들과 어부들이 호주의 원주민들과 접촉하여 아보리진의 종교성과 문화에 영향력을 미쳤던 것을 시작으로 20세기 이후 특별히 2차 세계대전 이후 호주에는 튀르키예와 레바논 계통의 많은 중동계 무슬림들과 동남아시아 및 여러 지역의 무슬림들의 난민 정착 및 새로운 일터를 제공하는 호스트 국가로 이주민들에게 새로운 터전을 제공하는 장소가 되었다. 필자는 무슬림 선교에 있어서 필요한 무슬림 거주지역에 대한 정보 및 이슬람의 역사와 호주 무슬림들에 대한 편견 및 주변적 정체성에 대해서도 언급하였다. 다문화사회라고 하지만 여전히 이슬람의 테러에 대한 보안 문제와 지역 사회 통합과정에서 마지널리티로 인식되는 이슬람 움마 공동체의 한계성들도 함께 살펴보았다. 그리고 한인 교회들이 호주 이슬람의 선교에 접근하는 데 있어서 기존의 해외 선교와 국내 선교를 따로 하는 식으로 선교사를 파송하는 것이 아니라 지역 사회에서부터 선교를 해나갈 수 있는 방안을 설명하기 위해 디아스포라 선교의 관점을 설명했다.

무슬림 선교에 대해서 필자는 호주 한인들이 디아스포라로서 무슬림 선교를 하는 데 있어서 어떠한 지역적인 특성을 가지고 있는지 또한 호주 한인들이 사회 안에 살아가면서 가지는 세대별 정체성의 문제도 나누어서 다루었다. 또한 이주민 교회와 디아스포라로서 한인 목회자들이 가진 편견이나 오래된 패러다임이 어떻게 무슬림 선교 시작을 더디게 하는지에 대해서, 그리고 이슬람 선교에 대한 어려움을 핑계로 무슬림을 위한 선교적 대안조차 지역교회에서 마련하지 않는 현실도 기술하였다. 이를 극복하기 위해서 가장 기본적이고 실천적인 대안으로 먼저 다음 세대를 디아스포라 선교사로서 정체성 교육과 무슬림 선교를 위한 훈련을 해야 한다는 중요성을 강조하였고, 지역교회는 방과 후 교실 및 한류 문화를 통한 한글 학교 교육의 장을 여는 것이 선교적 교회의 지름길이라고 설명했다. 또한 평화와 화해 교육을 통해서 지역 사회 이웃들과의 조화로운 관계를 형성하는 교육과 무슬림을 1:1로 직접 만나고 교제하는 자리를 마련하는 것이 유대를 넘어 사마리아로 찾아가는 것임을 설명하였다.

무슬림 선교에 대한 대안으로는 제시한 대안들은 이론으로 제공한 것이 아니라 실제 호주교회들과 무슬림 회심자들의 가정교회, 연합사역 및 길거리 전도와 라켐바 지역 및 어번 지역 선교의 경험을 통해 필자가 지역선교Community Missions를 위해 교회가 실제로 할 수 있는 사역들을 제시한 것이다. 또한 디아스포라 선교적 정체성을 가지는 것이 호주 한인 교회가 자민족 중심의 선교를 넘어서는 방향인데 이것을 잘 실천하고 있는 사례들을 이미 어번Auburn 지역을 중심으로 연구하여서 제공하였다. 이러한 사례 연구와 호주의 무슬림 선교에대한 대안들은 다음 세대와 한인을 넘어선 디아스포라 선교의 시급한 과제이다.

필자는 기독교인들이 무슬림을 직접 만나야 이슬람 선교 패러다임이 변하며, 교회의 체질이 선교적으로 변한다는 주장을 마지막으로 했다. 무슬림 동네를 피해가지 말고 들리라는 요한복음 4장의 비유를 통해 무슬림에게 말을 걸고, 예수님을 증언하기 시작하면 놀라운 하나님의 은혜와 그분의 선교적 계획안에 참여하는 기쁨을 누릴 수 있다. 호주 사회뿐 아니라 한국 내에도 퍼져있는 무슬림에 대한 사역의 소극적 태도는 해외 선교나 전문 이슬람권 선교사에 의한 선교적 책임 전가로 귀결될 수 있다. 이러한 식의 전통 패러다임의 선교는 전 세계 18억이 넘는 무슬림들에게 복음의 기쁜 소식을 전할 기회조차 없게할 뿐 아니라 듣게 되더라도 이슬람권으로 파송되고 선교사들이 훈련되는 수년 혹은 수

십 년의 기간동안 무슬림이 그리스도께 돌아오는 숫자를 잃어버리게 한다. 한 선교사가 전문 선교사로 파송되어서 그 지역에서 만날 수 있는 거리 반경에서 고작해야 최대 수십 명이나 수백 명에게 영향력을 미치고 또 그 지역을 떠나게 되면 또 후임 선교사가 오기를 기다리는 과정이 되풀이되어야 하는데 이러한 선교는 이제 디아스포라 선교 곧 선교 현장이 우리의 임시 거주지가 됨을 인식하는 패러다임으로 바뀌어야 한다. 필자는 일상의 평화와 화해를 위한 대화를 통한 선교, 지역 교회 다양한 프로그램을 통해 무슬림을 초청하여 선교적 교회로 교회의 체질을 바꾸어서 디아스포라 선교적 정체성으로 교회들이 전환하는 길만이 무슬림 선교의 지름길이라고 주장하며 이 글을 마친다.

참고문헌

권지윤. "이슬람 다와 이해를 바탕으로 한 한국 무슬림의 다와 활동에 대한 연구." *Torch Trinity Center for Islamic Studies Journal*, Vol.3 (1), 2010. 9-42.

현한나. "슈우비야(Shu'ūiyya) 기원과 발전 연구-이그나즈 골드지허 이후 학자들의 의견을 중심으로-."「지중해지역원 연구」 25(2), 2023: 25-51.

_____. '디아스포라를 넘어(Beyond), 디아스포라와 함께(With)': 디아스포라 선교신학을 통한 한국의 다문화 교회 모델 세우기 「선교신학」 57, 2020.

Ali, Jan. 'A dual legal system in Australia: The formalization of *Shari'a', Democracy and Security*, 7(4), 2011, 354–73.

_______. 'Australian Muslims as radicalized "Other" and their experiences of social exclusion', in Abe Ata & Jan Ali (eds). *Islam in the West: Perceptions and Reactions*. Oxford University Press, New Delhi, 2018, 108–28.

Australian Bureau of Statistics: 2021 Census of Population and Housing:General Community Profile" (XLSX). Abs.gov.au. Retrieved 2 July 2022.

Australia, Middle East Research and Information Section / NSW Anti-Discrimination Board, Sydney, 1985, 25–35.

Azumah, John. *Lamin Sanneh, The Afican Christian and Islam*, 395.

Bouma, Gary. *Mosques and Muslim Settlement in Australia*. Bureau of Immigration and Population Research/Australian Government Publishing Service, Canberra, 1994, 87.

Christian von Sikorski et al. '"Muslims are not terrorists": Islamic state coverage, journalistic differentiation between terrorism and Islam, fear reactions, and attitudes toward Muslims', *Journal of Mass Communication and Society*, 20(6), 2017, 825–48.

Commonwealth of Australia. *1996 Census of Population and Housing*. Catalogue No. 2901.0,

Commonwealth of Australia. *2016 Census of Population and Housing: Reflecting Australia: Stories from the 2016 Census*. Catalogue No. 2071.0, Australian Bureau of Statistics, Canberra, 2017.

Darren et al. 'Mission as Hospitality with Refugees and Other Migrants: Exploring Ross Langmead's "Guests and Hosts" in Australian Churches', *Mission Studies*,

40(1), 2023.

Diamant, Jeff. *The Countries with the 10 Largest Christian Populations and the 10 Largest Muslim Populations*. Pew Research Centre, 1 April 2019.

Enoch Wan. "Diaspora Mission Strategy in the Context of the United Kingdom in the 21st Century." *Transformation* 28(1) January 1, 2011: 3–13.

Esack, Farid. *Qur'an, Liberation & Pluralism: An Islamic Perspective of Interreligious Solidarity against Oppression*. New Delhi: Viva Books, 2006.

Ganter, Regina."Histories with traction: Macassan contact in the framework of Muslim Australian history" in *Macassan History and Heritage: Journeys, Encounters and Influences*. Marshall Clark and Sally K. May eds. Canberra, ANU Press. 2015.

Greenlee, David. *Longing for Community: Church, Ummah, or Somewhere in Between?.* Pasadena: William Carey Libraryl, 2013.

Harris-Hogan, Shandon. "The Australian Neojihadist network: Origins, evolution and structure." Dynamics of Asymmetric Conflict, Volume 5, Issue 1. Global Terrorism Research Centre. Monash University. Victoria: Australia. (2012): 18-30.

Hassan, Riaz. *Australian Muslims: A Demographic, Social and Economic Profile of Muslims in Australia*. International Centre for Muslim and non-Muslim Understanding, Adelaide, 2015.

Humphrey, Michael. *Islam, Multiculturalism and Transnationalism: From the Lebanese Diaspora*. IB Tauris Publishers, London, 1998.

Humphrey, Michael. 'Australian Islam, the new global terrorism and the limits of citizenship', in Shahram Akbarzadeh & Samina Yasmeen (eds). *Islam and the West: Reflections from Australia*. UNSW Press, Sydney, 2005, 132–48.

Humphrey, Michael. 'Securitisation and domestication of diaspora Muslims and Islam: Turkish immigrants in Germany and Australia', *International Journal on Multicultural Societies*, 11(2), 2009, 136–54.

Jakubowicz, Andrew. 'Political Islam and the future of Australian multiculturalism', *National Identities*, 9(3), 2007.

Johns, Anthony & Abdullah Saeed. 'Muslims in Australia: The building of a community', in Yvonne Haddad & Jane Smith (eds), *Muslim Minorities in the West: Visible and Invisible* (Walnut Creek, CA.: AltaMira Press, 2002), 195–216.

Kabir, Nahid. *Muslims in Australia: Immigration, Race Relations and Cultural History*. Routledge, New York, 2010.

Kenny, Sue. 'Risk society and the Islamic Other', in Shahram Akbarzadeh & Fethi Mansouri (eds), *Islam and Political Violence: Muslim Diaspora and Radicalism in the West*. IB Tauris, London, 2007, 87–106.

Larson, Warren. "Jesus in Islam and Christianity: Discussing the Similarities and the Differences." *Missiology* 36(3) July 1, 2008: 327-341.

M McCurry, Don. *Healing the Broken Family of Abraham: New Life for Muslims*. Colorado Springs, CO: Ministries to Muslims, 2001.

McIntosh, Ian. 'Islam and Australia's Aborigines? Perspective from north-east Arnhem Land', *Journal of Religious History*, 20(1), 1996, 53–77.

Mulvaney, John & Johan Kamminga. *Prehistory of Australia*. Smithsonian Institution Press, Washington, DC, 1999.

Noble, Greg. 'Respect and respectability amongst second-generation Arab and Muslim Australian men,' *Journal of Intercultural Studies*, 28(3), 2007.

Omar, Wafia & Kirsty Allen. *The Muslims in Australia* (Canberra, Australian Government Publishing Service, 1997).

Parrinder, Geoffrey. *Jesus in the Qur'ān*. Oxford: Oneworld Publishing, 2013.

Parshall, Phil. *The Cross and the Crescent: Understanding the Muslim Heart and Mind*. Waynesboro, GA: Gabriel, 2002.

Peucker, Mario, Joshua Roose & Shahram Akbarzadeh. 'Muslim active citizenship in Australia: Socioeconomic challenges and the emergence of a Muslim elite', *Australian Journal of Political Science*, 49(2), 2014, 282–99;

Roose, Joshua. 'Contesting Islam through the 2012 Sydney protests: An analysis of post-protest political discourse amongst Australian Muslims', *Journal of Islam and Christian–Muslim Relations*, 24(4), 2013.

Ross Langmead, "Refugees as Guests and Hosts: Towards a Theology of Mission among Refugees and Asylum Seekers," *Exchange* 43(1) March 13, 2014: 29–47.

Stephenson, Peta. *Islam Dreaming: Indigenous Muslims in Australia*. UNSW Press, Sydney, 2010.

Trompf, Garry ed. *Cargo Cults and Millenarian Movements: Transoceanic Comparisons of New Religious Movements: Religion and Society*. Berlin & New York: Mouton de Gruyter, 1990.

Woodlock, Rachel. “Being an Aussie Mossie: Muslim and Australian Identity among Australian-Born Muslims.” *Islam and Christian–Muslim Relations* 22, no. 4 (2011): 391–407.